Vorwort

W0393943

Vorwort zur zweiten Ausgabe

Ermutigt durch den großen Erfolg und die sehr positiven Leserstimmen habe ich mich nun, gut zwei Jahre nach Erscheinen der ersten Ausgabe, zur Veröffentlichung einer erweiterten Ausgabe entschlossen.

Neben diversen kleineren Korrekturen und Verbesserungen enthält diese Ausgabe eine Einführung in das frei erhältliche Computer Algebra System *Maxima*. Ein derartiges Programm ermöglicht so genanntes *symbolisches Rechnen*. Dies bedeutet, dass Formeln nicht nur für konkrete Zahlen ausgewertet werden, sondern mit den Formelzeichen gerechnet wird. So können Sie beispielsweise zu einer gegebenen Funktion die Ableitungen, Nullstellen und viele andere in einer Kurvendiskussion benötigten Ergebnisse bestimmen.

Zudem habe ich in dieser Ausgabe weitere Übungsaufgaben hinzugefügt. Wie bereits aus der ersten Ausgabe des Buches gewohnt, wird zu jeder Aufgabe der ausführliche Lösungsweg mit angegeben, sodass Sie alle Lösungen Schritt für Schritt nachvollziehen können.

Ich danke allen bisherigen Lesern für das Vertrauen und die vielen positiven Rückmeldungen. Allen alten und neuen Lesern wünsche ich weiterhin viel Erfolg – und viel Spaß! – beim Lernen.

Marc Hensel
Januar 2012

Vorwort zur ersten Ausgabe

In meiner langjährigen Erfahrung, anderen Mathematik zu erklären, habe ich zwei Sätze besonders häufig gehört: »Das ist alles?« und »Das ist ja einfach«. Mathematik ist oftmals tatsächlich nicht kompliziert. Dennoch haben viele Schüler Probleme in diesem Fach. Sollten Sie also zu dieser Gruppe gehören, trösten Sie sich: Sie sind nicht alleine.

Aber warum erscheint vielen Schülern Mathematik so schwierig? Ich vermute, dass dies an drei Gründen liegt. Zunächst einmal scheint einem (fast) alles, was man neu lernt, ungewohnt und schwierig. Zudem wird leider viel zu oft Wert darauf gelegt, Formeln auswendig zu lernen, anstatt sie zu verstehen. Und zu guter Letzt scheint sich der feste Glaube festgesetzt zu haben, dass Mathematik schwierig sei – *sehr* schwierig. Und wenn Sie wirklich fest daran glauben, dass etwas schwierig ist, dann wird es das auch tatsächlich.

Wir wollen in diesem Buch daher anders an die Sache herangehen. Wir werden versuchen zu *verstehen*, warum eine Formel so ist, wie sie ist, und uns vorzustellen, was die Verfahren eigentlich anschaulich bewirken. Verständnis ist eine sehr gute Voraussetzung, Gelerntes zu behalten. Um Ihnen das Lernen weiter zu erleichtern und Sie möglichst vor typischen Fehlern zu bewahren, werden Sie immer wieder auf übersichtliche Kästen stoßen, die das Folgende beinhalten:

- Kurze Zusammenfassungen der Inhalte
- Leichte Merkregeln
- Hinweise auf häufig gemachte Fehler

Zudem runden diverse ausführliche Beispiele und Übungsaufgaben mit detaillierten Lösungen dieses Buch ab.

Die Veröffentlichung eines professionellen Buches kostet neben sehr viel Zeit auch viel Geld. Dieses Buchprojekt ist erst dadurch möglich geworden, dass ich alle Inhalte sowie die Gestaltung eigenständig erarbeitet habe. Allerdings ist das Manuskript aus diesem Grunde auch nicht von einem Lektorat überarbeitet worden. Eventuelle Fehler bitte ich daher zu entschuldigen. Zugleich bitte ich Sie, mir Fehler und Anregungen per E-Mail an *marc.hensel@gmx.net* mitzuteilen, damit ich diese in überarbeiteten Ausgaben des Buches berücksichtigen kann.

Zu guter Letzt möchte ich meiner Frau Britta sowie meiner Tochter Merle Sophie von Herzen für die Zeit danken, die ich für dieses Buch »opfern« durfte – und die ich hätte mit ihnen verbringen können. Kein Stern am Himmel kann schöner für mich scheinen als ihr beide hier auf Erden. Ich liebe euch.

Ich wünsche Ihnen viel Erfolg – und natürlich viel Spaß! – beim Lernen.

Marc Hensel
Februar 2010

Für meine Frau Britta,
der ich einst versucht habe Boolsche Algebra beizuspringen;
vergeblich, da sie nur Augen für mich hatte.

FSC
www.fsc.org
MIX
Papier aus verantwortungsvollen Quellen
Paper from responsible sources
FSC® C105338

Inhaltsverzeichnis

Kapitel 1

Einleitung

Bevor wir uns detailliert mit der Kurvendiskussion beschäftigen, lassen Sie uns zunächst ganz »unmathematisch« betrachten, *was* genau eine Kurvendiskussion ist. Ganz allgemein ist das Ziel, eine Reihe von Eigenschaften einer Funktion herauszufinden. Betrachten wir hierzu den Graphen in Abbildung 1.1. Es gibt diverse Merkmale, mit denen wir den Verlauf des Graphen beschreiben können.

- So gibt es beispielsweise Punkte, an denen der Graph die Achsen des Koordinatensystems schneidet. In der Abbildung schneidet die Funktion die x-Achse an vier Punkten: jeweils zwei links und rechts des Koordinatenursprungs. Die y-Achse wird hingegen nur einmal geschnitten.

- Zudem hat die Funktion »Berge« und »Täler«. Im dargestellten Beispiel gibt es einen Berg direkt am Schnittpunkt mit der y-Achse. Hingegen sind zwei Täler links und rechts unterhalb der x-Achse vorhanden.

- Und nicht zuletzt fällt auf, dass die Funktion links und rechts der y-Achse gleich bzw. an der y-Achse gespiegelt ist.

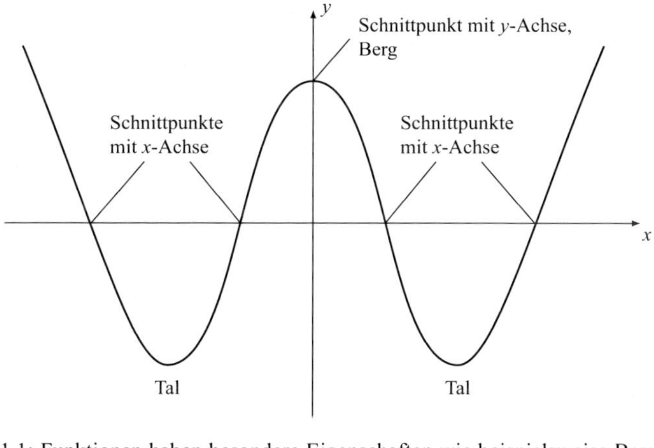

Abbildung 1.1: Funktionen haben besondere Eigenschaften wie beispielsweise Berge und Täler, Schnittpunkte mit den Koordinatenachsen und vieles mehr.

Es gibt natürlich noch sehr viel mehr Eigenschaften einer Funktion. Zudem benötigen wir mathematische Mittel, um diese Eigenschaften zu beschreiben und zu berechnen. Bevor wir dies alles in den folgenden Kapiteln machen und tiefer in die Mathematik eintauchen, sollten wir uns aber zunächst eine Frage stellen: *Warum* wollen wir all dies eigentlich machen? Wozu ist eine Kurvendiskussion überhaupt gut?

Die Kurvendiskussion wird für sehr viele sinnvolle Anwendungen benötigt und Sie werden in den verschiedensten Berufen immer wieder Kurvendiskussionen – oder aber zumindest einzelnen Schritten einer solchen Diskussion – begegnen. Lassen Sie uns daher zunächst einige kurze Beispiele betrachten.

Beispiel: Tankfüllung Wir fangen mit einem sehr einfachen Beispiel an. Stellen Sie sich vor Sie fahren mit einem Auto mit konstanter Geschwindigkeit auf einer Autobahn. Da Sie Ihre Geschwindigkeit nicht verändern, verbrauchen Sie pro gefahrenem Kilometer etwa die gleiche Menge Benzin. Das Benzin im Tank nimmt also mit der gefahrenen Strecke gleichmäßig ab. Zeichnen wir die restliche Menge Benzin im Tank in Abhängigkeit von den gefahrenen Kilometern in ein Koordinatensystem ein, so erhalten wir also einen Graphen wie den in Abbildung 1.2. Bei dieser Funktion sollte Sie vor allem die Nullstelle – also der Schnittpunkt mit der x-Achse – interessieren, da bei dieser gefahrenen Strecke der Tank leer sein wird. Sie sollten also unbedingt vorher eine Tankstelle aufsuchen.

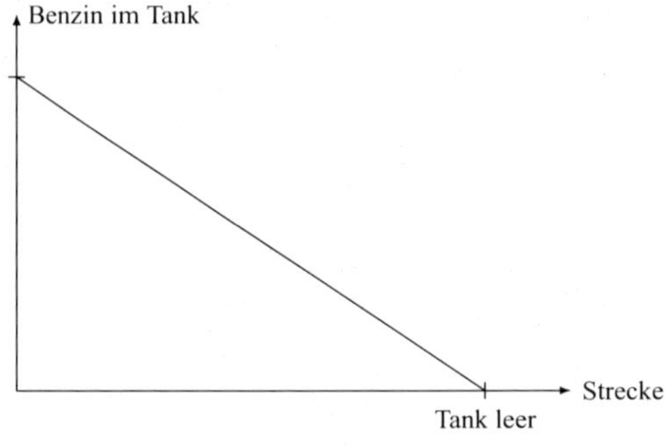

Abbildung 1.2: Verbleibende Menge Benzin im Tank in Abhängigkeit der gefahrenen Strecke. Sie sollten tanken, bevor die Benzinmenge null beträgt.

Sie dürfen zu Recht einwenden, dass dieses Beispiel etwas konstruiert ist. Zudem sind Sie ja in der Lage, die Tankanzeige abzulesen und rechtzeitig eine Tankstelle anzufahren. Wie sieht es aber beispielsweise bei einem Flugzeug aus? Hier möchten Sie nicht unnötig viel Treibstoff mitführen, da das zusätzliche Gewicht den Verbrauch erhöht. Gleichzeitig können Sie unterwegs nicht einfach die nächstbeste »Tankstelle« anfliegen. Und noch etwas kommt erschwerend hinzu: Der Treibstoffverbrauch hängt stark vom Gegenwind auf Ihrer Flugstrecke ab. Sie kennen aber die Wetterprognosen und Sie wissen auch, wie viel Ihr Flugzeug unter welchen Bedingungen verbraucht. Macht es nicht Sinn, aus diesen Daten zu berechnen, wie weit Sie mit welcher Tankfüllung fliegen könnten?

Beispiel: Maximaler Gewinn Und wofür möchte man wissen, wo eine Funktion einen »Berg« hat? Stellen Sie sich vor, Sie möchten etwas verkaufen – beispielsweise ein Buch, das Sie geschrieben haben. Sie stehen nun vor der Frage, wie hoch Sie den Verkaufspreis festlegen sollten. Der erwartete Gewinn in Abhängigkeit des Verkaufspreises könnte so ähnlich aussehen wie in Abbildung 1.3. Wählen Sie einen sehr niedrigen Preis, so werden vermutlich viele Leute Ihr

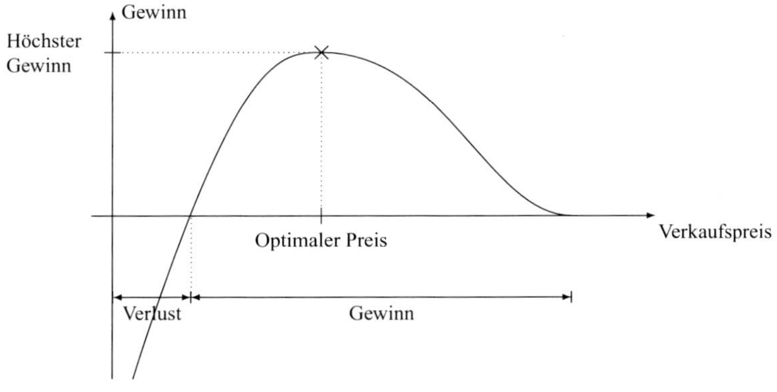

Abbildung 1.3: Erwarteter Gewinn in Abhängigkeit des Verkaufspreises. Für moderate Preise steigt der Gewinn mit dem Preis. Bei sehr hohen Preisen gibt es immer weniger Käufer, so dass der Gewinn wieder sinkt.

Buch kaufen. Liegt der Verkaufspreis allerdings unter den Herstellungskosten (z. B. für Papier, Druckerei und Versand) des Buches, so machen Sie mit jedem Verkauf Verlust und Ihr erwarteter »Gewinn« ist negativ. Entspricht der Verkaufspreis genau den Herstellungskosten, so ist Ihr Gewinn null. Liegt der Preis etwas höher, so werden vermutlich immer noch viele Personen Ihr Buch kaufen. Jedoch verdienen Sie durch den niedrigen Preis nicht allzu viel. Erhöhen Sie den Preis weiter, so werden Sie mehr verdienen. Allerdings werden mit steigendem Preis immer weniger Leute Ihr Buch kaufen. Ist der Preis sehr hoch, wird niemand mehr an Ihrem Buch interessiert sein und Ihr Verdienst ist null. Es ist für Sie interessant, den »Berg« zu kennen, da Sie bei diesem Verkaufspreis am meisten verdienen.

Beispiel: Funktionsgraph Als letztes Beispiel betrachten wir den Fall, dass Sie eine Funktion zeichnen möchten, um sich einen Überblick über den Verlauf der Funktion zu verschaffen. Sie können natürlich für sehr viele x-Werte die zugehörigen y Werte ausrechnen (*Wertetabelle*) und diese Punkte einzeichnen und verbinden. Diese Vorgehensweise hat den Nachteil, dass Sie beispielsweise – außer durch Zufall – nicht die exakten Schnittpunkte mit der x-Achse erhalten. Auch wissen Sie nicht, wo genau sich Berge und Täler befinden. Da ist es doch wesentlich einfacher, diese Punkte zunächst zu bestimmen und davon ausgehend die Funktion einzuzeichnen (Abbildung 1.4).

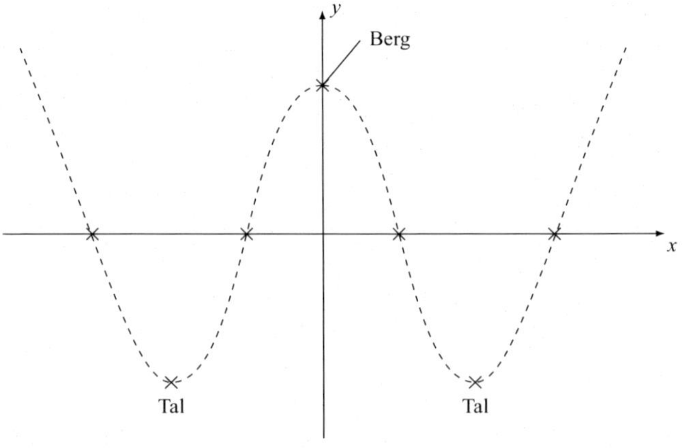

Abbildung 1.4: Die Funktionen aus Abbildung 1.1 lässt sich gut zeichnen, wenn man die Achsenschnittpunkte sowie die Lage der Berge und Täler kennt.

In den folgenden Kapiteln werden wir uns den oben genannten Fragestellungen – und noch einigen mehr – Schritt für Schritt nähern.

- Eine Kurvendiskussion beschreibt Funktionen. In Kapitel 2 werden wir zunächst klären, was genau ein Funktion ist, da nicht jeder Graph, den man in ein Koordinatensystem einzeichnen kann, für eine Kurvendiskussion geeignet ist. Denken Sie beispielsweise daran, was ein 3-jähriges Kind mit einem Stift in ein Koordinatensystem kritzeln würde.
- Kapitel 3 behandelt einen äußerst wichtigen Baustein einer jeden Kurvendiskussion: Ableitungen. Da diese so wichtig sind und zudem auch oft Schwierigkeiten bereiten, wird versucht, Ableitungen und die damit verbundenen Rechenregeln ganz besonders anschaulich darzustellen.
- Neben Ableitungen werden bei Kurvendiskussionen besonders oft die Schnittpunkte von Funktionen mit der x-Achse, die sogenannten Nullstellen, berechnet. Nullstellen werden in Kapitel 4 ausführlich behandelt.
- Mit den notwendigen Hilfsmitteln – Ableitungen und Nullstellen – ausgerüstet, betrachten wir in Kapitel 5 die einzelnen Schritte einer Kurvendiskussion.

Die abschließenden Kapitel beinhalten schließlich Übungsaufgaben mit ausführlichen Lösungen. Anhang A gibt eine Einführung in *Maxima*, ein frei erhältliches Programm zum symbolischen Rechnen am Computer.

Kapitel 2

Funktionenbegriff

Der Begriff *Funktion* scheint immer wieder Angst, Schrecken und vor allem Missverständnisse zu wecken. Dabei gibt es hierfür gar keinen Grund. Im Gegenteil: Tatsächlich ist der Funktionenbegriff sehr einfach und vermutlich erwarten viele Menschen schlichtweg etwas viel Schwierigeres. Lassen Sie sich also nicht verschrecken und stolpern Sie nicht über die eigene, viel zu hoch geschraubte Erwartung.

Vereinfacht ausgedrückt ist eine Funktion lediglich eine Kurve, die Sie in ein Koordinatensystem zeichnen können. Dabei werden wir im Folgenden die eine Achse des Systems stets mit x und die andere mit y oder $f(x)$ bezeichnen. Dies ist wie gesagt sehr vereinfacht. Zum einen ist die gezeichnete Kurve nicht die Funktion sondern ihr *Graph*. Zum anderen können Sie natürlich nicht beliebig in das Koordinatensystem zeichnen. Immerhin hält Sie keiner davon ab, einen Picasso in das Koordinatensystem zu zeichnen – und natürlich handelt es sich hierbei nicht um eine mathematische Funktion. Lassen Sie uns die Begriffe also etwas genauer definieren.

2.1 Abbildungen und Graphen

Als Ausgangspunkt unserer Definition haben wir eine Unbekannte oder Variable x. Lassen Sie uns zunächst annehmen, dass x für jede beliebige reelle Zahl stehen kann. Mathematisch schreiben wir, dass x ein Element der mit $\mathbb{R}$ bezeichneten Menge der reellen Zahlen ist: $x \in \mathbb{R}$. Wir möchten nun jedem möglichen Wert für x einen Wert y zuordnen.

Beispiel 2.1. *Als Beispiel könnte x für die Temperatur in Grad Celsius stehen und wir suchen für jeden Wert x die entsprechende Temperatur y in Grad Fahrenheit. Hat x den Wert $x = 0$ °C, so entspricht dies $y = 32$ °F. Beide Werte bezeichnen aber dieselbe physikalische Temperatur.* □

In unserem Beispiel wird der Temperatur 0 °C die entsprechende Temperatur in Grad Fahrenheit zugeordnet. Üblicherweise kennzeichnet man eine solche Zuordnung durch einen Pfeil:

$$0\,^\circ\mathrm{C} \quad \longrightarrow \quad 32\,^\circ\mathrm{F}$$

Natürlich gibt es nicht nur für 0 °C eine entsprechende Angabe in Grad Fahrenheit, sondern für alle möglichen Temperaturen. Da wir vereinbart haben, dass x eine beliebige Temperatur in Grad Celsius und y die gleiche Temperatur in der Einheit Fahrenheit bezeichnen soll, können wir dies auch folgendermaßen schreiben:

$$x \quad \longrightarrow \quad y$$

Das Schöne an dieser Schreibweise ist, dass wir uns nicht festlegen brauchen, welche Temperatur (z. B. 0 °C, 10 °C oder 100 °C) wir meinen. Die Schreibweise gilt für beliebige Werte von x und ordnet diesen dann den entsprechenden Wert y zu. Wir müssen allerdings wissen, wie

x und y voneinander abhängen. Wir brauchen also eine Regel, wie wir für einen bestimmten Wert x den zugehörigen Wert y berechnen. Im obigen Beispiel lautet diese Regel

$$y = 1{,}8x + 32.$$

Es ist üblich, derartigen Rechenregeln Namen zu geben. Lassen Sie uns den obigen Zusammenhang zwischen x und y einfach f nennen. Dies ist eine reine Namensgebung ohne tieferen Sinn. Wir hätten die Abbildung auch g, h oder *Abbildung* nennen können. Üblich ist jedoch, einen Kleinbuchstaben zu verwenden.

Mathematisch gibt es viele Möglichkeiten, eine derartige Abbildung zu beschreiben. Wir können beispielsweise schreiben, dass f einer Variablen x einen Wert y zuordnet,

$$f: \quad x \quad \longrightarrow \quad y, \tag{2.1}$$

oder aber die Rechenvorschrift angeben:

$$f: \quad y = 1{,}8x + 32$$

Noch geläufiger sind Ihnen vermutlich folgende Schreibweisen:

$$y = f(x) \tag{2.2}$$
$$f(x) = 1{,}8x + 32 \tag{2.3}$$

Die erste Schreibweise besagt Zweierlei: zum einen, dass y von x abhängt; zum anderen, dass man einen konkreten Wert für y erhält, indem man x in die Rechenvorschrift mit dem Namen f einsetzt und das Ergebnis ausrechnet. Die zweite Schreibweise verzichtet gänzlich auf die Variable y. Sie besagt, dass es eine Rechenvorschrift f gibt, in die wir Werte x einsetzen können. Das Ergebnis wird einfach als $f(x)$ bezeichnet, ohne hierfür einen weiteren Namen (z. B. y) zu benutzen. In vielen Fällen ist es sinnvoll und ausreichend, das Ergebnis einer Abbildung auf diese Weise mit dem Namen der Abbildung zu bezeichnen. Wir werden im Rest dieses Buches meist diese Schreibweise verwenden.

2.2 Funktionen

Aber was ist denn nun eine Funktion? Bisher haben wir lediglich gesagt, dass man aus einer Zahl mit einer Rechenvorschrift eine andere berechnen kann. Derartige Zuordnungen nennt man in der Mathematik *Abbildungen*. Zudem haben wir eingeführt, wie wir dieses mathematisch aufschreiben.

Eine Funktion ist schlicht und ergreifend eine Abbildung, die jedem Wert x *höchstens* einen Wert y bzw. $f(x)$ zuordnet. Warum haben wir hierbei das Wort »höchstens« hervorgehoben? Nun, »höchstens« bedeutet, dass es für einen Wert x nicht mehr als *einen* zugehörigen Wert y geben darf. Dies ist für unser Beispiel sicherlich erfüllt, da jeder Temperatur in Grad Celsius genau eine Temperatur in Grad Fahrenheit entspricht. Die Bedingung ist allerdings nicht unbedeutend, da es viele einfache Beispiele gibt, bei denen mehrere Werte zugeordnet werden. Man denke

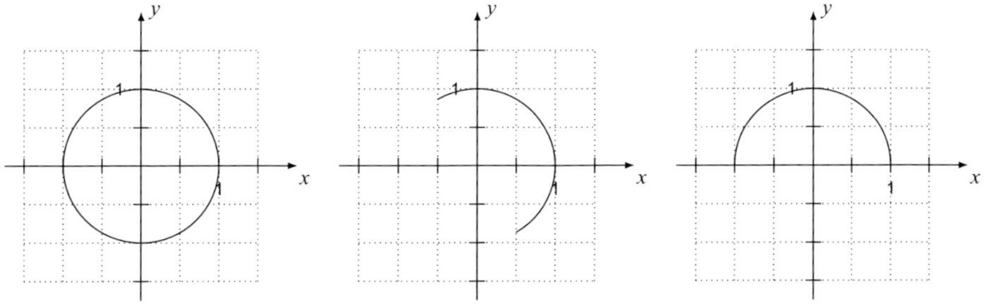

(a) Einheitskreis (b) Schiefer Halbkreis (c) Oberer Halbkreis

Abbildung 2.1: (a) Ein Einheitskreis ist keine Funktion, da x-Werten im Intervall $x \in (-1;1)$ mehrere y-Werte zugeordnet werden. (b) Ebenso ist der abgebildete »schiefe« Halbkreis keine Funktion. Hier gibt es für jedes $x \in [0,5;1)$ genau zwei y-Werte. (c) Der obere (oder untere) Halbkreis ist hingegen eine Funktion. Hier wird jedem $x \in [-1;1]$ genau ein Funktionswert zugeordnet.

beispielsweise an einen Kreis (Abbildung 2.1). Ein Kreis ist also keine Funktion – wohl aber eine Abbildung.

Das Wort »höchstens« bedeutet zudem, dass es auch *keinen* zugeordneten Wert geben kann. Dies ist in unserem Beispiel der Fall, da es nicht beliebig tiefe Temperaturen gibt. Der absolute Nullpunkt der Temperatur liegt bei etwa -271,15 °C. Es gibt einfach keine tieferen Temperaturen. Damit ist es auch nicht möglich, Temperaturen unter -271,15 °C einen Wert in Grad Fahrenheit zuzuordnen. Für die Werte $x < -271,15$ ist die Funktion damit nicht definiert.

Beispiel 2.2. *Abbildung 2.1(a) zeigt einen Einheitskreis – das heißt, einen Kreis mit Radius $r = 1$ und Mittelpunkt im Koordinatenzentrum (0;0). Der Kreis ist keine Funktion, da jedem x-Wert im Bereich $-1 < x < 1$ genau* zwei *y-Werte – ein positiver und ein negativer – zugeordnet werden. Genauer:*

$$x^2 + y^2 = 1 \quad \Rightarrow \quad y_{1,2} = \pm\sqrt{1-x^2}$$

Ähnliches gilt für den »schiefen« Halbkreis in Abbildung 2.1(b). Jedes $x \in [0,5;1)$ wird auf zwei y-Werte abgebildet, weshalb es sich nicht um eine Funktion handelt. Hierbei spielt es keine Rolle, dass es x-Werte gibt ($x \in [-0,5;0,5)$), denen nur jeweils ein y-Wert zugeordnet wird.

Anders ist es beim oberen Halbkreis in Abbildung 2.1(c). Hier wird jeder erlaubte x-Wert auf einen eindeutigen Wert

$$y = +\sqrt{1-x^2}$$

abgebildet. Es handelt sich also um eine Funktion. □

2.3 Definitionsbereich und Bildbereich

Wir haben bereits gesehen, dass eine Funktion nicht für jeden Wert von x definiert sein muss. Dies kann physikalische Gründe haben wie in unserem Temperatur-Beispiel. Die Gründe können aber auch mathematisch sein. So gibt es beispielsweise keine Wurzeln aus negativen Zahlen. Also ist

$$f(x) = \sqrt{x}$$

nur für Werte $x \geq 0$ definiert.

Allgemein nennt man die Menge aller zulässigen Zahlenwerte für x *Definitionsbereich*. In diesem Buch werden wir den Definitionsbereich stets mit $\mathbb{D}$ bezeichnen. Sind beliebige reelle Werte erlaubt, so umfasst der Definitionsbereich alle reellen Zahlen:

$$\mathbb{D} = \mathbb{R} \tag{2.4}$$

Ist eine Funktion nur für bestimmte Werte definiert, so geben wir den Definitionsbereich als Menge in geschweiften Klammern an, beispielsweise für die Temperaturumrechnung von Grad Celsius in Grad Fahrenheit:

$$\mathbb{D} = \{ \underbrace{x \in \mathbb{R}}_{\text{Alle reellen Zahlen } x,} \quad \underbrace{|}_{\text{für die gilt:}} \quad x \geq -271,15 \} \tag{2.5}$$

Neben dem Definitionsbereich gibt es noch den *Bildbereich*. Hierbei handelt es sich um die Menge aller Werte, die y annehmen kann. Der Name erklärt sich also dadurch, dass der Bildbereich alle Werte enthält, auf die der Definitionsbereich (also alle zulässigen x) *abgebildet* wird. Wir werden den Bildbereich stets mit $\mathbb{B}$ kennzeichnen.

Beispiel 2.3. *Der obere Halbkreis in Abbildung 2.1(c) hat wie in Abbildung 2.2 dargestellt den Definitionsbereich*

$$\mathbb{D} = \{x \in \mathbb{R} | -1 \leq x \leq 1\}$$

sowie den Bildbereich

$$\mathbb{B} = \{y \in \mathbb{R} | 0 \leq y \leq 1\}.$$

Wir können dieses auch kürzer durch Angabe der Intervalle $\mathbb{D} = [-1; 1] \subset \mathbb{R}$ *und* $\mathbb{B} = [0; 1] \subset \mathbb{R}$ *als Teilmenge der reellen Zahlen* $\mathbb{R}$ *schreiben.* □

2.4 Ausgewählte Funktionen

Bevor wir im nächsten Kapitel mit Ableitungen ein wichtiges Hilfsmittel zur Kurvendiskussion kennenlernen, wiederholen wir im Folgenden einige häufige Funktionen und fassen deren wichtigsten Rechenregeln zusammen.

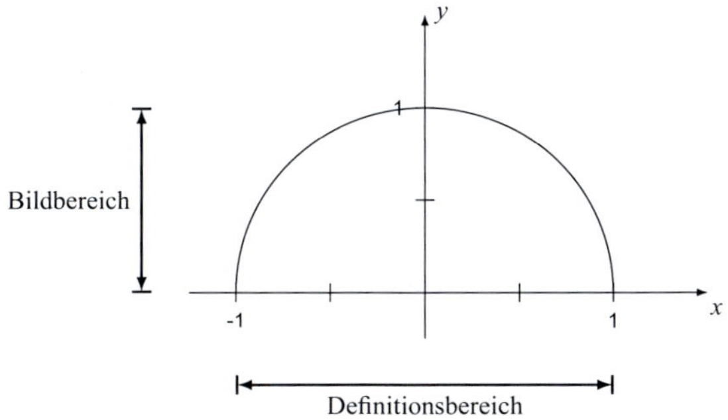

Abbildung 2.2: Definitions- und Bildbereich des oberen Halbkreises nach Abbildung 2.1

2.4.1 Potenzen

Sowohl bei den nachfolgend beschriebenen Polynomen als auch bei Exponentialfunktionen begegnen uns sogenannte Potenzen der Form b^a. Hierbei bezeichnet man b als Basis und a als Exponent. Ist die Basis eine Unbekannte x und der Exponent eine konstante Zahl, also x^a, so spricht man auch von Monomen.

Es gibt eine Reihe von Rechenregeln für Potenzen. Die wichtigsten Regeln sind:

$$x^a \cdot x^b = x^{a+b} \tag{2.6}$$

$$(x^a)^b = (x^b)^a = x^{ab} \tag{2.7}$$

$$x^{-a} = \frac{1}{x^a} \tag{2.8}$$

$$x^0 = 1 \tag{2.9}$$

Diese Regeln gelten natürlich nicht nur für Monome x^a, sondern für beliebige Basen und Exponenten. Das heißt, sowohl die Basen als auch die Exponenten können Variablen oder konstante Zahlen sein. Die obigen Regeln gelten auf jeden Fall. So ist beispielsweise $3^2 \cdot 3^4 = 3^{2+4} = 3^6$, aber auch $x^2 \cdot x^4 = x^6$ und $3^x \cdot 3^y = 3^{x+y}$.

Eine zusätzliche Regel für die Division müssen Sie übrigens nicht extra lernen. Sie ergibt sich direkt, indem Sie nacheinander (2.8) und (2.6) anwenden:

$$\frac{x^a}{x^b} = x^a \cdot x^{-b} = x^{a-b} \tag{2.10}$$

2.4.2 Polynome

Auch, wenn Ihnen der Begriff Monome bisher vielleicht nicht vertraut war, sind Sie Monomen vermutlich schon ziemlich oft begegnet. Addieren wir nämlich mehrere Monome mit unterschiedlichen Exponenten, so erhalten wir Funktionen der Form

$$f(x) = a_n x^n + \cdots + a_3 x^3 + a_2 x^2 + \underbrace{a_1 x}_{=a_1 x^1} + \underbrace{a_0}_{=a_0 x^0}, \tag{2.11}$$

die man auch als Polynome bezeichnet. Hierbei sind a_0, a_1, ..., a_n Konstanten. Diese können beliebige Werte annehmen, insbesondere auch die Null. Den höchsten Exponenten n, für den a_n nicht null ist, bezeichnet man als Grad oder Ordnung des Polynoms – zum Beispiel:

$$f(x) = \frac{1}{2}x^2 - 2x + 1 \quad : \quad \text{Polynom 2. Grades}$$
$$f(x) = 3x^4 + x^2 - 8 \quad : \quad \text{Polynom 4. Grades}$$

Abbildung 2.3 zeigt typische Verläufe von Polynomen 1. bis 4. Grades. Polynome 1. Grades werden *Gerade* genannt, während man für Polynome 2. Grades auch den Begriff *Parabel* verwendet.

Polynome sind sehr wichtige Funktionen. Da die Kurvendiskussion zudem meistens am Beispiel von Polynomen behandelt wird, werden wir ihnen in diesem Buch immer wieder begegnen.

2.4.3 Exponentialfunktion

Die Exponentialfunktion spielt eine besondere Rolle in der angewandten Mathematik, da sich viele Vorgänge in der Natur durch diese Funktion beschreiben lassen. Beispiele sind Wachstums- und Zerfallsprozesse sowie Wahrscheinlichkeitsverteilungen, um nur einige zu nennen.

Die Exponentialfunktion hat die allgemeine Form

$$f(x) = e^x, \tag{2.12}$$

wobei e die sogenannte Eulersche Konstante ist, die (gerundet) den Wert $e = 2{,}7183$ hat. Mit anderen Worten ist e schlicht und ergreifend eine konstante Zahl. Die Exponentialfunktion hat die allgemeine Form einer Potenz, sodass natürlich auch alle Rechenregeln aus Abschnitt 2.4.1 gelten. Abbildung 2.4 zeigt den Graphen der Funktion.

Oftmals schreibt man die Exponentialfunktion nicht als Exponenten e^x. Stattdessen ist auch der Funktionsname $\exp(\cdot)$, das heißt die Schreibweise

$$f(x) = \exp(x) = e^x, \tag{2.13}$$

gebräuchlich. Diese Schreibweise erhöht vor allem bei komplizierten Ausdrücken die Übersichtlichkeit. Man vergleiche nur die folgenden Ausdrücke:

$$f(x) = \exp\left(\frac{3x^2}{x-1} \cdot \sin\left(x^2\right)\right) = e^{\frac{3x^2}{x-1} \cdot \sin\left(x^2\right)}$$

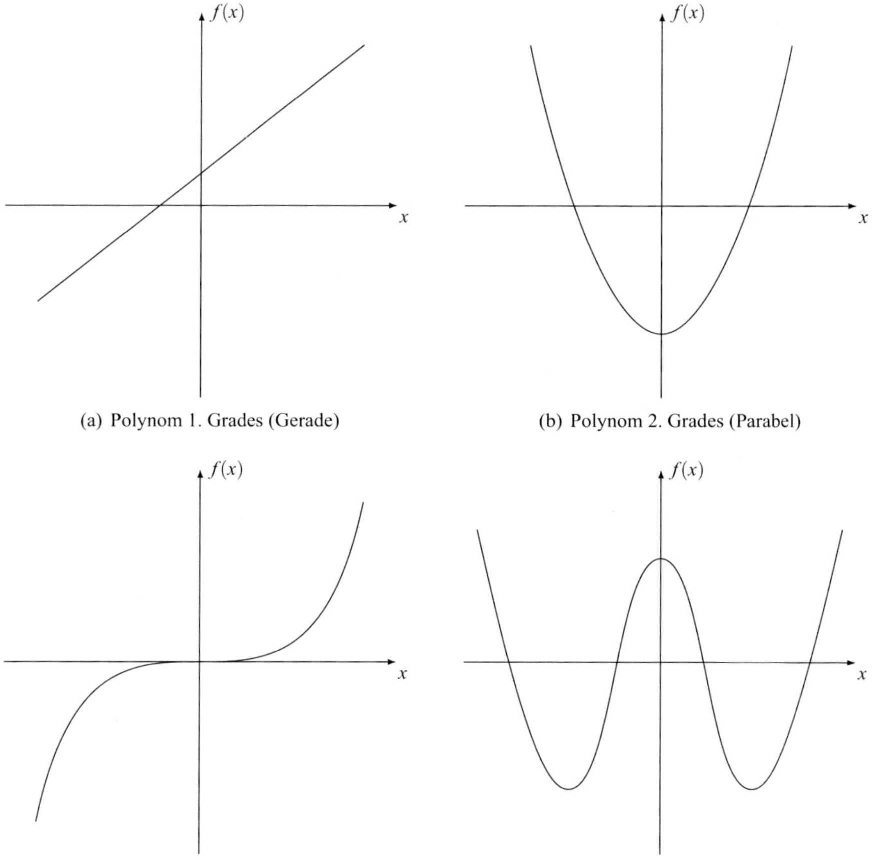

(a) Polynom 1. Grades (Gerade)

(b) Polynom 2. Grades (Parabel)

(c) Polynom 3. Grades

(d) Polynom 4. Grades

Abbildung 2.3: Typische Verläufe von Polynomen 1. bis 4. Grades

2.4.4 Logarithmen

Mit der Exponentialfunktion haben wir eine Funktion kennengelernt, welche die Form »konstante Zahl hoch x« hat:

$$f(x) = a^x.$$

Im Fall der Exponentialfunktion ist a die Eulersche Konstante $e = 2,7183$. Aber natürlich kann man auch beliebige andere Zahlen einsetzen, beispielsweise $f(x) = 2^x$ oder $f(x) = 10^x$. All diese Funktionen sind Potenzfunktion mit den in Abschnitt 2.4.1 zusammengefassten Rechenregeln.

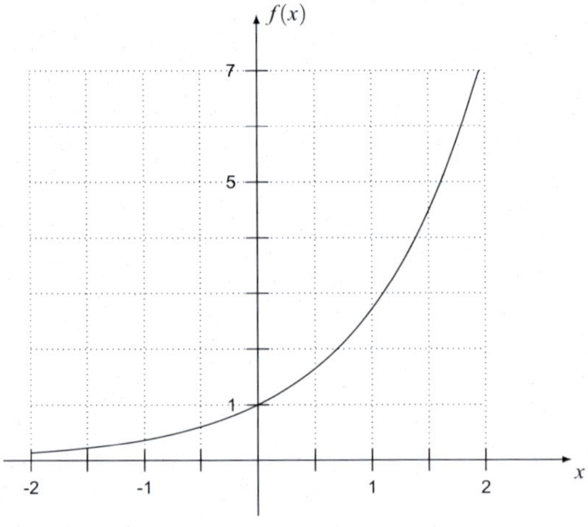

Abbildung 2.4: Exponentialfunktion $f(x) = e^x$

Ein Logarithmus ist die Umkehrfunktion einer derartigen Potenzfunktion. In allgemeinster Form schreibt man

$$g(x) = f^{-1}(x) = \log_a(x). \tag{2.14}$$

Die Schreibweise mit dem tiefer gestellten a und die Definition, dass ein Logarithmus die Umkehrfunktion zur Potenzfunktion $f(x) = a^x$ ist, sorgt leider immer wieder für Verwirrung und Unsicherheiten. Der Begriff *Umkehrfunktion* bedeutet lediglich, dass sich beide Funktionen aufheben, also

$$\log_a(a^x) = a^{\log_a(x)} = x \tag{2.15}$$

oder allgemeiner ausgedrückt

$$f^{-1}(f(x)) = f\left(f^{-1}(x)\right) = x. \tag{2.16}$$

Wenden wir also eine Potenzfunktion und den zugehörigen Logarithmus auf eine Zahl x an, so ändert sich diese Zahl nicht.

Ich gebe zu, dass die Definition des Logarithmus als Umkehrfunktion nicht besonders anschaulich ist. Daher bietet es sich an, sich auf folgende Weise zu merken, was ein Logarithmus eigentlich »macht«:

Merke Das Ergebnis des Ausdruckes $f(x) = \log_a(x)$ lässt sich sprachlich vereinfacht durch folgende Frage ausdrücken: Womit muss ich die Basis a »hoch nehmen«, um x zu erhalten?

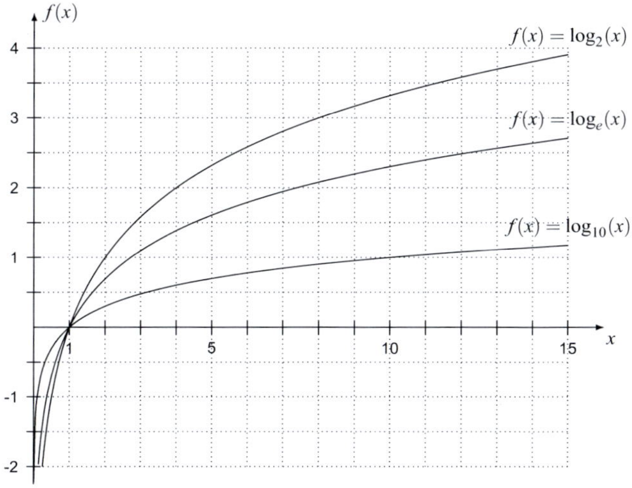

Abbildung 2.5: Logarithmen $f(x) = \log_a(x)$ zur den Basen $a = 2$, $a = e$ und $a = 10$

Beispiel 2.4. *Gesucht ist die Lösung des Ausdruckes* $f(x) = \log_{10}(100)$. *Nach unserer Merkregel lautet die Frage also: Womit muss man* 10 *hoch nehmen, um* 100 *zu erhalten? Da* $10^2 = 100$ *ist, lautet die Lösung also* $f(x) = \log_{10}(100) = 2$. *Im Prinzip haben wir hierbei ausgenutzt, dass* $\log_{10}(x)$ *und* 10^x *Umkehrfunktionen sind und sich daher aufheben:*

$$f(x) = \log_{10}(100) = \log_{10}\left(10^2\right) = 2$$

□

Wir haben gesehen, dass Logarithmen eng mit Potenzen zusammenhängen, da sie gegenseitig Umkehrfunktionen darstellen. Daher gibt es auch eine Reihe von Rechenregeln, die denen in Abschnitt 2.4.1 ähnlich sind:

$$\log_a(x \cdot y) = \log_a(x) + \log_a(y) \quad (2.17)$$

$$\log_a\left(x^b\right) = b \log_a(x) \quad (2.18)$$

$$\log_a(1) = 0 \quad (2.19)$$

$$\log_a(a) = 1 \quad (2.20)$$

Man beachte, dass *jeder* Logarithmus $f(x) = \log_a(x)$ durch die Punkte $P_1(1;0)$ und $P_2(a;1)$ verläuft. Dies ist beispielsweise in Abbildung 2.5 für die Basen $a = 2$, $a = e$ und $a = 10$ dargestellt. Zudem folgt aus $1/x = x^{-1}$ und (2.18) unmittelbar

$$\log_a\left(\frac{1}{x}\right) = -\log_a(x). \quad (2.21)$$

Wie schon bei den Potenzen folgt die Regel für die Division direkt aus den übrigen Regeln:

$$\log_a\left(\frac{x}{y}\right) = \log_a\left(x \cdot \frac{1}{y}\right) = \log_a(x) + \log_a\left(\frac{1}{y}\right) = \log_a(x) - \log_a(y) \tag{2.22}$$

Beispiel 2.5. *Gesucht ist die Lösung des Ausdruckes* $f(x) = \log_2(4) + \log_2(8)$. *Mit den Rechenregeln ergeben sich verschiedene Lösungswege – beispielsweise:*

$$\begin{aligned} f(x) &= \log_2(2^2) + \log_2(2^3) = \log_2(2^2 \cdot 2^3) = \log_2\left(2^5\right) = 5\log_2(2) = 5 \\ f(x) &= \log_2(2^2) + \log_2(2^3) = 2\log_2(2) + 3\log_2(2) = 2 + 3 = 5 \end{aligned}$$

□

Beim praktischen Rechnen ist noch eine weitere Regel wichtig, die zunächst etwas verwirrend aussieht:

$$\log_b(x) = \frac{\log_a(x)}{\log_a(b)} \tag{2.23}$$

Wozu soll diese Regel gut sein? Nun, schauen Sie hierzu einmal auf Ihren Taschenrechner. Er wird einige Tasten haben, um den Logarithmus zu berechnen. Meistens kann ein Rechner Logarithmen zu den Basen $a = e$, $a = 10$ und manchmal auch $a = 2$ berechnen. Man spricht bei der Basis $a = e$ auch vom natürlichen Logarithmus $f(x) = \ln(x) = \log_e(x)$ und bei der Basis $a = 2$ vom dualen Logarithmus $f(x) = \mathrm{ld}(x) = \log_2(x)$.

Was machen Sie aber, wenn Sie einen Logarithmus berechnen sollen, dessen Basis nicht in Ihrem Taschenrechner vorhanden ist? In diesen Fällen können Sie den Ausdruck über (2.23) in Logarithmen, die Ihr Rechner beherrscht, umformen und ausrechnen.

Beispiel 2.6. *Gesucht ist die Lösung des Ausdruckes* $f(x) = \log_3(10)$. *Die Basis dieses Ausdruckes lässt sich über* (2.23) *ändern, beispielsweise in einen natürlichen Logarithmus:*

$$f(x) = \log_3(10) = \frac{\ln(10)}{\ln(3)}$$

Da Taschenrechner in der Regel eine Taste für den natürlichen Logarithmus haben, lässt sich dieser Ausdruck in einen Taschenrechner eingeben und somit die (gerundete) Lösung $f(x) = 2{,}0959$ *bestimmen. Das Ergebnis lässt sich mit Hilfe der Merkregel deuten:* $3^{2{,}0959} = 10$. □

2.4.5 Trigonometrische Funktionen

Hinter dem Begriff der trigonometrischen Funktionen verbergen sich unter anderem die Sinus-, Kosinus- und Tangens-Funktion. Entgegen der oft anders lautenden Meinung sind auch diese Funktionen gar nicht mal so schwierig zu verstehen.

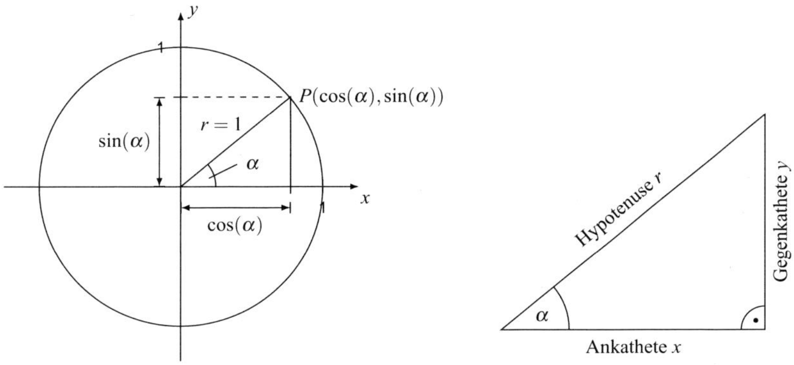

(a) Einheitskreis (b) Rechtwinkliges Dreieck

Abbildung 2.6: Definition trigonometrischer Funktionen am Einheitskreis und am rechtwinkligen Dreieck

Sinus und Kosinus Betrachten wir hierzu zunächst den Sinus und den Kosinus, die man wie in Abbildung 2.6(a) dargestellt am Einheitskreis definieren und veranschaulichen kann.

Die Abbildung zeigt einen Einheitskreis, das heißt einen Kreis mit Radius $r = 1$. Nun zeichnen wir eine Linie vom Koordinatenursprung zu einem beliebigen Punkt P auf dem Kreis. Da der Kreis den Radius $r = 1$ hat, ist auch die Länge dieser Linie $r = 1$. Als Winkel α bezeichnen wir den Winkel zwischen der positiven x-Achse und der eingezeichneten Linie. Hierbei wird α größer, wenn die Linie gegen den Uhrzeigersinn um den Ursprung gedreht wird. In Abbildung 2.6(a) ist der Winkel also in etwa $\alpha = 40°$.

Der Kosinus des Winkels α ist nun als x-Wert des Punktes P definiert. Wichtig ist, dass es sich um eine *Definition* handelt. Das heißt, es gibt hierbei überhaupt nichts Tiefgründiges zu verstehen. Stattdessen legen wir fest, dass die Funktion $\cos(\alpha)$ die x-Koordinate des Punktes auf dem Einheitskreis ist, dessen Verbindung zum Ursprung mit der x-Achse den Winkel α einschließt. Auf ähnliche Weise *definieren* wir, dass die Sinus-Funktion $\sin(\alpha)$ der y-Wert des Punktes P ist.

Beide Funktionen lassen sich auch an rechtwinkligen Dreiecken definieren. Wie wir gleich sehen werden, sind die Definitionen aber im Prinzip gleich. Betrachten wir hierfür nochmals den Einheitskreis in Abbildung 2.6(a) und ziehen – wie eingezeichnet – eine senkrechte Verbindung von P zur x-Achse. Durch den Koordinatenursprung, P und die senkrechte Linie entsteht ein Dreieck. Dieses Dreieck ist rechtwinklig mit dem rechten Winkel an der Stelle, wo die senkrechte Linie auf die x-Achse stößt.

In Abbildung 2.6(b) ist ein solches rechtwinkliges Dreieck noch einmal etwas größer dargestellt. Als Hypotenuse bezeichnen wir die längste Seite, die immer gegenüber des rechten Winkels ist. Im Einheitskreis ist dies genau die Verbindung vom Ursprung zu P mit der Länge $r = 1$. Die übrigen beiden Seiten im Dreieck werden Katheten genannt. Die Ankathete ist hierbei die Seite, die direkt am Winkel α liegt. Die Gegenkathete liegt gegenüber vom Winkel α.

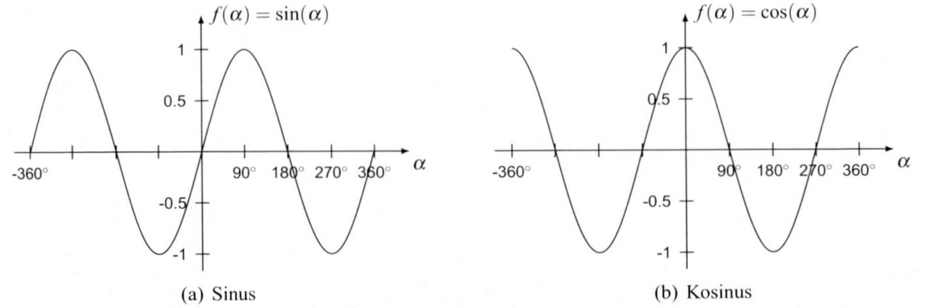

Abbildung 2.7: Sinus- und Kosinus-Funktion

Vergleichen wir Abbildung 2.6(a) und (b), so sehen wir, dass die Ankathete im Einheitskreis die Länge $x = \cos(\alpha)$ hat. Die Gegenkathete ist hingegen $y = \sin(\alpha)$ lang. Dies gilt aber nur, wenn der Radius bzw. die Hypotenuse die Länge $r = 1$ hat. Ist die Hypotenuse zum Beispiel doppelt so lang, so ist das Dreieck doppelt so groß und damit sind auch die Katheten doppelt so lang. Wir müssen also die Länge der Katheten durch die Länge der Hypotenuse teilen, um die selben Längen wie am Einheitskreis zu erhalten:

$$\sin(\alpha) = \frac{\text{Gegenkathete}}{\text{Hypotenuse}} = \frac{y}{r} \tag{2.24}$$

$$\cos(\alpha) = \frac{\text{Ankathete}}{\text{Hypotenuse}} = \frac{x}{r} \tag{2.25}$$

Graphen Wir haben jetzt eine Vorstellung davon, wie Sinus und Kosinus definiert sind. Außerdem wissen wir, dass man zunächst einmal nicht versuchen sollte, einen tieferen Sinn – den es durchaus gibt – hinter den Definitionen zu suchen. Zerbrechen Sie sich zunächst einmal nicht den Kopf über das »Warum«, sondern prägen Sie sich vor allem die anschauliche graphische Definition am Einheitskreis ein, da diese oftmals sehr nützlich sein kann.

Abgesehen von den Definitionen sollten Sie natürlich auch wissen, wie die Funktionen aussehen. Abbildung 2.7(a) und (b) zeigen den Verlauf der Sinus- und Kosinus-Funktion. Die Verläufe kann man sich sehr gut mit Hilfe des Einheitskreises in Abbildung 2.6(a) veranschaulichen. Legen Sie hierzu zunächst den Punkt P direkt auf die x-Achse, also $P(1;0)$ mit $\alpha = 0°$. Lassen Sie P nun in Gedanken entgegen den Uhrzeigersinn auf dem Kreis entlangwandern. Da $\sin(\alpha)$ die y-Koordinate des Punktes P ist, gilt $\sin(0) = 0$ für $\alpha = 0°$. Wird der Winkel α größer, so wird auch der Sinus größer. Am größten ist er bei $P(0;1)$, also $\alpha = 90°$. Danach wird der Sinus, das heißt der y-Wert von P, kleiner. Bei $\alpha = 180°$ wird er null und danach negativ. Am kleinsten ist er bei $P(0;-1)$, also bei $\alpha = 270°$. Wenn Sie bei $\alpha = 360°$ den Kreis einmal voll umlaufen haben, ist der Sinus wieder $\sin(360) = 0$. Insgesamt entsteht die in Abbildung 2.7(a) gezeigte Kurve.

Den Verlauf der Kosinus-Funktion erhält man auf dieselbe Weise, indem man den jeweiligen x-Wert des Punktes P betrachtet. Es ergibt sich der in Abbildung 2.7(b) gezeigte Verlauf.

Einheiten Sind in Aufgaben die Zahlenwerte einer Sinus- oder Kosinus-Funktion gefragt, so kommt man in der Regel weder mit der Definition der Funktionen noch mit den Graphen weiter. Stattdessen muss man die Werte mit Hilfe eines Taschenrechners berechnen. Die meisten Taschenrechner können den Sinus und den Kosinus auf zwei Arten berechnen. Zum einen kann man $\sin(\alpha)$ und $\cos(\alpha)$ derart berechnen, dass α – wie wir es bisher gemacht haben – der Winkel in Grad ist. Ein voller Kreis entspricht hierbei 360°.

Es ist aber auch üblich, statt des Winkels die auf dem Einheitskreis vom Punkt $(1;0)$ bis zum Punkt P zurückgelegte Strecke anzugeben. Ein voller Umlauf auf dem Einheitskreis entspricht dem Kreisumfang $U = 2\pi \approx 6,2832$. Die Einheit ist nicht mehr der Winkel in Grad, sondern das Bogenmaß in Radiant oder rad. Die beiden Einheiten lassen sich leicht ineinander umrechnen. So entsprechen einem vollen Kreiswinkel von 360° genau 2π ($360^\circ = 2\pi$). Ebenso gilt $180^\circ = \pi$, $90^\circ = \pi/2$ oder ganz allgemein

$$x_{\text{Rad}} = \frac{2\pi}{360^\circ} x_{\text{Grad}}. \tag{2.26}$$

Im Folgenden werden wir grundsätzlich den Winkel in Grad verwenden und das Einheitensysmbol zumeist weglassen.

Häufige Fehler Stellen Sie beim Rechnen mit dem Taschenrechner sicher, dass der richtige Modus eingestellt ist, je nachdem ob Sie den Winkel in Grad oder die Strecke auf dem Einheitskreis in Radiant benutzen.

Rechenregeln Es gibt sehr viele Regeln für das Rechnen mit Sinus- und Kosinus-Funktionen. Wir möchten an dieser Stelle nur eine Regel veranschaulichen, die gelegentlich hilfreich sein kann. Betrachten Sie hierzu wieder das rechtwinklige Dreieck in Abbildung 2.6(a). Für rechtwinklige Dreiecke gilt der Satz des Pythagoras. Dieser besagt, dass das Quadrat der längsten Seite im Dreieck gleich der Summe der Quadrate der anderen beiden Seiten ist. Bezeichnet man die Länge der längsten Seite – also der Hypotenuse – mit c und die Längen der anderen beiden Seiten mit a und b, so besagt der Satz also $a^2 + b^2 = c^2$. In Abbildung 2.6(a) hat die längste Seite die Länge $r = 1$ und die beiden anderen Seiten die Längen $x = \cos(\alpha)$ und $y = \sin(\alpha)$. Es gilt also $x^2 + y^2 = r^2$ bzw.

$$(\cos(\alpha))^2 + (\sin(\alpha))^2 = 1. \tag{2.27}$$

Tangens Als dritte trigonometrische Funktion betrachten wir den Tangens. Dieser ist wie folgt definiert:

$$\tan(\alpha) = \frac{\sin(\alpha)}{\cos(\alpha)} \tag{2.28}$$

Auch hierbei handelt es sich zunächst einmal wieder um eine Definition. Zerbrechen Sie sich also bitte nicht den Kopf über den tieferen Sinn. Betrachten wir zudem wieder Abbildung 2.6

oder setzen wir (2.24) und (2.25) in (2.28) ein, so sehen wir, dass die Definition gleichbedeutend ist mit

$$\tan(\alpha) = \frac{\text{Gegenkathete}}{\text{Ankathete}}$$

im rechtwinkligen Dreieck und mit

$$\tan(\alpha) = \frac{y}{x}$$

für Punkte $P(x;y)$ auf dem Einheitskreis.

Abbildung 2.8 zeigt den Verlauf des Tangens. Die senkrechten gestrichelten Linien zeigen Winkel α, für die die Funktion nicht definiert ist. Es handelt sich um die Winkel α, für die der Nenner $\cos(\alpha)$ in der Definition $\tan(\alpha) = \sin(\alpha)/\cos(\alpha)$ des Tangens null wird.

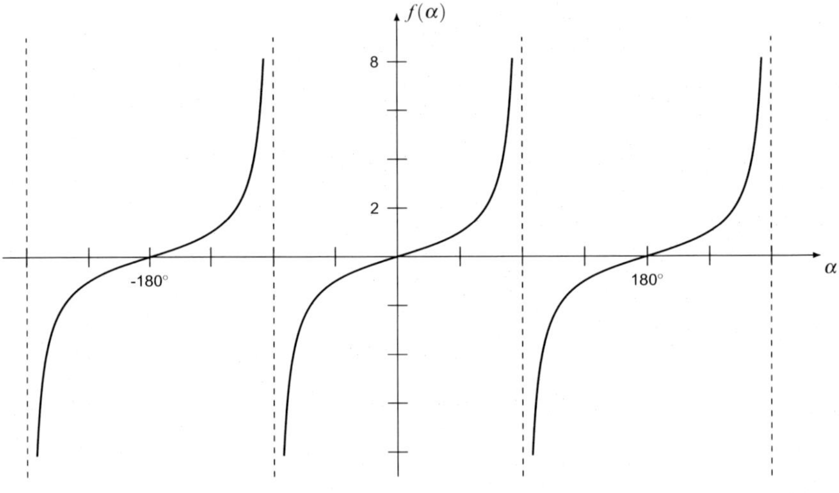

Abbildung 2.8: Tangens-Funktion

2.5 Zusammenfassung

Lassen Sie uns die Kernaussagen dieses Kapitels kurz auf den Punkt bringen:

Kernpunkte

- Eine *Funktion* f ordnet jedem Zahlenwert x *höchstens einen* Zahlenwert $f(x)$ zu. Es darf x-Werte geben, für die es keinen Wert $f(x)$ gibt. Es darf keinen x-Wert geben, für den es mehr als einen Wert $f(x)$ gibt.
- Der Definitionsbereich ist die Menge aller zulässigen x-Werte.
- Der Bildbereich ist die Menge aller von $f(x)$ angenommenen Zahlenwerte.
- Es gibt eine Reihe oft verwendeter Funktionen. Einige von ihnen sowie ihre wichtigsten Rechenregeln wurden in diesem Kapitel kurz vorgestellt.

Kapitel 3

Ableitungen

Ableitungen spielen eine sehr wichtige Rolle in der Kurvendiskussion. Dies ist so, weil man anhand der Ableitungen viele Punkte einer Funktion, die in irgendeiner Weise »besonders« sind, finden kann. Wir werden uns dies in Kapitel 5 genauer anschauen.

Leider gehören Ableitungen zu denjenigen Themen der Mathematik, die oftmals nicht richtig verstanden werden. Meiner Erfahrung nach werden stattdessen oftmals die Rechenregeln auswendig gelernt und mehr schlecht als recht angewendet. Dies ist schade, da Ableitungen sehr gut bildlich zu veranschaulichen sind und sich daher auch sehr gut verstehen lassen. Wir werden in diesem Kapitel daher zunächst versuchen, eine bildliche Vorstellung von Ableitungen zu bekommen. Erst danach betrachten wir die meist sehr einfachen Rechenregeln. Gerüstet mit einer guten bildlichen Vorstellung von Ableitungen werden viele Schritte der Kurvendiskussion dann unmittelbar klar und damit sehr einfach.

3.1 Veranschaulichung

Nehmen wir an, wir haben eine beliebige Funktion $f(x)$ gegeben. Die Ableitung (oder auch: *erste Ableitung*) von f ist einfach eine weitere Funktion, die wir nach bestimmten Regeln aus f berechnen. Da es sich bei der Ableitung um eine Funktion handelt, könnten wir dieser im Prinzip einen beliebigen Namen geben (z. B. $g(x)$). Es ist aber gebräuchlich, die Ableitung von $f(x)$ mit dem Funktionsnamen $f'(x)$ zu bezeichnen:

$$f(x) \xrightarrow{\text{Ableitung}} f'(x)$$

3.1.1 Bildliche Vorstellung

Bevor wir auf die Regeln eingehen, mit denen $f'(x)$ berechnet wird, schauen wir uns an, was eine Ableitung überhaupt ist. Hierzu stellen wir uns vor, wie in Abbildung 3.1 dargestellt mit einem Auto von links nach rechts »auf« dem Graphen einer Funktion $f(x)$ zu fahren. Die Ableitung $f'(x_0)$ an einem beliebigen Ort x_0 ist nichts anderes als die *Steigung*, mit der wir an diesem Ort x_0 fahren. Da die Begriffe *Ableitung* und *Steigung* immer wieder für Verwirrung sorgen, halten wir dies ganz klar fest:

> **Merke** Die erste Ableitung ist nichts anderes als die Steigung. Beide Begriffe bezeichnen ein und dieselbe Sache.

Lassen Sie sich nicht von den beiden Begriffen verwirren. Verinnerlichen Sie sich stattdessen, dass die erste Ableitung und die Steigung dasselbe sind.

Mit dem Wissen, dass die Steigung gesucht ist, und der Vorstellung, mit einem Auto einen Graphen entlang zu fahren, können wir bereits ein gutes Gefühl für die erste Ableitung gewinnen. Hierzu betrachten wir wieder Abbildung 3.1. Unser »gedankliches Auto« ist beispielhaft an den

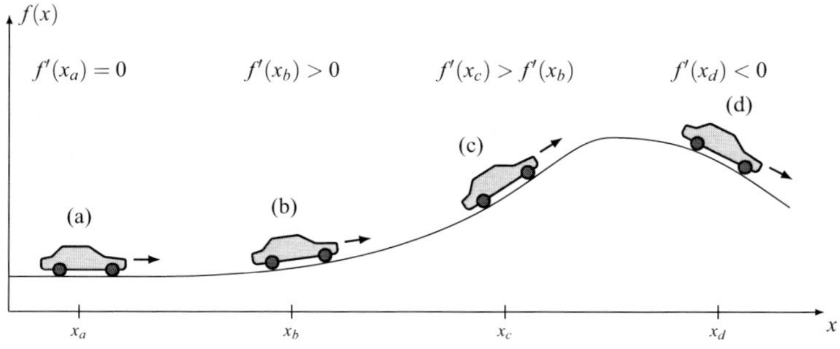

Abbildung 3.1: Veranschaulichung der 1. Ableitung (Steigung)

vier Orten x_a, x_b, x_c und x_d eingezeichnet. Über die Ableitung an diesen Orten können wir ganz ohne zu rechnen bereits einiges sagen:

(a) Am Ort $x = x_a$ verläuft die Funktion waagerecht. Das Auto fährt also, ohne dass es nach oben oder unten geht, einfach horizontal geradeaus. Die Steigung ist damit null, das heißt die Ableitung ist $f'(x_a) = 0$.

(b) Bei x_b geht es etwas bergauf. Wir haben also einen Anstieg und die Ableitung ist damit positiv: $f'(x_b) > 0$.

(c) Bei x_c geht es stärker bergauf als bei x_b. Die Steigung ist daher größer und damit ist auch die Ableitung größer. Es gilt also $f'(x_c) > f'(x_b) > 0$.

(d) Bei x_d sind wir bereits über die Bergkuppe gefahren und es geht wieder bergab. Es herrscht also ein Gefälle, das heißt eine negative Steigung. Die Ableitung ist daher auch negativ: $f'(x_d) < 0$.

Denken Sie an dieses bildhafte Gedankenspiel, wann immer Sie Probleme haben, sich eine Ableitung vorzustellen. Sie werden merken, dass dies ausgesprochen hilfreich ist.

3.1.2 Betrachtung des Vorzeichens

Bei der oben erläuterten bildlichen Vorstellung der Ableitung ist allerdings ein Punkt zu beachten, der leicht Verwirrung stiften kann. Im Sprachgebrauch sprechen wir von einer großen Steigung, sowohl wenn es steil bergauf geht als auch wenn es steil bergab geht. Mathematisch müssen wir hier sehr vorsichtig sein, was eigentlich gemeint ist. Bei positiven Steigungen $f'(x) > 0$ stimmt der Begriff »große Steigung« mit dem Sprachgebrauch überein. Bei negativen Steigungen $f'(x) < 0$ müssen wir uns jedoch festlegen, ob wir die Zahl oder aber ihren Betrag meinen.

Betrachten wir hierzu als Beispiel die beiden Werte $f'(x_0) = -1$ und $f'(x_1) = -5$. Da die Zahl -1 größer ist als -5, kann man sagen, dass die Steigung $f'(x_0) = -1$ größer ist als die Steigung $f'(x_1) = -5$. Dies widerspricht jedoch unserem natürlichen Empfinden (Abbildung 3.2). In der

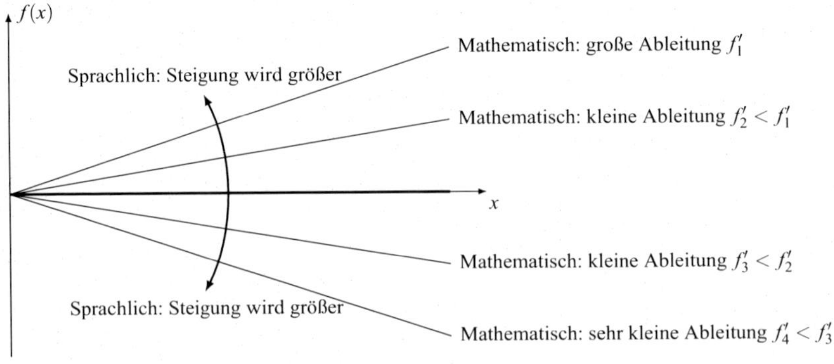

Abbildung 3.2: Sprachlich wird der Betrag $|f'(x)|$ der Steigung betrachtet. Mathematisch ist eine sehr große negative Steigung eine sehr kleine Zahl (z. B. -100). Damit ist die erste Ableitung dort auch sehr klein. Es gilt: $f_1' > f_2' > f_3' > f_4'$.

Regel wollen wir eine Steigung dann als groß betrachten, wenn sie stark von der Waagerechten $f'(x) = 0$ abweicht – egal ob nach oben oder nach unten. Wir tun dies, indem wir den Betrag der Steigung betrachten. So ist $|f'(x_0)| = |-1| = 1$ kleiner als $|f'(x_1)| = |-5| = 5$. Dies stimmt mit unserer Vorstellung von einer Steigung überein.

3.2 Mathematische Definition

Die bildliche Vorstellung der ersten Ableitung verschafft uns einen guten Eindruck davon, was eine Ableitung überhaupt ist. Wir haben bisher aber noch nicht betrachtet, wie die Zahlenwerte $f'(x)$ einer Ableitung berechnet werden.

Wir haben bereits gesagt, dass die Begriffe *erste Ableitung* und *Steigung* ein und dieselbe Sache bezeichnen. Steigungen werden Sie vermutlich aber bereits bei einem früheren mathematischen Thema kennengelernt haben: den Geraden. Und tatsächlich ist die Ableitung über die Steigung einer Geraden definiert. Auch hier zeigt sich wieder, dass Steigungen und Ableitungen dasselbe bezeichnen.

Im Folgenden werden wir zunächst die Steigung einer Geraden wiederholen. Daraus ergibt sich dann unmittelbar die erste Ableitung, die wir mathematisch definieren und deren Zahlenwert wir zudem veranschaulichen werden.

3.2.1 Steigung einer Geraden

Eine Gerade hat allgemein die Gleichung

$$f(x) = mx + b, \tag{3.1}$$

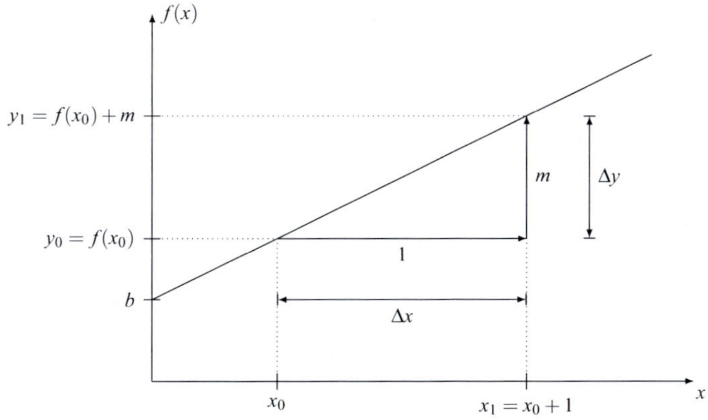

Abbildung 3.3: Steigung m einer Geraden $f(x) = mx + b$. Die Steigung ist definiert als Änderung $\Delta y = m$ des Funktionswertes bei »Bewegung« um $\Delta x = 1$ nach rechts.

wobei m die Steigung und b den Schnittpunkt mit der y-Achse bezeichnet. Die Bedeutung der Steigung m lässt sich hierbei sehr einprägend veranschaulichen:

> **Merke** Umgangssprachlich ist die Steigung einer Geraden die Antwort auf folgende Frage: »Wie stark geht es nach oben (oder unten), wenn ich mich auf der Geraden um 1 Längeneinheit nach rechts bewege?«

Abbildung 3.3 veranschaulicht diesen Sachverhalt. Ausgehend von einem beliebigen Punkt $(x_0;y_0)$ auf der Geraden f gehen wir gedanklich um $\Delta x = 1$ nach rechts. Wir müssen nun um eine gewisse Strecke nach oben gehen, um wieder auf der Geraden zu landen. Diese Strecke ist die Steigung $m = \Delta y$. Sie ist positiv, falls man nach oben gehen muss, und negativ, falls man nach unten gehen muss, um zur Geraden zu gelangen. Das Dreieck, das bei diesem Gedankenspiel entsteht, nennt man *Steigungsdreieck*.

Man beachte, dass gilt

$$\frac{\Delta y}{\Delta x} = \frac{m}{1} = m.$$

Die Festlegung $\Delta x = 1$ vereinfacht lediglich die geometrische Veranschaulichung. Tatsächlich erhalten wir aber unabhängig davon, wie weit wir gedanklich in x-Richtung gehen, denselben Zahlenwert für m. Für eine Gerade gilt damit stets

$$m = \frac{\Delta y}{\Delta x} = \frac{y_1 - y_0}{x_1 - x_0}. \tag{3.2}$$

Beachtet man weiterhin, dass $y = f(x)$ ist, so ergibt sich

$$m = \frac{\Delta y}{\Delta x} = \frac{f(x_1) - f(x_0)}{x_1 - x_0}. \tag{3.3}$$

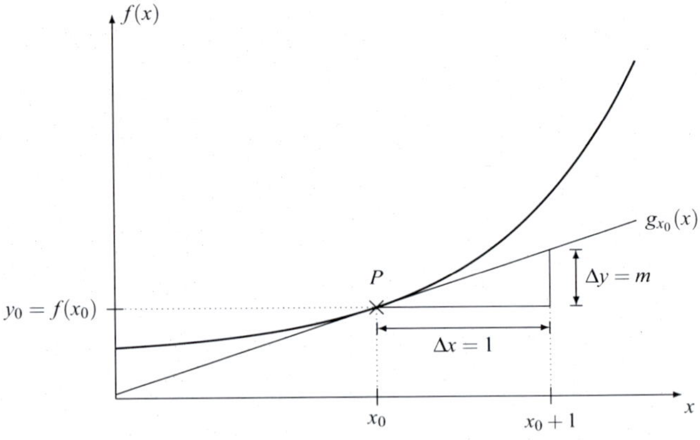

Abbildung 3.4: Die Steigung einer Funktion $f(x)$ an einem Punkt $P(x_0; f(x_0))$ ist gleich der Steigung m der an P angelegten Geraden $g_{x_0}(x)$

3.2.2 Erste Ableitung als Grenzwert

Die Steigung einer Funktion f ist ganz ähnlich zur Steigung einer Geraden $g(x) = mx + b$ definiert. Sie lässt sich im Prinzip auch auf dieselbe Weise veranschaulichen. Einziger Unterschied ist jedoch, dass die Steigung einer beliebigen Funktion vom Ort x abhängt. Damit ist gemeint, dass an zwei verschiedenen Orten x_0 und x_1 die Steigung unterschiedlich groß sein kann, während sie für Geraden an allen Orten x gleich ist ($g'(x_0) = g'(x_1)$).

Wie ist nun aber die Steigung an einem ganz bestimmten Ort x_0 definiert? Ein Steigungsdreieck mit $\Delta y/\Delta x$ ergibt keinen Sinn, da die Steigung davon abhängig wäre, wie groß man Δx wählt. Anders als bei Geraden hängt das Ergebnis also von der Größe des Steigungsdreieckes ab. Man behilft sich, indem man das Steigungsdreieck nicht auf der Funktion $f(x)$ platziert. Stattdessen wird eine Tangente an den Punkt $(x_0; f(x_0))$ gelegt. Lassen Sie uns die Tangente wie in Abbildung 3.4 dargestellt mit g_{x_0} bezeichnen.

> **Merke** Die Steigung $f'(x_0)$ einer Funktion $f(x)$ am Ort x_0 ist die Steigung der bei $(x_0; f(x_0))$ an die Funktion angelegten Tangente.

Damit haben wir die Steigung – sprich: die erste Ableitung – an jedem beliebigen Ort x_0 einer Funktion $f(x_0)$ definiert. Wir wissen also, was unter der ersten Ableitung zu verstehen ist und was ihr Zahlenwert bedeutet. Allerdings haben wir noch nicht betrachtet, wie man die Steigung der angelegten Tangente berechnen kann. Man wird sicherlich nicht für jeden Punkt, an dem man die erste Ableitung kennen möchte, eine Tangente an den Funktionsgraphen zeichnen und die Steigung der Tangente durch Ausmessen eines Steigungsdreieckes mit einem Geodreieck bestimmen.

Zur Berechnung der ersten Ableitung verwenden wir einen Trick. Nehmen wir an, wir möch-

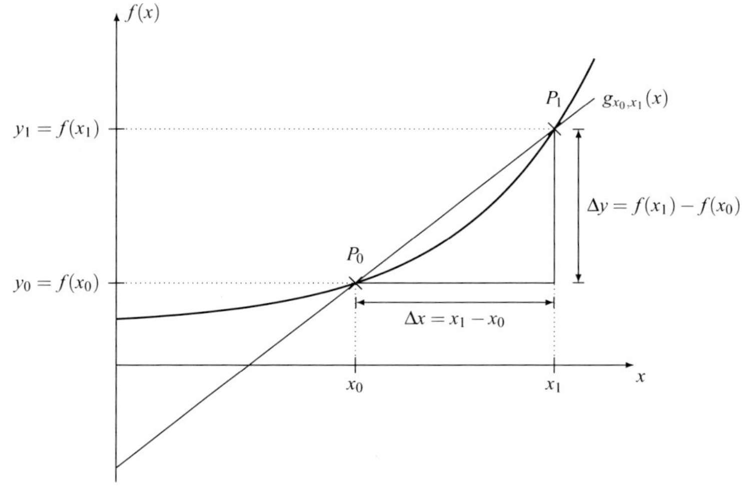

Abbildung 3.5: Sekante $g_{x_0,x_1}(x)$ durch die Punkte $P_0(x_0; f(x_0))$ und $P_1(x_1; f(x_1))$. Die Steigung der Sekanten wird in der Regel nicht mit der in Abbildung 3.4 dargestellten Steigung der Funktion $f(x)$ bei P_0 übereinstimmen.

ten die Ableitung bei x_0 kennen. Dann können wir zunächst – genauso wie bei Geraden – ein Steigungsdreieck mit den Punkten $P_0(x_0; f(x_0))$ und $P_1(x_1; f(x_1))$ verwenden, wobei x_1 ein willkürlich gewählter Ort ist. Das Steigungsdreieck gehört dann zu der Geraden durch P_0 und P_1. Die Steigung dieser Geraden ist wie in Abbildung 3.5 dargestellt

$$m_{x_0,x_1} = \frac{f(x_1) - f(x_0)}{x_1 - x_0}. \tag{3.4}$$

In der Regel wird diese Gerade nicht die gesuchte Tangente sein, die wir zur Berechnung von $f'(x_0)$ benötigen. Man kann sich aber leicht vorstellen, dass die Gerade durch P_0 und P_1 der Tangenten bei x_0 immer ähnlicher wird, wenn x_1 immer dichter bei x_0 gewählt wird (Abbildung 3.6). Für den Fall, dass x_1 »beliebig nahe« bei x_0 ist, wird die Gerade mit der Tangenten übereinstimmen. Mathematisch nennt man dies einen Grenzübergang $x_1 \to x_0$ und bezeichnet diesen mit »lim« für *Limes*. Die Steigung der Tangente und damit die erste Ableitung ist daher

$$f'(x_0) = \lim_{x_1 \to x_0} \frac{f(x_1) - f(x_0)}{x_1 - x_0}. \tag{3.5}$$

Die erste Ableitung wird oftmals auch in etwas anderer Form angegeben. Hierbei schreibt man $x_1 = x_0 + \Delta x$, das heißt man drückt x_1 über den Abstand Δx von x_0 aus. Der Grenzübergang $x_1 \to x_0$ bedeutet dann, den Abstand zu x_0 gegen Null streben zu lassen:

$$f'(x_0) = \lim_{\Delta x \to 0} \frac{f(x_0 + \Delta x) - f(x_0)}{(x_0 + \Delta x) - x_0} = \lim_{\Delta x \to 0} \frac{f(x_0 + \Delta x) - f(x_0)}{\Delta x} \tag{3.6}$$

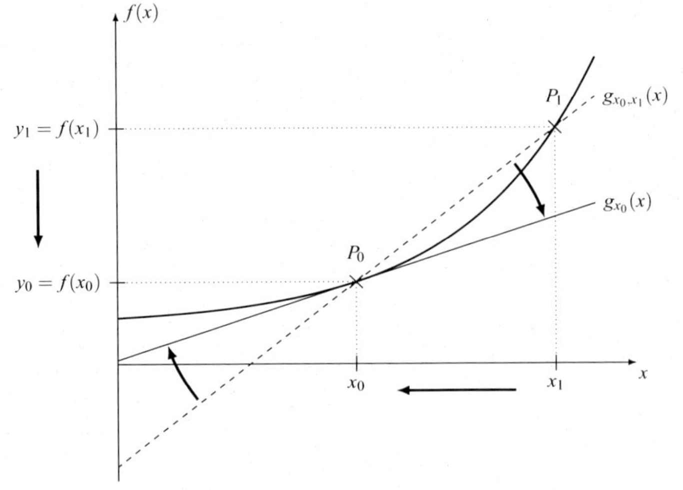

Abbildung 3.6: Wählt man $P_1(x_1; f(x_1))$ immer dichter an $P_0(x_0; f(x_0))$, so wird die Sekante $g_{x_0,x_1}(x)$ durch die Punkte P_0 und P_1 der in Abbildung 3.4 dargestellten Tangente am Punkt P_0 immer ähnlicher. Für den Grenzübergang $x_1 \to x_0$, das heißt für den Fall, dass x_1 zu x_0 wird, wird die Sekante zur Tangente an P_0.

Die beiden Definitionen der ersten Ableitung über (3.5) und (3.6) sind absolut gleichwertig, da sie über $x_1 = x_0 + \Delta x$ direkt auseinander folgen.

Bezüglich des Grenzwertes ist theoretisch zu beachten, dass x_1 zwar immer näher an x_0 wandert, aber niemals $x_1 = x_0$ erreicht. Es gilt also immer $x_1 \neq x_0$. Dies ist wichtig, da in (3.5) ansonsten durch Null geteilt würde, was nicht erlaubt ist. Praktisch ist es so, dass man quasi von $x_1 = x_0$ ausgehen kann. Da auch der Nenner $f(x_1) - f(x_0)$ für $x_1 \to x_0$ gegen Null strebt, wird der Bruch damit zu $f'(x_0) = 0/0$. Dies alles braucht Sie nicht zu verunsichern. Es gibt Methoden, derartige Grenzübergänge zu berechnen, die hier aber nicht betrachtet werden sollen.

Im Zusammenhang mit der Kurvendiskussion ist für Sie wichtig zu wissen,

- was sich anschaulich hinter Ableitungen $f'(x)$ verbirgt (Steigung) und
- wie Zahlenwerte $f'(x_0)$ zu deuten sind (Steigung der bei $x = x_0$ angelegten Tangente).

Auch werden Sie in der Praxis zum Ableiten in aller Regel nicht (3.5) oder (3.6) anwenden und tatsächlich Grenzwerte bilden müssen. Wir haben die Herleitung dieser Gleichungen lediglich gezeigt, um ein Verständnis dafür zu schaffen, was Ableitungen sind und was ihre Zahlenwerte anschaulich bedeuten. Mit Hilfe der Gleichungen wurden einfache Rechenregeln für Ableitungen bestimmt, die wir in Kürze vorstellen werden. Beim Lösen praktischer Aufgaben können (und sollten) Sie diese Regeln anwenden, anstatt (3.5) oder (3.6) zu benutzen.

3.3 Ableitung eines Polynomes

Wir haben bisher versucht, ein anschauliches Verständnis für Ableitungen zu vermitteln. Auch haben wir mit (3.6) einen allgemeinen mathematischen Ausdruck für Ableitungen hergeleitet. Zum Glück muss man diesen Ausdruck in der Regel nicht verwenden, um die Ableitung einer Funktion zu berechnen. Vielmehr gibt es hierfür einige einfache Regeln. Wir werden nun zunächst betrachten, wie Polynome abgeleitet werden, da bei Aufgaben zur Kurvendiskussion besonders häufig Polynome gegeben sind. Im nächsten Abschnitt werden wir dann sehen, dass mittels (3.6) einfache Regeln für die Berechnung der ersten Ableitung hergeleitet werden können.

3.3.1 Monome

Polynome setzen sich aus Ausdrücken der Form x^a zusammen. Einen solchen Ausdruck nennt man *Monom*. Zur Ableitung eines Monoms gibt es eine einfache Regel:

$$\boxed{f(x) = x^a \quad \Rightarrow \quad f'(x) = a \cdot x^{a-1}} \tag{3.7}$$

Mitunter hilft es, sich eine Formel sprachlich zu verdeutlichen, um sich eine Regel zu merken. Bei Formel (3.7) bietet es sich zudem an, die Regel gedanklich in folgende zwei Schritte zu zerlegen:

Merke Gehen Sie zur Ableitung von Ausdrücken x^a immer in zwei Schritten vor:

1. Exponenten zunächst nach vorne »ziehen« ($x^a \to ax^a$).
2. Danach den Exponenten um den Wert Eins reduzieren ($x^a \to x^{a-1}$).

Führen Sie die Ableitung gedanklich immer in diesen beiden Schritten durch. Sie können so Fehler vermeiden, die entstehen, wenn man versucht, gleich das Ergebnis anzugeben. Die Vorgehensweise soll an einem Beispiel verdeutlicht werden:

Beispiel 3.1. *Gegeben sei der Ausdruck $f(x) = x^3$. Die Ableitung f' erhalten wir durch die beiden oben aufgeführten Schritte:*

$$f(x) = x^3 \xrightarrow{\text{Exponent nach vorne}} 3x^3 \xrightarrow{\text{Exponent reduzieren}} 3x^{3-1} = 3x^2$$

Die Ableitung des Ausdruckes lautet damit $f'(x) = 3x^2$. □

Beachten Sie, dass es sich bei den Exponenten keineswegs um ganze Zahlen handeln muss:

Beispiel 3.2. *Gegeben sei der Ausdruck* $f(x) = x^{\frac{3}{2}}$. *Die Ableitung* f' *erhalten wir durch die beiden oben aufgeführten Schritte:*

$$f(x) = x^{\frac{3}{2}} \quad \longrightarrow \quad \frac{3}{2}x^{\frac{3}{2}} \quad \longrightarrow \quad \frac{3}{2}x^{\frac{3}{2}-1} = \frac{3}{2}x^{\frac{1}{2}}$$

Die Ableitung des Ausdruckes lautet damit $f'(x) = \frac{3}{2}x^{\frac{1}{2}}$. □

Besonders interessante Fälle ergeben sich für Funktionen $f(x) = 1$ und $f(x) = x$. Wegen $x^0 = 1$ und $x^1 = x$ lässt sich auch hier (3.7) anwenden:

$$f(x) = 1 = x^0 \quad \Rightarrow \quad f'(x) = 0 \cdot x^{-1} = 0 \tag{3.8}$$

$$f(x) = x = x^1 \quad \Rightarrow \quad f'(x) = 1 \cdot x^0 \ = 1 \tag{3.9}$$

3.3.2 Polynome

Bisher haben wir nur Ausdrücke x^a abgeleitet. Wie geht man aber bei Polynomen, beispielsweise $f(x) = 3x^2 + 2x - 3$, vor? Umgangssprachlich ausgedrückt leiten wir jedes Monom x^a »für sich« ab, ohne uns dabei um die anderen Terme oder die konstanten Faktoren zu kümmern. Gegeben sei also ein Polynom der Form

$$f(x) = a_n x^n + \cdots + a_3 x^3 + a_2 x^2 + a_1 x + a_0, \tag{3.10}$$

dann lautet die erste Ableitung

$$f'(x) = n \cdot a_n x^{n-1} + \cdots + 3a_3 x^2 + 2a_2 x + a_1. \tag{3.11}$$

Im nächsten Abschnitt werden wir mit der Faktorenregel und der Summenregel erläutern, warum wir jedes Monom unabhängig von den anderen Termen ableiten dürfen. Zuvor aber einige Beispiele für Polynome und deren erste Ableitung.

Beispiel 3.3. *Die erste Ableitung* $f'(x)$ *folgender Polynome lässt sich mit* (3.11) *aus den Funktionsgleichungen* $f(x)$ *bestimmen:*

$$\begin{aligned}
f(x) = 3x^2 + 2x - 3 \quad &\Rightarrow \quad f'(x) = 3 \cdot (2x^1) + 2 \cdot (1x^0) - 3 \cdot (0x^{-1}) \\
& = 6x + 2 \\
f(x) = -x^3 + 3x^2 + 4 \quad &\Rightarrow \quad f'(x) = -(3x^2) + 3 \cdot (2x^1) + 4 \cdot (0x^{-1}) \\
& = -3x^2 + 6x \\
f(x) = 2x^5 - 4x^3 + x \quad &\Rightarrow \quad f'(x) = 2 \cdot (5x^4) - 4 \cdot (3x^2) + 1x^0 \\
& = 10x^4 - 12x^2 + 1
\end{aligned}$$

□

3.4 Allgemeine Ableitungsregeln

Es gibt einige Regeln, die für alle Funktionen gelten – egal, ob es sich beispielsweise um ein Polynom oder einen Logarithmus handelt. Die sogenannte Faktorenregel und die Summenregel haben wir bei Polynomen bereits angewendet, ohne die Regeln direkt anzugeben. Dies soll zunächst nachgeholt werden, bevor wir uns weiteren Ableitungsregeln widmen.

3.4.1 Faktorenregel

Als Erstes fragen wir uns, was bei der Ableitung mit konstanten Faktoren geschieht. Anders ausgedrückt, was ist die Ableitung von $f(x) = a \cdot f_1(x)$, wobei a eine beliebige Zahl ist? Eine derartige Funktion wäre beispielsweise $f(x) = 3x^2$ mit $a = 3$ und $f_1(x) = x^2$. Wie wir bereits bei Polynomen gesehen haben, können konstante Faktoren beim Bilden einer Ableitung quasi »ignoriert« werden:

$$\boxed{f(x) = a \cdot f_1(x) \quad \Rightarrow \quad f'(x) = a \cdot f_1'(x)} \tag{3.12}$$

Obwohl wir in diesem Buch weitestgehend auf Beweise verzichten, ist nachfolgend die recht einfache Herleitung der Faktorenregel angegeben. Sie ist zudem ein Beispiel dafür, wie die allgemeine Ableitungsgleichung (3.6) zur Herleitung von Rechenregeln verwendet werden kann.

Herleitung 3.1. *Gegeben sei eine Funktion, die aus dem Produkt eines Faktors a sowie einer Funktion $f_1(x)$ besteht: $f(x) = a \cdot f_1(x)$. Wir setzen die allgemeine Funktion $f(x) = a \cdot f_1(x)$ in* (3.6) *ein, wobei wir x anstatt x_0 verwenden, da wir einen Ausdruck für die Ableitung an jedem beliebigen Ort x und nicht nur an* einem *speziellen Ort x_0 bestimmen möchten:*

$$\begin{aligned} f'(x) &= \lim_{\Delta x \to 0} \frac{f(x+\Delta x) - f(x)}{\Delta x} \\ &= \lim_{\Delta x \to 0} \frac{(a \cdot f_1(x+\Delta x)) - (a \cdot f_1(x))}{\Delta x} \\ &= a \cdot \underbrace{\lim_{\Delta x \to 0} \frac{f_1(x+\Delta x) - f_1(x)}{\Delta x}}_{f_1'(x)} \end{aligned}$$

Einsetzen von $f(x)$ in (3.6) *und Ausklammern von a führt also direkt zur Faktorenregel* (3.12). ■

3.4.2 Summenregel

Als zweiten Fall betrachten wir Funktionen, die Additionen beinhalten: $f(x) = f_1(x) + f_2(x)$. Ein Beispiel wäre $f(x) = x^3 - x^2$ mit $f_1(x) = x^3$ und $f_2(x) = -x^2$. Bei der Ableitung von Polynomen haben wir bereits gesehen, dass bei Funktionen, die durch Additionen zusammengesetzt sind, jeder Term unabhängig von den anderen abzuleiten ist:

$$\boxed{f(x) = f_1(x) + f_2(x) \quad \Rightarrow \quad f'(x) = f_1'(x) + f_2'(x)} \tag{3.13}$$

Wie schon bei der Faktorenregel lässt sich auch die Summenregel durch Einsetzen in die Ableitungsgleichung (3.6) herleiten:

Herleitung 3.2. *Einsetzen der Funktion* $f(x) = f_1(x) + f_2(x)$ *in* (3.6) *führt direkt zur Summenregel* (3.13)*:*

$$\begin{aligned} f'(x) &= \lim_{\Delta x \to 0} \frac{(f_1(x+\Delta x) + f_2(x+\Delta x)) - (f_1(x) + f_2(x))}{\Delta x} \\ &= \lim_{\Delta x \to 0} \frac{(f_1(x+\Delta x) - f_1(x)) + (f_2(x+\Delta x) - f_2(x))}{\Delta x} \\ &= \underbrace{\lim_{\Delta x \to 0} \frac{f_1(x+\Delta x) - f_1(x)}{\Delta x}}_{f_1'(x)} + \underbrace{\lim_{\Delta x \to 0} \frac{f_2(x+\Delta x) - f_2(x)}{\Delta x}}_{f_2'(x)} \end{aligned}$$

■

Faktorenregel und Summenregel lassen sich auch in einer Regel zusammenfassen:

$$f(x) = a_1 \cdot f_1(x) + a_2 \cdot f_2(x) \quad \Rightarrow \quad f'(x) = a_1 \cdot f_1'(x) + a_2 \cdot f_2'(x) \tag{3.14}$$

Derartige Abbildungen nennt man mitunter auch *lineare* Operation. Lassen Sie sich davon aber nicht verwirren. Egal, ob Sie die Regeln zusammen oder einzeln schreiben oder aber wie Sie sie nennen: Wichtig für Sie ist, beide Regeln anwenden zu können. Wir haben dies bereits bei der Ableitung von Polynomen getan und werden die Regeln im Folgenden auch immer wieder benutzen. Sie werden sehen, dass beide Regeln sehr einfach anzuwenden sind und Ihnen schnell in Fleisch und Blut übergehen werden.

3.4.3 Produktregel

Bei der Faktorenregel haben wir gesehen, wie die Ableitung zu bilden ist, wenn eine Funktion mit einem konstanten Faktor multipliziert wird. Die sogenannte Produktregel liefert eine entsprechende Regel, wenn der Faktor nicht konstant, sondern selber eine Funktion ist:

$$\boxed{f(x) = f_1(x) \cdot f_2(x) \quad \Rightarrow \quad f'(x) = f_1'(x) \cdot f_2(x) + f_1(x) \cdot f_2'(x)} \tag{3.15}$$

Das nachfolgende Beispiel soll die Produktregel verdeutlichen. Zur besseren Übersichtlichkeit führen wir folgende Notation ein: Ähnlich der Schreibweise f' für die erste Ableitung bedeutet ein Apostroph hinter einer Klammer, $(\cdot)'$, dass der Inhalt der Klammer abgeleitet werden muss:

$$\big(f(x)\big)' := f'(x) \tag{3.16}$$

Beispiel 3.4. *Gegeben sei die Funktion $f(x) = (x^2 - 2x + 3) \cdot (3x^2 + 1)$. Die Ableitung kann auf zweierlei Art bestimmt werden. Zunächst lassen sich die beiden Faktoren ausmultiplizieren und dann auf die bereits bekannte Weise ableiten:*

$$\begin{aligned} f(x) &= (x^2 - 2x + 3) \cdot (3x^2 + 1) \\ &= x^2 \cdot (3x^2 + 1) + (-2x) \cdot (3x^2 + 1) + 3 \cdot (3x^2 + 1) \\ &= (3x^4 + x^2) + (-6x^3 - 2x) + (9x^2 + 3) \\ &= 3x^4 - 6x^3 + 10x^2 - 2x + 3 \\ \Rightarrow \quad f'(x) &= 12x^3 - 18x^2 + 20x - 2 \end{aligned}$$

Stattdessen lässt sich auch die Produktregel anwenden. Sei

$$f(x) = \underbrace{(x^2 - 2x + 3)}_{f_1(x)} \cdot \underbrace{(3x^2 + 1)}_{f_2(x)},$$

dann folgt:

$$\begin{aligned} f'(x) &= (x^2 - 2x + 3)' \cdot (3x^2 + 1) + (x^2 - 2x + 3) \cdot (3x^2 + 1)' \\ &= (2x - 2) \cdot (3x^2 + 1) + (x^2 - 2x + 3) \cdot 6x \\ &= (6x^3 - 6x^2 + 2x - 2) + (6x^3 - 12x^2 + 18x) \\ &= 12x^3 - 18x^2 + 20x - 2 \quad \checkmark \end{aligned}$$

Die Ergebnisse beider Rechenwege stimmen erwartungsgemäß überein. □

Sie werden vielleicht einwenden, dass der Rechenweg über die Produktregel im obigen Beispiel nicht unbedingt einfacher ist. Für *dieses* Beispiel stimme ich vollkommen mit Ihnen überein. Die Produktregel ist jedoch wichtig, falls sich $f_1(x)$ und $f_2(x)$ nicht ausmultiplizieren lassen – beispielsweise $f(x) = x^2 \cdot \sin(3x)$. Wir werden etwas später noch Beispiele dieser Art sehen, bei denen die Produktregel sinnvoll zur Anwendung kommt.

3.4.4 Quotientenregel

Mit der Produktregel haben wir gesehen, wie wir zwei Funktionen, die miteinander multipliziert werden, ableiten können. Die Quotientenregel ist die entsprechende Regel für den Fall, dass die beiden Funktionen durcheinander geteilt werden:

$$\boxed{f(x) = \frac{f_1(x)}{f_2(x)} \quad \Rightarrow \quad f'(x) = \frac{f_1'(x) \cdot f_2(x) - f_1(x) \cdot f_2'(x)}{\left(f_2(x)\right)^2}} \tag{3.17}$$

Beispiel 3.5. *Gegeben sei die Funktion*

$$f(x) = \frac{x^2 - 3x + 1}{2x^3}.$$

Zum Bilden der Ableitung wenden wir die Quotientenregel mit $f_1(x) = x^2 - 3x + 1$ *und* $f_2(x) = 2x^3$ *an:*

$$\begin{aligned} f'(x) &= \frac{(x^2-3x+1)' \cdot 2x^3 - (x^2-3x+1) \cdot (2x^3)'}{(2x^3)^2} \\ &= \frac{(2x-3) \cdot 2x^3 - (x^2-3x+1) \cdot 6x^2}{2^2\,(x^3)^2} \\ &= \frac{(4x^4 - 6x^3) - (6x^4 - 18x^3 + 6x^2)}{4x^6} \\ &= \frac{-2x^4 + 12x^3 - 6x^2}{4x^6} \\ &= \frac{-x^4 + 6x^3 - 3x^2}{2x^6} \\ &= \frac{-x^2 + 6x - 3}{2x^4} \end{aligned}$$

Alternativ könnte man in diesem Beispiel auch den Bruch vor dem Ableiten aufteilen:

$$\begin{aligned} f'(x) &= \left(\frac{x^2}{2x^3} - \frac{3x}{2x^3} + \frac{1}{2x^3}\right)' \\ &= \left(\frac{1}{2}x^{-1} - \frac{3}{2}x^{-2} + \frac{1}{2}x^{-3}\right)' \\ &= -\frac{1}{2}x^{-2} + 3x^{-3} - \frac{3}{2}x^{-4} \\ &= \frac{-x^2 + 6x - 3}{2x^4} \end{aligned}$$

□

Häufige Fehler Bei der Anwendung der Quotientenregel werden insbesondere Vorzeichenfehler bei der Berechnung des Terms $-f_1(x) \cdot f_2'(x)$ gemacht. Um solche Fehler zu vermeiden, sollten Sie das Produkt zunächst in Klammern setzen,

$$f'(x) = \frac{f_1'(x) \cdot f_2(x) - \left(f_1(x) \cdot f_2'(x)\right)}{\left(f_2(x)\right)^2},$$

und die Klammer erst dann auflösen, wenn $f_1(x) \cdot f_2'(x)$ berechnet ist.

3.4.5 Kettenregel

Als letzte Regel betrachten wir die Kettenregel. Diese besagt wie abzuleiten ist, wenn man zwei Funktionen hintereinander ausführt. In anderen Worten, wir wenden zunächst eine Funktion $f_1(x)$ an. Das Ergebnis setzen wir dann in eine weitere Funktion, $f_2(x)$, ein. Diesen Vorgang kann man sich gut veranschaulichen, indem das Ergebnis der ersten Funktion einfach mit $\tilde{x}$ bezeichnet wird und im Endergebnis wieder $\tilde{x}$ durch $f_1(x)$ ersetzt wird:

$$x \xrightarrow{f_1} \tilde{x} = f_1(x) \xrightarrow{f_2} f_2(\tilde{x}) = f_2(f_1(x))$$

Dadurch, dass wir das Ergebnis von f_1 in f_2 einsetzen, berechnen wir letztendlich die Funktion $f(x) = f_2(f_1(x))$. Dieser Ausdruck sagt nichts anderes aus als das bereits Gesagte: Setze zunächst x in f_1 ein und das Ergebnis dann in f_2. Da f_1 in f_2 eingesetzt wird, nennt man f_1 auch *innere* Funktion. Entsprechend bezeichnet man f_2 auch als *äußere* Funktion.

Die Vorstellung, eine Funktion in eine andere einzusetzen, ist recht abstrakt. Daher schauen wir uns zunächst einige Beispiele an:

Beispiel 3.6. *Gegeben sei die Funktion $f(x) = (3x^2+1)^3$. Ein x-Wert wird zunächst über die innere Funktion $f_1(x) = 3x^2+1$ abgebildet. Das Ergebnis dieser Abbildung wird dann mit dem Exponenten 3 potenziert. Die äußere Funktion f_2 lautet damit $f_2(\tilde{x}) = \tilde{x}^3$ und es ergibt sich insgesamt:*

$$f(x) = f_2\big(f_1(x)\big) = \big(f_1(x)\big)^3 = (3x^2+1)^3$$

□

Beispiel 3.7. *Gegeben sei die Funktion*

$$f(x) = \frac{1}{x^2-1}.$$

Mit der inneren Funktion $f_1(x) = x^2-1$ und der äußeren Funktion $f_2(\tilde{x}) = 1/\tilde{x}$ ergibt sich:

$$f(x) = f_2\big(f_1(x)\big) = f_2\big(x^2-1\big) = \frac{1}{x^2-1}$$

□

Die Ableitung einer Funktionskette $f(x) = f_2(f_1(x))$ kann man bequem über die sogenannte Kettenregel berechnen:

$$\boxed{f(x) = f_2\big(f_1(x)\big) \quad \Rightarrow \quad f'(x) = f_1'(x) \cdot f_2'\big(f_1(x)\big)} \tag{3.18}$$

Lassen Sie sich nicht entmutigen, falls dieser Ausdruck auf Sie zunächst ziemlich kompliziert wirkt. Das geht vielen so. Trotzdem ist die Kettenregel deutlich leichter anzuwenden als es auf den ersten Blick scheint. Nachfolgend werden wir anhand der obigen Beispiele betrachten, wie dies im Einzelnen geschieht. Im nächsten Abschnitt werden wir dann weitere Beispiele zur Anwendung dieser Regel anschauen.

Zur Anwendung der Kettenregel betrachten wir die beiden Terme $f_1'(x)$ und $f_2'(f_1(x))$ in (3.18):

- *Innere Ableitung:* Die Ableitung $f_1'(x)$ der inneren Funktion $f_1(x)$ nennt man auch innere Ableitung. Diese lässt sich über die bereits besprochenen Regeln bestimmen.
- *Äußere Ableitung:* Die Ableitung f_2' der äußeren Funktion f_2 nennt man auch äußere Ableitung. Der Term $f_2'(f_1(x))$ besagt hierbei nichts anderes, als dass die Funktion $f_1(x)$ in die Ableitung von $f_2(x)$ eingesetzt wird.

Wir wollen dies nun anhand der letzten Beispielfunktionen veranschaulichen:

Beispiel 3.8. *Gegeben sei die Funktion $f(x) = (3x^2+1)^3$ mit der inneren Funktion $f_1(x) = 3x^2+1$ und der äußeren Funktion $f_2(\tilde{x}) = \tilde{x}^3$. Die zugehörigen Ableitungen sind:*

$$\begin{aligned} f_1'(x) &= \left(3x^2+1\right)' = 6x \\ f_2'(\tilde{x}) &= \left(\tilde{x}^3\right)' = 3\tilde{x}^2 \end{aligned}$$

Einsetzen von f_1 in die Ableitung f_2' ergibt

$$f_2'(f_1(x)) = 3\cdot(f_1(x))^2 = 3\cdot\left(3x^2+1\right)^2.$$

Die Ableitung von $f(x)$ berechnet sich daher nach der Kettenregel zu

$$f'(x) = f_1'(x)\cdot f_2'\big(f_1(x)\big) = 6x\cdot\left(3\cdot\left(3x^2+1\right)^2\right) = 18x\cdot\left(3x^2+1\right)^2.$$

□

Beispiel 3.9. *Gegeben sei die Funktion*

$$f(x) = \frac{1}{x^2-1}$$

mit der inneren Funktion $f_1(x) = x^2-1$ und der äußeren Funktion $f_2(\tilde{x}) = 1/\tilde{x}$. Die zugehörigen Ableitungen sind:

$$\begin{aligned} f_1'(x) &= \left(x^2-1\right)' = 2x \\ f_2'(\tilde{x}) &= \left(\frac{1}{\tilde{x}}\right)' = \left(\tilde{x}^{-1}\right)' = -1\cdot\tilde{x}^{-2} = -\frac{1}{\tilde{x}^2} \end{aligned}$$

Einsetzen von f_1 in die Ableitung f_2' ergibt

$$f_2'(f_1(x)) = -\frac{1}{(x^2-1)^2} = -\frac{1}{x^4-2x^2+1}.$$

Die Ableitung von $f(x)$ berechnet sich daher nach der Kettenregel zu

$$f'(x) = f_1'(x) \cdot f_2'(f_1(x)) = 2x \cdot \left(-\frac{1}{x^4-2x^2+1}\right) = -\frac{2x}{x^4-2x^2+1}.$$

□

Merke Die Ableitung nach der Kettenregel lässt sich gut über den Merksatz »Innere Ableitung mal äußere Ableitung« bilden, das heißt:

1. Leite die innere Funktion $f_1(x)$ ab.
2. Leite die äußere Funktion $f_2(x)$ ab und setze $f_1(x)$ in das Ergebnis ein.
3. Multipliziere die Terme aus 1. und 2. miteinander.

Häufige Fehler Bei der Anwendung der Kettenregel werden insbesondere Fehler beim Einsetzen von $f_1(x)$ in $f_2'(x)$ gemacht. Viele dieser Fehler sind vermeidbar, indem beim Einsetzen grundsätzlich $f_1(x)$ in Klammern gesetzt wird.

3.5 Ableitung weiterer Funktionen

In vielen Fällen werden Kurvendiskussionen anhand von Polynomen durchgeführt. Mitunter sind aber auch andere Funktionen gegeben, die diskutiert und daher auch abgeleitet werden müssen. Im Folgenden betrachten wir die Ableitungen einiger gängiger Funktionen.

3.5.1 Wurzel

In vielen Büchern werden extra Regeln zum Ableiten von Wurzeln angegeben. Dies ist unnötig. Wurzeln sind im Prinzip Ausdrücke der Form x^a, das heißt sie sind Monome, deren Ableitung wir bereits kennengelernt haben. Wir benötigen also keine zusätzliche Regel, sondern können (3.7) verwenden, sofern wir den Exponenten a kennen.

Nun werden Sie sich vermutlich fragen, wieso eine Wurzel ein Ausdruck x^a ist und wie groß a ist. Dies lässt sich sehr einfach zeigen. Sicherlich stimmen Sie darin überein, dass

$$\sqrt{x^2} = x$$

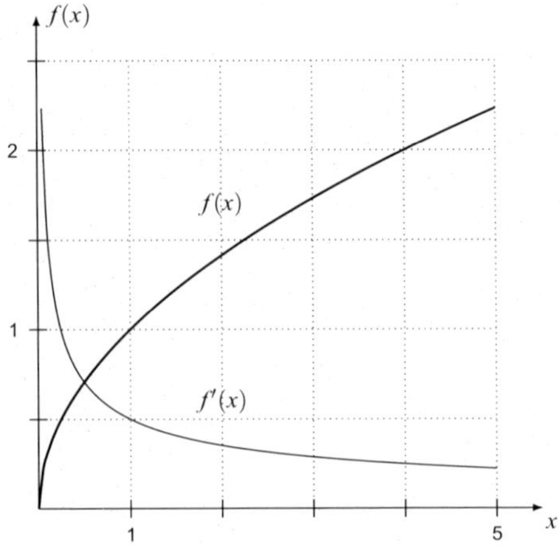

Abbildung 3.7: Ableitung der Wurzelfunktion $f(x) = \sqrt{x}$

gilt. Nehmen wir also an, dass wir die Wurzel als $\sqrt{x} = x^a$ ausdrücken können. Dann muss nach obiger Gleichung

$$\sqrt{x^2} = (x^2)^a = x$$

gelten. Mit der Rechenregel $(x^b)^a = x^{ab}$ ergibt sich hieraus $x^{2a} = x$. Damit beide Seiten gleich sind, müssen die Exponenten links und rechts gleich sein:

$$x^{2a} = x^1 \quad \Rightarrow \quad 2a = 1$$
$$\Rightarrow \quad a = \frac{1}{2}$$

Eine Wurzel lässt sich also ganz allgemein in der Form

$$\sqrt{x} = x^{\frac{1}{2}} \tag{3.19}$$

schreiben und die Ableitung der Wurzel ergibt sich über die Ableitung (3.7) eines Monoms:

$$\boxed{f(x) = \sqrt{x} = x^{\frac{1}{2}} \quad \Rightarrow \quad f'(x) = \frac{1}{2}x^{-\frac{1}{2}} = \frac{1}{2x^{\frac{1}{2}}} = \frac{1}{2\sqrt{x}}} \tag{3.20}$$

Abbildung 3.7 zeigt die Wurzelfunktion sowie ihre Ableitung.

Beispiel 3.10. *Gegeben sei die Funktion $f(x) = 2\sqrt{x^3}$. Zur Bestimmung der Ableitung wird die Wurzel in einen Exponenten umgeformt:*

$$f(x) = 2\sqrt{x^3} = 2 \cdot \left(x^3\right)^{\frac{1}{2}} = 2x^{3 \cdot \frac{1}{2}} = 2x^{\frac{3}{2}}$$

Damit ergibt sich die erste Ableitung zu:

$$f'(x) = \left(2x^{\frac{3}{2}}\right)' = 2 \cdot \frac{3}{2}x^{\frac{3}{2}-1} = 3x^{\frac{1}{2}} = 3\sqrt{x}$$

□

Beispiel 3.11. *Gegeben sei die Funktion* $f(x) = \frac{1}{\sqrt{x}}$. *Zur Bestimmung der Ableitung wird die Wurzel in einen Exponenten umgeformt:*

$$f(x) = \frac{1}{\sqrt{x}} = \frac{1}{x^{\frac{1}{2}}} = x^{-\frac{1}{2}}$$

Damit ergibt sich die erste Ableitung zu:

$$f'(x) = \left(x^{-\frac{1}{2}}\right)' = -\frac{1}{2}x^{-\frac{3}{2}} = -\frac{1}{2x^{\frac{3}{2}}} = -\frac{1}{2\sqrt{x^3}}$$

□

3.5.2 Exponentialfunktion und natürlicher Logarithmus

Exponentialfunktion In den Naturwissenschaften spielt die Exponentialfunktion $f(x) = e^x$ eine herausragende Rolle. Eine andere Schreibweise für die Funktion ist $f(x) = \exp(x)$. Die sogenannte *Eulersche Konstante* e ist eine Naturkonstante. Tatsächlich ist e derart bestimmt, dass an jeder Stelle x die Ableitung der Exponentialfunktion $f(x) = e^x$ dem Funktionswert entspricht (Abbildung 3.8):

$$\boxed{f(x) = e^x \quad \Rightarrow \quad f'(x) = f(x) = e^x} \tag{3.21}$$

Schauen wir uns hierzu einige Beispiele an, die zudem die Produkt- und Kettenregel veranschaulichen:

Beispiel 3.12. *Gegeben sei die Funktion* $f(x) = x^2 \cdot e^x$. *Wir bestimmen die erste Ableitung mit Hilfe der Produktregel* (3.15)*:*

$$f'(x) = \left(x^2\right)' \cdot e^x + x^2 \cdot (e^x)' = 2x \cdot e^x + x^2 \cdot e^x = \left(x^2 + 2x\right) \cdot e^x$$

□

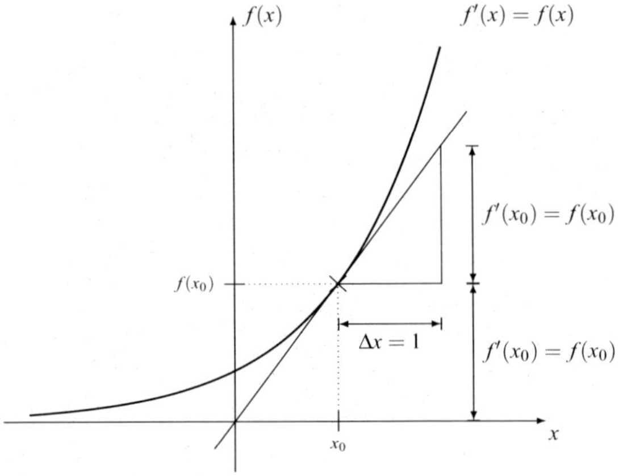

Abbildung 3.8: Ableitung der Exponentialfunktion $f(x) = e^x$

Beispiel 3.13. *Gegeben sei die Funktion* $f(x) = \exp\left(-x^3 + x^2 + 1\right)$. *Wir bestimmen die erste Ableitung mit Hilfe der Kettenregel* (3.18). *Die innere und äußere Funktion sind hierbei* $f_1(x) = -x^3 + x^2 + 1$ *und* $f_2(x) = \exp(x)$*:*

$$\begin{aligned} f'(x) &= \Big(\exp(\underbrace{-x^3 + x^2 + 1}_{f_1(x)})\Big)' = \underbrace{\left(-x^3 + x^2 + 1\right)'}_{f_1'(x)} \cdot \underbrace{\exp\left(-x^3 + x^2 + 1\right)}_{f_2'(f_1(x))} \\ &= \left(-3x^2 + 2x\right) \cdot \exp\left(-x^3 + x^2 + 1\right) \end{aligned}$$

□

Natürlicher Logarithmus Die Umkehrfunktion der Exponentialfunktion $\exp(x)$ ist der Logarithmus zur Basis e:

$$\log_e(e^x) = x$$

Man nennt diesen auch den *natürlichen* Logarithmus und schreibt $\ln(x) = \log_e(x)$. Die erste Ableitung berechnet sich wie folgt (Abbildung 3.9):

$$\boxed{f(x) = \ln(x) \quad \Rightarrow \quad f'(x) = \frac{1}{x}} \tag{3.22}$$

Beispiel 3.14. *Gegeben sei die Funktion* $f(x) = \ln\left(x^2 + 1\right)$. *Wir bestimmen die erste Ableitung mit Hilfe der Kettenregel* (3.18). *Die innere und äußere Funktion sind*

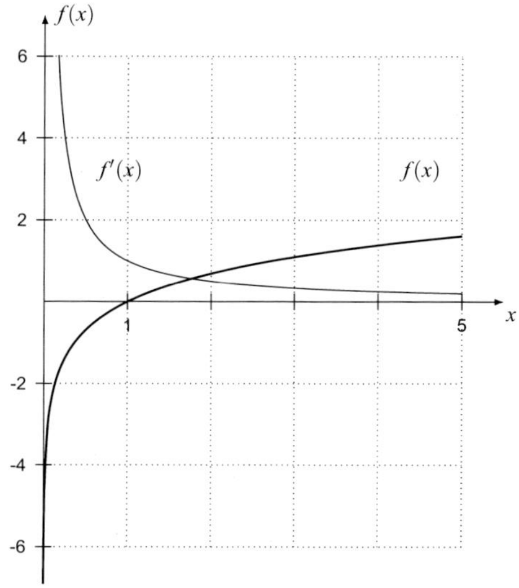

Abbildung 3.9: Ableitung des natürlichen Logarithmus' $f(x) = \ln(x)$

hierbei $f_1(x) = x^2 + 1$ *und* $f_2(x) = \ln(x)$*:*

$$f'(x) = \big(\ln(\underbrace{x^2+1}_{f_1(x)})\big)' = \underbrace{\left(x^2+1\right)'}_{f_1'(x)} \cdot \underbrace{\frac{1}{x^2+1}}_{f_2'(f_1(x))} = \frac{2x}{x^2+1}$$

□

Beispiel 3.15. *Gegeben sei die Funktion* $f(x) = 3x \cdot \ln\left(e^{x^3-2}\right)$. *Obwohl man dies auf den ersten Blick denken könnte, benötigen wir hier weder die Produkt- noch die Kettenregel. Stattdessen lässt sich* $f(x)$ *zunächst deutlich vereinfachen:*

$$f(x) = 3x \cdot \ln\left(e^{x^3-2}\right) = 3x \cdot \left(x^3 - 2\right) = 3x^4 - 6x$$

Es handelt sich also um ein Polynom. Die erste Ableitung lautet

$$f'(x) = 12x^3 - 6.$$

□

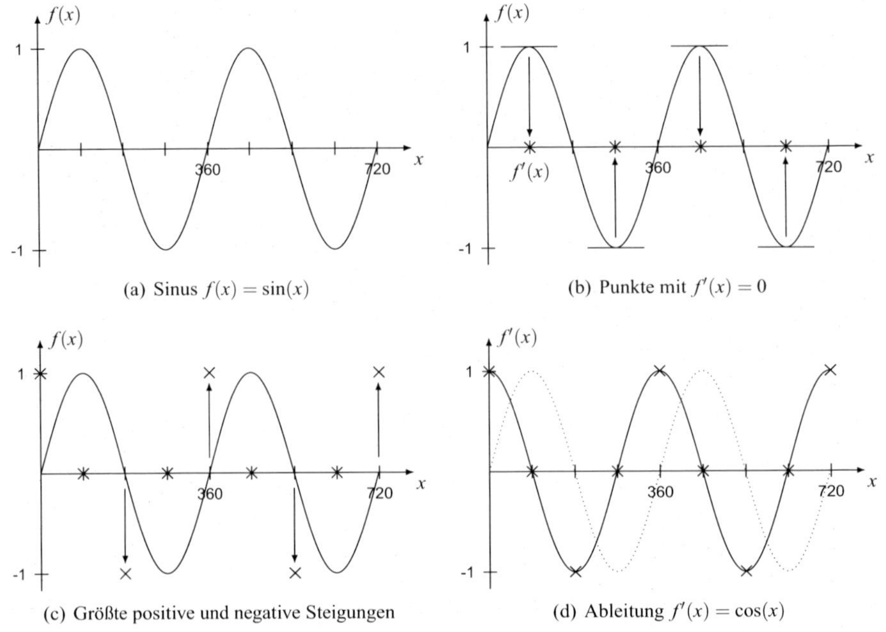

Abbildung 3.10: Ableitung der Sinus-Funktion

3.5.3 Trigonometrische Funktionen

Sinus Die Ableitung der Sinus-Funktion lässt sich gut veranschaulichen. Betrachten wir hierzu Abbildung 3.10. Abbildung 3.10(a) zeigt den Sinus $f(x) = \sin(x)$. Wir möchten im Folgenden eine Vorstellung vom generellen Verlauf der ersten Ableitung $f'(x)$ erhalten. Hierzu benutzen wir die am Anfang des Kapitels beschriebene Deutung der ersten Ableitung: Die Ableitung $f'(x_0)$ an einem Punkt ist die Steigung der an diesem Punkt an $f(x)$ angelegten Tangente.

Es gibt einige Punkte, an denen wir den genauen Wert der Steigung angeben können: An den höchsten Punkten (bei $x = \{90; 450; ...\}$) und an den tiefsten Punkten ($x = \{270; 630; ...\}$) ist die angelegte Tangente jeweils horizontal. Also ist die Steigung der Tangente – und damit die erste Ableitung – an diesen Punkten $f'(x) = 0$ (Abbildung 3.10(b)).

Wie sieht aber die Ableitung zwischen diesen Stellen aus? Bei $x = 0$ hat der Sinus eine positive Steigung, da die angelegte Tangente »nach oben zeigt«. Wandern wir jetzt in Gedanken langsam von $x = 0$ aus nach rechts, so wird die Steigung kleiner, bis sie schließlich bei $x = 90$ null ist (horizontale Tangente, das heißt $f'(90) = 0$). Wandern wir noch weiter, so ist die Steigung negativ. Die angelegte Tangente zeigt bei $x = 180$ am steilsten nach unten (größte negative Steigung bei $f'(180)$). Danach wird die Tangente wieder flacher, bis sie bei $x = 270$ wieder horizontal ist ($f'(270) = 0$).

Dieser Verlauf von stärker und wieder schwächer werdenden Steigungen wiederholt sich nun abwechselnd für positive und negative Steigungen. Insgesamt ergibt sich ein kosinusförmiger Verlauf und tatsächlich erhält man bei genauer Herleitung:

$$\boxed{f(x) = \sin(x) \quad \Rightarrow \quad f'(x) = \cos(x)} \tag{3.23}$$

Bitte verdeutlichen Sie sich unbedingt in Ruhe, wie wir aus dem Verlauf der Sinus-Funktion $f(x) = \sin(x)$ als erste Ableitung den Verlauf der Kosinus-Funktion $f'(x) = \cos(x)$ ermittelt haben. Dies ist ungemein lehrreich zum anschaulichen Verständnis von Ableitungen. Erinnern Sie sich, dass die Ableitung an einem Punkt die Steigung der an diesem Punkt angelegten Tangente ist. Legen Sie in Gedanken also stets Tangenten an diverse Punkte der Sinus-Funktion. Die erste Ableitung – und damit die Kosinus-Funktion – an einem Punkt x_0 ist stets die Steigung der Tangente an $f(x_0)$.

Beispiel 3.16. *Gegeben sei die Funktion* $f(x) = 3x \cdot \sin\left(x^2\right)$. *Zur Bestimmung der ersten Ableitung wenden wir zunächst die Produktregel* (3.15) *an:*

$$\begin{aligned} f'(x) &= (3x)' \cdot \sin\left(x^2\right) + 3x \cdot \left(\sin\left(x^2\right)\right)' \\ &= 3\sin\left(x^2\right) + 3x \cdot \left(\sin\left(x^2\right)\right)' \end{aligned}$$

Der Term $\sin\left(x^2\right)$ *lässt sich über die Kettenregel* (3.18) *mit der inneren Funktion* $f_1(x) = x^2$ *und der äußeren Funktion* $f_2(x) = \sin(x)$ *ableiten:*

$$\begin{aligned} f'(x) &= 3\sin\left(x^2\right) + 3x \cdot \left(x^2\right)' \cdot \cos\left(x^2\right) \\ &= 3\sin\left(x^2\right) + 3x \cdot 2x \cdot \cos\left(x^2\right) \\ &= 3\sin\left(x^2\right) + 6x^2 \cdot \cos\left(x^2\right) \end{aligned}$$

□

An diesem Beispiel kann man sehr gut sehen, wie die Vorgehensweise bei komplizierten oder verschachtelten Funktionen ist. Man wendet nach und nach die bekannten Regeln an, um die Ableitungen zu bilden. Im Beispiel handelt es sich zunächst um das Produkt zweier Funktionen, also wenden wir zunächst einmal die Produktregel an. Da wir die dabei benötigte Ableitung des Terms $\sin\left(x^2\right)$ nicht direkt hinschreiben können, schreiben wir diesen Term in mit einem »Ableitungsapostroph« versehenen Klammern $(\cdot)'$. Erst im nächsten Schritt versuchen wir, die Ableitung dieses Ausdruckes zu bilden. Durch dieses schrittweise Vorgehen lassen sich viele Flüchtigkeitsfehler vermeiden beziehungsweise Ableitungen bilden, die man auf den ersten Blick nicht einfach so hinschreiben kann, sondern die einiges an Rechnung und die Anwendung mehrerer Ableitungsregeln erfordern.

Häufige Fehler Viele Fehler treten auf, wenn man versucht, komplizierte Funktionen »auf ein Mal« abzuleiten. Besser ist es, wie im obigen Beispiel Schritt für Schritt vorzugehen und dabei durch $(\cdot)'$ zu markieren, welche Terme noch abgeleitet werden müssen.

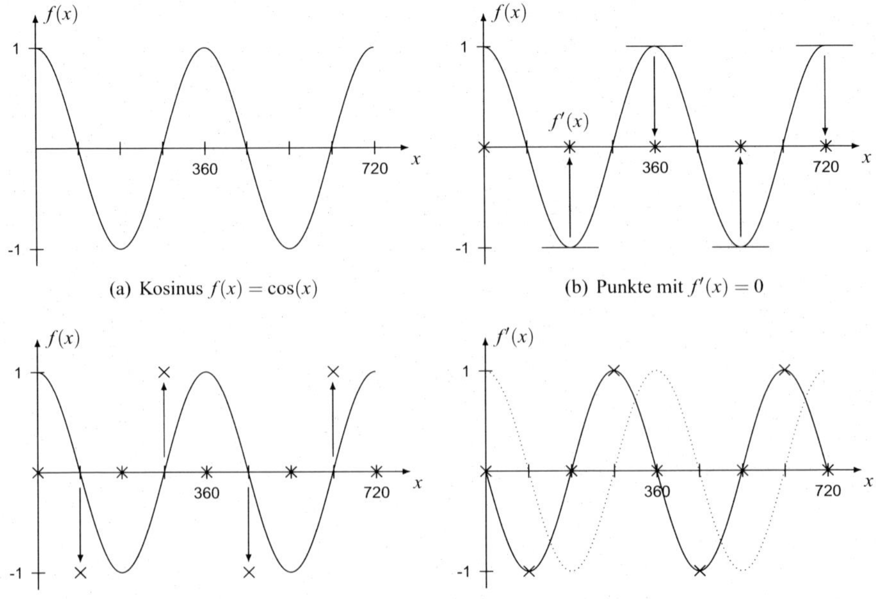

(a) Kosinus $f(x) = \cos(x)$

(b) Punkte mit $f'(x) = 0$

(c) Größte positive und negative Steigungen

(d) Ableitung $f'(x) = -\sin(x)$

Abbildung 3.11: Ableitung der Kosinus-Funktion

Kosinus Den allgemeinen Verlauf der ersten Ableitung einer Kosinus-Funktion wollen wir uns auf dieselbe Weise wie bei der Sinus-Funktion erarbeiten. Wie bereits Abbildung 3.10 für den Sinus zeigt Abbildung 3.11 die entsprechenden Graphen für den Kosinus. Eine an $f(x)$ angelegte Tangente ist bei $x = \{0; 180; 360; 540; 720, ...\}$ horizontal. Hier ist die Ableitung also $f'(x) = 0$. Der Verlauf von $f'(x)$ zwischen diesen Punkten ergibt sich wieder, indem wir in Gedanken Tangenten an den Kosinus anlegen. An jedem Punkt ist $f'(x)$ nichts anderes als die Steigung der an diesem Punkt angelegten Tangente.

Das Ergebnis zeigt Abbildung 3.11(d). Es handelt sich um einen sinusförmigen Verlauf. Allerdings ist der Sinus an der x-Achse gespiegelt. Wir haben den Verlauf zwar nur grob abgeschätzt. Eine genaue Herleitung der ersten Ableitung ergibt aber tatsächlich, dass es sich um eine gespiegelte Sinus-Funktion handelt:

$$\boxed{f(x) = \cos(x) \quad \Rightarrow \quad f'(x) = -\sin(x)} \tag{3.24}$$

Beispiel 3.17. *Gegeben sei die Funktion* $f(x) = \sin(x) \cdot \cos(x)$. *Die Ableitung be-*

stimmen wir mit Hilfe der Produktregel (3.15)*:*

$$\begin{aligned} f'(x) &= (\sin(x))' \cdot \cos(x) + \sin(x) \cdot (\cos(x))' \\ &= \cos(x) \cdot \cos(x) + \sin(x) \cdot (-\sin(x)) \\ &= \cos^2(x) - \sin^2(x) \end{aligned}$$

□

Die Art, wie wir den Verlauf der ersten Ableitung der Sinus- und Kosinus-Funktion abgeschätzt haben, kann äußerst hilfreich sein, wenn mal keine Formelsammlung zur Hand ist und man beispielsweise im Prüfungsstress die ein oder andere Formel vergessen hat. Sofern Sie sich zumindest daran erinnern, dass die Ableitungen auch wieder Sinus- und Kosinus-Funktionen sind, können Sie sich anhand einiger in Gedanken an die Funktionen angelegter Tangenten schnell klar machen, welche der Ableitungen (3.23) und (3.24) ein Minuszeichen enthält und welche nicht.

Sie sehen: Mitunter braucht man gar nicht viele Formeln auswendig zu lernen. Etwas Verständnis und anschauliche Deutung reicht völlig aus, um von selbst auf die benötigten Formeln zu kommen.

Tangens Die Tangens-Funktion ist eher selten in Kurvendiskussionen anzutreffen. Wir wollen sie hier dennoch kurz betrachten, da sich ihre erste Ableitung mit Hilfe der Ableitungen der Sinus- und Kosinus-Funktionen einfach herleiten lässt.

Zunächst einmal lässt sich der Tangens schreiben als

$$f(x) = \tan(x) = \frac{\sin(x)}{\cos(x)}. \tag{3.25}$$

Man kann also zum Ableiten die Quotientenregel (3.17) anwenden. Beachtet man außerdem den Zusammenhang $\sin^2(x) + \cos^2(x) = 1$, so ergibt sich:

$$\begin{aligned} f'(x) = (\tan(x))' = \left(\frac{\sin(x)}{\cos(x)}\right)' &= \frac{(\sin(x))' \cdot \cos(x) - \sin(x) \cdot (\cos(x))'}{(\cos(x))^2} \\ &= \frac{\cos(x) \cdot \cos(x) - \sin(x) \cdot (-\sin(x))}{\cos^2(x)} \\ &= \frac{\cos^2(x) + \sin^2(x)}{\cos^2(x)} \\ &= \frac{1}{\cos^2(x)} \end{aligned}$$

Selbstverständlich darf der Nenner nicht null sein, das heißt: $\cos(x) \neq 0$. Daher ist die Ableitung nicht für x-Werte definiert, bei denen der Kosinus null wird. Es gilt also $x \neq 180k + 90$ für jede ganze Zahl k. Fassen wir die Ergebnisse kurz zusammen (Abbildung 3.12):

$$\boxed{f(x) = \tan(x) \quad \Rightarrow \quad f'(x) = \tfrac{1}{\cos^2(x)} \quad \text{mit} \quad x \neq 180k + 90, \quad k \in \mathbb{Z}} \tag{3.26}$$

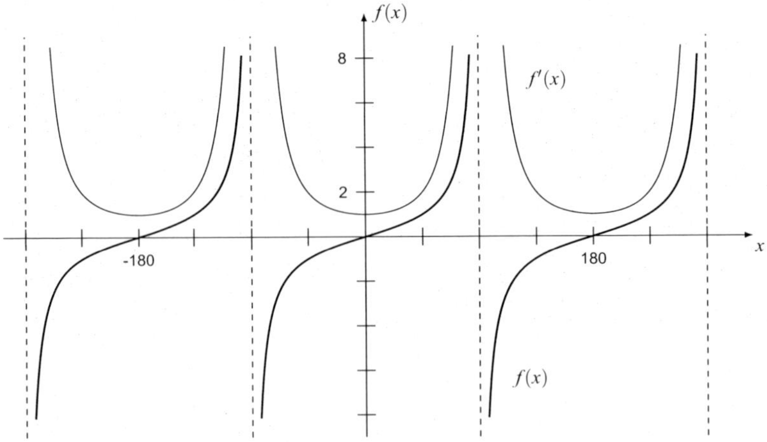

Abbildung 3.12: Ableitung der Tangens-Funktion $f(x) = \tan(x)$

3.6 Höhere Ableitungen

Bisher haben wir die erste Ableitung $f'(x)$ von Funktionen $f(x)$ betrachtet. Da $f'(x)$ selbst wieder eine Funktion ist, können wir auch die Ableitung von $f'(x)$ – also die »Ableitung der ersten Ableitung« – berechnen.

3.6.1 Rechenregeln

Leiten wir eine Funktion $f(x)$ zweimal hintereinander ab, so erhalten wir die zweite Ableitung, die wir mit zwei Strichen hinter dem Funktionsnamen f kennzeichnen:

$$f''(x) = (f'(x))' = ((f(x))')' \tag{3.27}$$

Entsprechend wird die 3. Ableitung $f'''(x)$ durch dreifaches Ableiten von $f(x)$, die 4. Ableitung durch vierfaches Ableiten von $f(x)$ usw. gebildet. Da es für höhere Ableitungen unübersichtlich wäre, eine entsprechend große Anzahl von Strichen hinter den Funktionsnamen zu schreiben, wird ab der 4. Ableitung die Anzahl der Ableitungen einfach in Klammern eingeschlossen. So schreiben wir zum Beispiel $f^{(4)}(x)$ für die 4. Ableitung und $f^{(5)}(x)$ für die 5. Ableitung der Funktion $f(x)$.

Für höhere Ableitungen sind keine besonderen Rechenregeln erforderlich. Stattdessen wird $f(x)$ einfach entsprechend oft mit den bekannten Regeln abgeleitet. Dies sollte man nicht in einem Schritt versuchen, sondern einfach Schritt für Schritt immer wieder ableiten.

Beispiel 3.18. *Gegeben sei die Funktion* $f(x) = x^4 - 2x^3 + x - 5$. *Die ersten fünf Ableitungen berechnen sich mit* (3.11) *wie folgt:*

$$\begin{aligned}
f'(x) &= \left(x^4 - 2x^3 + x - 5\right)' = 4x^3 - 6x^2 + 1 \\
f''(x) &= \left(4x^3 - 6x^2 + 1\right)' \quad = 12x^2 - 12x \\
f'''(x) &= \left(12x^2 - 12x\right)' \quad = 24x - 12 \\
f^{(4)}(x) &= (24x - 12)' \quad = 24 \\
f^{(5)}(x) &= (24)' \quad = 0
\end{aligned}$$

□

Beispiel 3.19. *Gegeben sei die Funktion* $f(x) = \ln(x)$. *Die ersten drei Ableitungen berechnen sich mit* (3.22) *und* (3.7) *wie folgt:*

$$\begin{aligned}
f'(x) &= (\ln(x))' = \frac{1}{x} \\
f''(x) &= \left(\frac{1}{x}\right)' = \left(x^{-1}\right)' = -x^{-2} = -\frac{1}{x^2} \\
f'''(x) &= \left(-x^{-2}\right)' = 2x^{-3} = \frac{2}{x^3}
\end{aligned}$$

□

Beispiel 3.20. *Gegeben sei die Funktion* $f(x) = \sin(x)$. *Die ersten drei Ableitungen berechnen sich mit* (3.23) *und* (3.24) *wie folgt:*

$$\begin{aligned}
f'(x) &= (\sin(x))' \quad = \cos(x) \\
f''(x) &= (\cos(x))' \quad = -\sin(x) \\
f'''(x) &= (-\sin(x))' = -\cos(x)
\end{aligned}$$

□

3.6.2 Deutung der ersten und zweiten Ableitung

Insbesondere die erste und die zweite Ableitung haben eine sehr große Bedeutung für die in Kapitel 5 vorgestellte Kurvendiskussion. Daher sollten wir eine gute Vorstellungen davon haben, was diese beiden Ableitungen eigentlich *anschaulich* bedeuten.

Erste Ableitung (Änderungsrate) Die erste Ableitung wurde bereits zu Beginn dieses Kapitels ausführlich veranschaulicht. Wir haben gesehen, dass an einem beliebigen Punkt $(x_0; f(x_0))$ die Ableitung die Steigung einer an diesem Punkt an $f(x)$ angelegten Tangente ist. Sie gibt daher die Änderung an, wenn wir uns vorstellen, uns auf der Funktion $f(x)$ von links nach rechts zu bewegen. Denken Sie beispielsweise an die »Autofahrt« in Abbildung 3.1 auf Seite 31. Die erste Ableitung sagt uns also, wie stark eine Funktion pro zurückgelegtem Weg steigt oder fällt.

Zweite Ableitung (Krümmung) Auch die zweite Ableitung lässt sich gut geometrisch veranschaulichen. Machen Sie sich hierzu klar, dass $f''(x)$ nichts weiter ist als die Ableitung der ersten Ableitung. Sie gibt also die Änderung von $f'(x)$ an, wenn wir uns gedanklich wieder von links nach rechts auf $f'(x)$ bewegen.

Nehmen wir zur Veranschaulichung an, dass die zweite Ableitung für jedes x den gleichen Wert hat, also $f''(x) = c$ gilt mit einer beliebigen konstanten Zahl c. Wir können drei Fälle unterscheiden:

1. $f''(x) = 0$: Ist die zweite Ableitung null, so heißt dies, dass sich die erste Ableitung nicht verändert. Also hat $f'(x)$ einen konstanten Wert. Wenn die Steigung einer Funktion überall gleich ist, handelt es sich jedoch um eine Gerade (Abbildung 3.13(a)). Wir wissen allerdings nur, dass die Steigung konstant ist – nicht wie groß sie ist. Die Gerade $f(x)$ kann also nach oben (positive Steigung) oder unten (negative Steigung) geneigt sein oder auch waagerecht (Steigung null) verlaufen.

2. $f''(x) > 0$: Ist die zweite Ableitung überall größer null heißt dies, dass die erste Ableitung immer weiter ansteigt, je weiter wir uns auf der Funktion nach rechts bewegen. Wird $f'(x)$ aber immer größer, so steigt die Funktion $f(x)$ immer schneller an. Um eine anschauliche Vorstellung zu erhalten, was dies bewirkt, betrachten Sie Abbildung 3.13(b). Stellen Sie sich vor, dass Sie beispielsweise ein Spielzeugauto auf die Abbildung stellen und die Funktion $f(x)$ entlang fahren. Dann wird Ihr Auto stets eine Linkskurve fahren.

3. $f''(x) < 0$: Dieser Fall ist dem vorherigen Fall sehr ähnlich. Allerdings wird $f'(x)$ immer kleiner, je weiter wir uns nach rechts bewegen. Damit fällt $f(x)$ immer schneller. Fahren Sie die Funktion wieder in Gedanken mit einem Spielzeugauto ab, so fahren Sie stets eine Rechtskurve (Abbildung 3.13(c)).

Die zweite Ableitung sagt also etwas über die Krümmung von $f(x)$ aus. Für $f''(x) > 0$ ist $f(x)$ nach links und für $f''(x) < 0$ ist $f(x)$ nach rechts gekrümmt. Ist $f''(x) = 0$, so ist $f(x)$ nicht gekrümmt.

3.7 Zusammenfassung

Lassen Sie uns auch für dieses umfangreiche Kapitel einige Kernaussagen kurz festhalten:

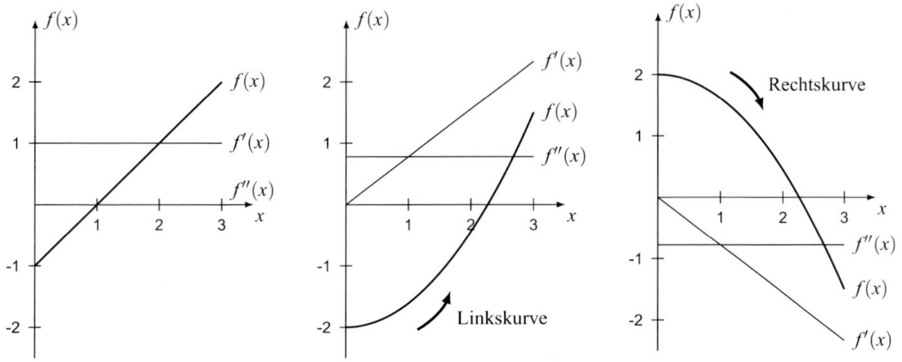

(a) $f''(x) = 0$ (b) $f''(x) > 0$ (c) $f''(x) < 0$

Abbildung 3.13: Deutung der zweiten Ableitung $f''(x)$ einer Funktion $f(x)$. (a) Gerade für $f''(x) = 0$. (b) Krümmung nach links für $f''(x) > 0$. (c) Krümmung nach rechts für $f''(x) < 0$.

Kernpunkte

- Die erste Ableitung $f'(x_0)$ ist die Steigung der bei x_0 an die Funktion $f(x)$ angelegten Tangente.
- Die Funktion $f(x)$ steigt für positive Werte $f'(x) > 0$ und fällt für negative Werte $f'(x) < 0$.
- Es gibt eine Reihe einfacher Rechenregeln zum Ableiten konkreter Funktionen.
- Höhere Ableitungen ergeben sich, indem man $f(x)$ nacheinander mehrfach ableitet.
- Die zweite Ableitung $f''(x_0)$ ist die Krümmung der Funktion $f(x)$ bei x_0. Die Funktion $f(x)$ beschreibt eine Linkskurve für $f''(x) > 0$ und eine Rechtskurve für $f''(x) < 0$.

Kapitel 4

Nullstellen

Im Verlauf einer Kurvendiskussion wird es uns immer wieder begegnen, dass wir die Nullstellen einer Funktion oder einer ihrer Ableitungen bestimmen müssen. In diesem Kapitel werden wir uns zunächst kurz anschauen, was Nullstellen sind und wie die generelle Vorgehensweise zur Berechnung von Nullstellen ist. Anschließend besprechen wir Berechnungsverfahren für gängige Funktionen und weitere allgemeine Eigenschaften von Nullstellen.

4.1 Fragestellung und Ansatz

Nullstellen sind nichts anderes als die Stellen, an denen eine Funktion die x-Achse schneidet (x-Achsenabschnitt, Abbildung 4.1). Anders ausgedrückt lautet die Fragestellung also: Für welche Werte von x wird eine Funktion $f(x)$ null? Oder auch: Für welche x schneidet oder berührt $f(x)$ die x-Achse?

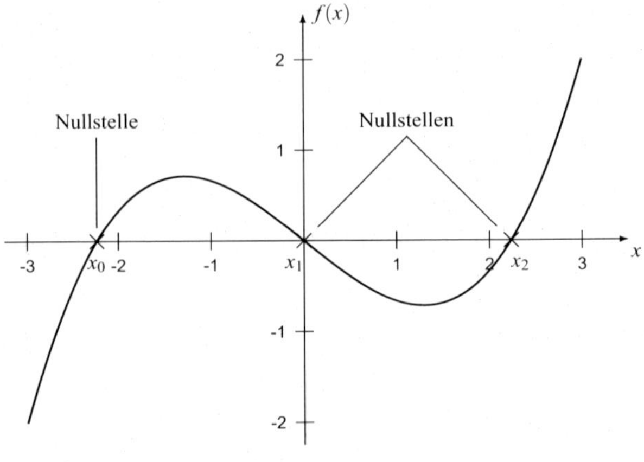

Abbildung 4.1: Die Funktion $f(x) = (x^3 - 5x)/6$ schneidet die x-Achse an den drei Nullstellen bei $x_0 = -2,25$, $x_1 = 0$ und $x_2 = 2,25$. Da Nullstellen auf der x-Achse liegen, ist an allen diesen Punkten der Funktionswert null, das heißt $f(x_0) = f(x_1) = f(x_2) = 0$.

Für *alle* Punkte auf der x-Achse gilt, dass der Funktionswert $y = f(x)$ null ist. Punkte auf der x-Achse haben also immer Koordinaten der Form $(x;0)$. Genau diese Eigenschaft nutzen wir aus, um die Nullstellen zu bestimmen. Sie lässt sich mathematisch sehr einfach aufschreiben:

$$\boxed{f(x) = 0} \tag{4.1}$$

Da wir in einer konkreten Aufgabe die Funktion $f(x)$ gegeben haben, können wir in dieser für das Ergebnis (den Funktionswert) einfach Null einsetzen und die Gleichung nach x auflösen.

Beispiel 4.1. *Gegeben sei die Funktion* $f(x) = 2x^2 - 18$. *Um zu bestimmen, für welche Werte* x *die Funktion null wird, setzen wir einfach* $f(x) = 0$ *ein bzw. den Ausdruck zu null:*

$$f(x) = 2x^2 - 18 = 0$$

Anschließend lösen wir die Gleichung nach x *auf:*

$$2x^2 - 18 = 0 \quad \Rightarrow \quad x_{1,2} = \pm\sqrt{9} = \pm 3$$

Die Funktion f *wird also für die Werte* $x_1 = -3$ *und* $x_2 = 3$ *null. Zur Probe setzen wir diese Werte in* f *ein:*

$$\begin{aligned} f(-3) &= 2 \cdot (-3)^2 - 18 = 2 \cdot 9 - 18 = 0 \quad \checkmark \\ f(3) &= 2 \cdot 3^2 - 18 \quad\;\; = 2 \cdot 9 - 18 = 0 \quad \checkmark \end{aligned}$$

□

4.2 Polynome

Allgemein berechnet sich die Nullstelle eines Polynoms

$$f(x) = a_n x^n + \cdots + a_3 x^3 + a_2 x^2 + a_1 x + a_0 \tag{4.2}$$

nach (4.1) durch Auflösen folgender Gleichung nach x:

$$f(x) = 0 \quad \Rightarrow \quad a_n x^n + \cdots + a_3 x^3 + a_2 x^2 + a_1 x + a_0 = 0 \tag{4.3}$$

Je nach Funktion f kann es sehr schwierig sein, diese Gleichung zu lösen.

4.2.1 Quadratische Funktionen (pq-Formel)

Für Polynome 2. Grades, sogenannte quadratische Funktionen

$$f(x) = a_2 x^2 + a_1 x + a_0, \tag{4.4}$$

gibt es eine einfache Formel zur Bestimmung der Nullstellen:

$$\boxed{x^2 + px + q = 0 \quad \Rightarrow \quad x_{1,2} = -\tfrac{p}{2} \pm \sqrt{\left(\tfrac{p}{2}\right)^2 - q}} \tag{4.5}$$

Man nennt diese Formel mitunter auch *pq-Formel*. Hierbei ist zu beachten, dass für die Anwendung der Formel die Konstante vor dem höchsten Exponenten x^2 den Wert Eins haben *muss*. Dies stellt jedoch kein Problem dar, da wir dies durch Teilen der gesamten Nullstellengleichung durch a_2 erreichen:

$$a_2 x^2 + a_1 x + a_0 = 0 \quad \Rightarrow \quad x^2 + \underbrace{\frac{a_1}{a_2}}_{p} x + \underbrace{\frac{a_0}{a_2}}_{q} = \underbrace{\frac{0}{a_2}}_{0} \tag{4.6}$$

Beispiel 4.2. *Gegeben sei die Funktion $f(x) = 3x^2 + 12x - 15$. Zur Bestimmung der Nullstellen ist folgende Gleichung zu lösen:*

$$3x^2 + 12x - 15 = 0$$

Die pq-Formel kann nicht direkt angewendet werden, da vor x^2 eine andere Konstante als Eins steht. Teilen durch $a_2 = 3$ führt zu:

$$x^2 + 4x - 5 = 0.$$

Nun können wir die pq-Formel anwenden. Mit $p = 4$ und $q = -5$ (man beachte das Vorzeichen) ergibt sich

$$x_{1,2} = -\frac{4}{2} \pm \sqrt{\left(\frac{4}{2}\right)^2 + 5} = -2 \pm \sqrt{9} = -2 \pm 3$$

und wir erhalten die Nullstellen $x_1 = -5$ und $x_2 = 1$. □

Beispiel 4.3. *Gegeben sei die Funktion $f(x) = 3x^2 + 12x + 15$. Die Bestimmung der Nullstellen erfolgt analog zum vorherigen Beispiel:*

$$3x^2 + 12x + 15 = 0 \quad \Rightarrow \quad x^2 + 4x + 5 = 0$$
$$\Rightarrow \quad x_{1,2} = -\frac{4}{2} \pm \sqrt{\left(\frac{4}{2}\right)^2 - 5} = -2 \pm \sqrt{-1}$$

Hier treffen wir auf einen Sonderfall: Der Ausdruck $\sqrt{-1}$ ist in den reellen Zahlen nicht erlaubt. Es gibt also keine Lösung der Gleichung. Da die Lösungen aber die Nullstellen der Funktion sind, bedeutet dies, dass $f(x)$ keine Nullstellen besitzt. □

Häufige Fehler Bei der Anwendung der *pq*-Formel werden insbesondere folgende Fehler gemacht:

- Konstante vor x^2 hat nicht den Wert Eins
- Negative Vorzeichen von p und q werden übersehen

4.2.2 Polynome höherer Ordnung

Für Polynome höherer Ordnung gibt es leider keine einfache Formel wie die *pq*-Formel. Stattdessen versucht man, das Polynom in Faktoren zu zerlegen (*Faktorisierung*). Das Ergebnis einer Multiplikation ist dann null, wenn mindestens einer der Faktoren null ist. Daher sind die Nullstellen der Faktoren gleichzeitig die gesuchten Nullstellen der Funktion.

Beispiel 4.4. *Gegeben sei die Funktion* $f(x) = 2x(x^2 - 4)(x + 1)$. *Die Funktion nimmt den Wert Null an, falls einer der drei Faktoren null wird:*

$$2x(x^2-4)(x+1) = 0 \quad \Rightarrow \quad 2x = 0 \quad \text{oder} \quad x^2 - 4 = 0 \quad \text{oder} \quad x + 1 = 0$$

Die Nullstellen lauten somit:

$$\begin{aligned} 2x = 0 \quad &\Rightarrow \quad x_1 &= 0 \\ x^2 - 4 = 0 \quad &\Rightarrow \quad x_{2,3} &= \pm 2 \\ x + 1 = 0 \quad &\Rightarrow \quad x_4 &= -1 \end{aligned}$$

□

Problematisch ist hierbei, dass eine Funktion typischerweise nicht faktorisiert vorliegt. Die Aufgabe besteht also darin, $f(x)$ zunächst in Faktoren aufzuteilen. Hierzu gehen wir wie folgt vor:

1. Ausklammern der Unbekannten x
2. Finden einer Nullstelle durch Ausprobieren
3. Faktorisieren der gefundenen Nullstelle durch Polynomdivision

Das klingt viel komplizierter als es tatsächlich ist. Am besten veranschaulichen wir uns diese Schritte an einem ausführlichen Beispiel. Zunächst klammern wir alle gemeinsamen Faktoren aus:

Beispiel 4.5. *Gegeben sei die Funktion* $f(x) = 2x^4 + 2x^3 - 8x^2 - 8x$. *Die Unbekannte* x *ist in jedem Term vorhanden, weshalb wir sie ausklammern können. Ebenso lässt sich der Faktor 2 ausklammern:*

$$f(x) = 2x\underbrace{(x^3 + x^2 - 4x - 4)}_{f_1(x)}$$

Den verbleibenden, noch nicht faktorisierten Term bezeichnen wir mit $f_1(x)$. □

Zur weiteren Faktorisierung benötigen wir die Nullstellen des noch nicht faktorisierten Terms $f_1(x)$. Hat dieser eine Ordnung von 3 oder höher, lassen sich die Nullstellen nicht direkt (z. B. über die *pq*-Formel) berechnen. In diesem Fall müssen wir eine Nullstelle durch Ausprobieren, das heißt durch Einsetzen einfacher ganzer Zahlen, finden. Haben wir eine Nullstelle x_N des Terms $f_1(x)$ gefunden, so ist $(x - x_N)$ ein Faktor von $f_1(x)$:

$$f_1(x) = (x - x_N) f_2(x) \tag{4.7}$$

Dies muss so sein, da $(x - x_N)$ und damit auch $f_1(x)$ für $x = x_N$ null wird.

Beispiel 4.5 (Fortsetzung). *Eine Nullstelle des verbleibenden Terms*

$$f_1(x) = x^3 + x^2 - 4x - 4 = 0$$

finden wir durch Ausprobieren:

$$\begin{aligned} f_1(0) &= 0^3 + 0^2 - 4 \cdot 0 - 4 = -4 \neq 0 && \Rightarrow \text{ keine Nullstelle bei } x = 0 \\ f_1(1) &= 1^3 + 1^2 - 4 \cdot 1 - 4 = -6 \neq 0 && \Rightarrow \text{ keine Nullstelle bei } x = 1 \\ f_1(2) &= 2^3 + 2^2 - 4 \cdot 2 - 4 \qquad = 0 && \Rightarrow \text{ Nullstelle bei } x = 2 \end{aligned}$$

Da $x = 2$ eine Nullstelle ist, ist $(x-2)$ ein Faktor der Funktion. Dieser wird nämlich gerade für $x = 2$ null. Die Funktion $f(x)$ hat damit die Form

$$f(x) = 2x \underbrace{(x-2) f_2(x)}_{f_1(x)}.$$

□

Wir kennen nun einen Faktor des Terms $f_1(x)$, wissen aber noch nicht, wie der weitere nicht faktorisierte Term $f_2(x)$ aussieht. Diesen erhalten wir jedoch direkt durch Umstellung der Gleichung (4.7),

$$f_2(x) = \frac{f_1(x)}{(x - x_N)}, \tag{4.8}$$

und Polynomdivision.

Beispiel 4.5 (Fortsetzung). *Mit $f_1(x) = x^3 + x^2 - 4x - 4$ und der Nullstelle bei $x = 2$ erhalten wir $f_2(x)$ durch Polynomdivision*

$$\begin{array}{l} (\;x^3 + x^2 - 4x - 4) / (x - 2) = x^2 + 3x + 2 \\ \underline{-x^3 + 2x^2} \\ \qquad 3x^2 - 4x \\ \qquad \underline{-3x^2 + 6x} \\ \qquad\qquad 2x - 4 \\ \qquad\qquad \underline{-2x + 4} \\ \qquad\qquad\qquad 0 \end{array}$$

und damit

$$f(x) = 2x(x-2)\underbrace{(x^2+3x+2)}_{f_2(x)}.$$

□

Diese Vorgehensweise – Finden einer Nullstelle und Faktorisierung der Nullstelle durch Polynomdivision – wiederholt man nun bis $f(x)$ vollständig faktorisiert ist oder der verbleibende Term eine quadratische Funktion ist. Die Nullstellen des quadratischen Terms lassen sich dann mit Hilfe der pq-Formel (4.5) bestimmen.

Beispiel 4.5 (Fortsetzung). *Zur weiteren Faktorisierung werden die Nullstellen von $f_2(x)$ benötigt. Da $f_2(x)$ eine quadratische Funktion ist, kann man hierfür die pq-Formel anwenden:*

$$x^2+3x+2=0 \quad \Rightarrow \quad x_{N1,N2} = -\frac{3}{2} \pm \sqrt{\left(\frac{3}{2}\right)^2 - 2} = -\frac{3}{2} \pm \frac{1}{2}$$
$$\Rightarrow \quad x_{N1} = -2 \quad \text{und} \quad x_{N2} = -1$$

Die vollständig faktorisierte Funktion ist damit

$$f(x) = 2x(x-2)(x+2)(x+1).$$

Die Nullstellen $x_1 = 0$, $x_2 = 2$, $x_3 = -2$ und $x_4 = -1$ haben sich bereits im Zuge der Faktorisierung ergeben und lassen sich auch direkt aus den einzelnen Termen der Zerlegung ablesen. □

4.3 Potenzfunktionen und Logarithmen

Zur Berechnung von Nullstellen bei Potenzfunktionen c^x und Logarithmen $\log_c(x)$ ist zu beachten, dass diese inverse Funktionen sind:

$$\log_c(c^x) = c^{\log_c(x)} = x \tag{4.9}$$

Diese Gleichung sieht auf den ersten Blick schwierig aus, besagt aber lediglich, dass sich eine Potenzfunktion und ein Logarithmus zur selben Basis aufheben. Beim Bestimmen der Nullstellen kann man daher Potenzfunktionen und Logarithmen durch Anwendung der entsprechenden inversen Funktion auf beide Seiten der Gleichung »entfernen«.

Beispiel 4.6. *Gegeben sei die Funktion* $f(x) = 3e^{2x} - 6$. *Zur Bestimmung der Nullstellen ist folgende Gleichung zu lösen:*

$$3e^{2x} - 6 = 0 \quad \Rightarrow \quad e^{2x} = 2$$

Die Exponentialfunktion wird durch den natürlichen Logarithmus $\ln(\cdot)$ *aufgehoben. Durch Anwendung auf beide Seiten der Gleichung erhalten wir*

$$\begin{aligned} \ln\left(e^{2x}\right) = \ln(2) \quad &\Rightarrow \quad 2x = \ln(2) \\ &\Rightarrow \quad x = \frac{\ln(2)}{2}. \end{aligned}$$

□

Beispiel 4.7. *Gegeben sei die Funktion* $f(x) = \log_{10}\left(x^2 - 21\right) - 2$. *Zur Bestimmung der Nullstellen ist folgende Gleichung zu lösen:*

$$\log_{10}\left(x^2 - 21\right) - 2 = 0 \quad \Rightarrow \quad \log_{10}\left(x^2 - 21\right) = 2$$

Der Logarithmus zur Basis 10 wird durch die Potenzfunktion mit gleicher Basis aufgehoben. Durch Anwendung auf beide Seiten der Gleichung erhalten wir

$$\begin{aligned} 10^{\log_{10}\left(x^2-21\right)} = 10^2 \quad &\Rightarrow \quad x^2 - 21 = 100 \\ &\Rightarrow \quad x_{1,2} = \pm\sqrt{121} = \pm 11. \end{aligned}$$

□

> **Häufige Fehler** Oftmals wird vergessen, die Potenzfunktion oder den Logarithmus auf *beide* Seiten der Gleichung anzuwenden.

4.4 Trigonometrische Funktionen

Die trigonometrischen Funktionen Sinus $\sin(x)$ und Kosinus $\cos(x)$ nehmen für bestimmte Argumente den Wert Null an. Wir können die Nullstellen sowohl aus der Definition der Funktionen am Einheitskreis in Abbildung 2.6 auf Seite 25 als auch aus den Funktionsgraphen in Abbildung 2.7 auf Seite 26 ablesen:

$$x = 180^\circ \cdot n \quad \Rightarrow \quad \sin(x) = 0 \tag{4.10}$$

$$x = 180^\circ \cdot n + 90^\circ \quad \Rightarrow \quad \cos(x) = 0 \tag{4.11}$$

Hierbei ist n eine beliebige ganze Zahl.

Beispiel 4.8. *Gegeben sei die Funktion $f(x) = \sin(2x-90)$. Die Nullstellen bestimmen sich wie folgt:*

$$\begin{aligned} \sin(2x-90) = 0 \quad &\Rightarrow \quad 2x-90 = 180n \\ &\Rightarrow \quad x_n = \frac{180n+90}{2} = 90n+45 \end{aligned}$$

Es ist zu beachten, dass die Funktion unendlich viele Nullstellen x_n besitzt – je eine für jede ganze Zahl $n \in \{...;-2;-1;0;1;2;...\}$. □

4.5 Numerische Verfahren

Es gibt eine Reihe von Funktionen, deren Nullstellen sich nicht mit einfachen Rechenregeln bestimmen lassen. Hierzu gehören zum Beispiel Polynome höherer Ordnung, deren Nullstellen sich nicht durch einfaches Ausprobieren finden lassen. Die gute Nachricht für Sie: In aller Regel werden Ihnen derartige Funktionen nicht in Klausuraufgaben begegnen.

In der Praxis sind derartige Problemstellungen allerdings eher die Regel als die Ausnahme. Hier werden numerische Verfahren verwendet, das heißt Verfahren, welche die Nullstellen nicht durch Umstellen der Gleichung $f(x) = 0$ bestimmen (analytische Verfahren). Vielmehr werden viele Funktionswerte $f(x)$ berechnet, um x-Werte zu finden, für die $f(x) \approx 0$ gilt. Da man hierfür selbstverständlich nicht $f(x)$ für alle x-Werte berechnen kann, gibt es verschiedene Ansätze, die x-Werte geschickt auszuwählen.

Eine Vorstellung dieser Verfahren würde den Rahmen dieses Buches sprengen. Sollten Sie dennoch auf derartige Aufgabenstellungen treffen, empfiehlt es sich, in Büchern oder im Internet beispielsweise nach dem *Bisektionsverfahren* zu suchen, da dieses Verfahren vergleichsweise leicht zu verstehen und durchzuführen ist.

4.6 Schnittpunkte und Berührpunkte

Prinzipiell gibt es zwei Arten von Nullstellen: solche, an denen eine Funktion f die x-Achse schneidet, und solche, an denen f die x-Achse lediglich berührt, aber nicht schneidet (Abbildung 4.2). Anhand der sogenannten *Vielfachheit* einer Nullstelle können wir sehen, um welche Art Nullstelle es sich handelt. Die Vielfachheit ist dabei die Anzahl der Lösungen, d h. die Anzahl, wie oft wir die entsprechende Nullstelle als Lösung erhalten. Ist diese ungerade, so schneidet die Funktion f die x-Achse. Ist sie hingegen gerade, so berührt f die x-Achse lediglich.

Beispiel 4.9. *Gegeben sei die Funktion $f(x) = x^3\left(2x^2+8x+8\right)$. Diese lässt sich wie folgt faktorisieren:*

$$f(x) = x^3\left(2x^2+8x+8\right) = \underbrace{x}_{x_1=0} \cdot \underbrace{x}_{x_2=0} \cdot \underbrace{x}_{x_3=0} \cdot \underbrace{\left(2x^2+8x+8\right)}_{x_{4,5}} = 0$$

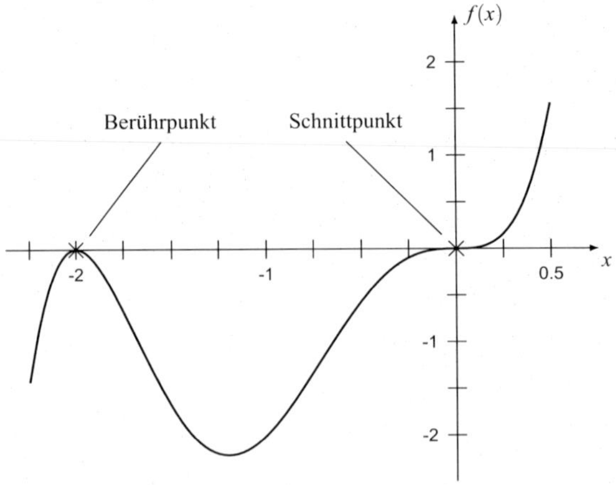

Abbildung 4.2: Die Funktion $f(x) = x^3(2x^2 + 8x + 8)$ hat einen Berührpunkt mit der x-Achse bei $x = -2$ sowie einen Schnittpunkt bei $x = 0$. Beide Punkte sind Nullstellen.

Die Funktion besitzt also fünf Nullstellen x_1, ..., x_5, wobei $x_1 = x_2 = x_3 = 0$ gilt. Die Nullstellen x_4 und x_5 berechnen wir über die pq-Formel:

$$2x^2 + 8x + 8 = 0 \quad \Leftrightarrow \quad x^2 + 4x + 4 = 0$$

$$\Rightarrow \quad x_{4,5} = -\frac{4}{2} \pm \sqrt{\left(\frac{4}{2}\right)^2 - 4} = -2 \pm \sqrt{0} = -2$$

Die Funktion f hat eine dreifache Nullstelle bei $x_{1,2,3} = 0$. Aufgrund der ungeraden Anzahl schneidet f die x-Achse bei $x = 0$. Zusätzlich gibt es eine doppelte Nullstelle bei $x_{4,5} = -2$. Da die Anzahl hier gerade ist, berührt f die x-Achse bei $x = -2$, jedoch ohne die Achse zu schneiden (Abbildung 4.2). □

4.7 Zusammenfassung

Auch für dieses Kapitel wollen wir die wichtigsten Punkte kurz zusammenfassen:

Kernpunkte

- Nullstellen sind Lösungen der Gleichung $f(x) = 0$.
- Für quadratische Funktionen lassen sich diese über die pq-Formel bestimmen.
- Für höhere Polynome lassen sich Nullstellen oft durch »Ausprobieren« bestimmen.
- Ungerade Anzahl einer Nullstelle $\Rightarrow$ Schnittpunkt mit der x-Achse
- Gerade Anzahl einer Nullstelle $\Rightarrow$ Berührpunkt auf der x-Achse

Kapitel 5

Schritte der Kurvendiskussion

Wir haben mit Ableitungen in Kapitel 3 und Nullstellen in Kapitel 4 bereits wesentliche mathematische Werkzeuge kennengelernt, die wir im Verlauf einer Kurvendiskussion immer wieder benötigen werden. Lassen Sie uns nun die vollständige Kurvendiskussion Schritt für Schritt anschauen.

5.1 Benötigte Ableitungen

Im Verlauf der Kurvendiskussion werden die Funktionsgleichung sowie die erste bis dritte Ableitung benötigt. Wofür und wie wir die Ableitungen verwenden, werden wir in den folgenden Abschnitten sehen. Es erhöht aber die Übersichtlichkeit, zunächst einmal alle erforderlichen Ableitungen auszurechnen und zusammen aufzuschreiben. Auf diese Weise muss man immer dann, wenn eine Ableitung benötigt wird, diese nicht erst bestimmen oder lange suchen.

5.2 Definitionsbereich

Wir haben uns in Kapitel 2 bereits damit beschäftigt, was ein Definitionsbereich ist. In einer Kurvendiskussion müssen wir diesen nun konkret angeben. Dabei gehen wir am besten derart vor, dass wir zunächst annehmen, x wäre für alle reellen Zahlen definiert, also: $x \in \mathbb{D} = \mathbb{R}$. Nun »entfernen« wir alle die Werte und Bereiche, an bzw. in denen x *nicht* definiert ist. Dies sind insbesondere:

- Beschränkungen durch die Aufgabenstellung
- Ausdrücke, die mathematisch nicht erlaubt sind

Für den ersten Punkt haben wir in Kapitel 2 mit der Umrechnung der Temperatur von Grad Celsius in Fahrenheit bereits ein Beispiel betrachtet. Da Temperaturen unter dem absoluten Nullpunkt bei -273,15 °C nicht existieren, ist die Funktion für $x < -273,15$ nicht definiert.

Diese Art der Beschränkungen werden Ihnen bei konkreten Aufgaben allerdings nur selten begegnen. In der Regel müssen lediglich Werte aus dem Definitionsbereich herausgenommen werden, die zu mathematisch nicht erlaubten Ausdrücken führen. Dies klingt vielleicht zunächst etwas kompliziert, da man sich unter »mathematisch nicht erlaubt« nicht unbedingt etwas vorstellen kann. Dabei ist es ganz einfach. Nicht erlaubte mathematische Ausdrücke sind zum Beispiel:

- Teilen durch Null
- Wurzeln negativer Zahlen
- Logarithmen negativer Zahlen oder der Null

Wir können diese drei Bedingungen auch wie folgt aufschreiben:

$$\frac{a}{b} \quad \Rightarrow \quad b \neq 0 \tag{5.1}$$

$$\sqrt{a} \quad \Rightarrow \quad a \geq 0 \tag{5.2}$$

$$\log_b(a) \quad \Rightarrow \quad a > 0 \tag{5.3}$$

5.2.1 Division durch Null

Wie gehen wir aber praktisch vor? Um beispielsweise herauszufinden, bei welchen x-Werten ein Nenner null wird, setzen wir diesen zu null und lösen nach x auf.

Beispiel 5.1. *Gegeben sei die Funktion $f(x) = \frac{2}{3x-1}$. Der Nenner $3x-1$ enthält die Unbekannte x. Daher müssen wir herausfinden, für welche Werte von x der Nenner null wird:*

$$3x - 1 = 0 \quad \Rightarrow \quad x = \frac{1}{3}$$

Die Funktion ist also für $x = \frac{1}{3}$ nicht definiert, da dieser Wert zu einer Division durch Null führt. Der Definitionsbereich beinhaltet damit alle reellen Zahlen außer $x = \frac{1}{3}$:

$$\mathbb{D} = \left\{ x \in \mathbb{R} \middle| x \neq \frac{1}{3} \right\} = \mathbb{R} \setminus \left\{ \frac{1}{3} \right\}$$

□

Beispiel 5.2. *Gegeben sei die Funktion $f(x) = \frac{2x^3}{4x^2-16}$. Wir untersuchen erneut, für welche Werte von x der Nenner null wird:*

$$4x^2 - 16 = 0 \quad \Rightarrow \quad x^2 = \frac{16}{4} = 4 \quad \Rightarrow \quad x = \pm\sqrt{4} = \pm 2$$

Die Funktion ist für $x = -2$ und für $x = 2$ nicht definiert. Der Definitionsbereich ist damit

$$\mathbb{D} = \{x \in \mathbb{R} | x \neq -2 \underbrace{\wedge}_{\text{und}} x \neq 2\} = \mathbb{R} \setminus \{-2; 2\},$$

wobei das Symbol »∧« soviel bedeutet wie »und«. □

5.2.2 Wurzeln und Logarithmen

Bei Wurzeln müssen wir keine einzelnen x-Werte, sondern Bereiche bzw. Intervalle betrachten. Hier gehen wir derart vor, dass wir für alle Wurzeln bestimmen, für welche x-Werte die Ausdrücke in der Wurzel kleiner null sind. Diese x-Werte sind unzulässig und daher nicht im Definitionsbereich enthalten.

Beispiel 5.3. *Gegeben sei die Funktion $f(x) = \sqrt{3x+4}$. Wir untersuchen, für welche Werte von x der Ausdruck innerhalb der Wurzel negativ wird:*

$$3x+4 < 0 \quad \Rightarrow \quad x < -\frac{4}{3}$$

Die Funktion ist für $x < -\frac{4}{3}$ nicht definiert. Der Definitionsbereich ist damit

$$\mathbb{D} = \left\{ x \in \mathbb{R} \middle| x \geq -\frac{4}{3} \right\}.$$

□

Die Vorgehensweise bei Logarithmen entspricht der Vorgehensweise bei Wurzeln, allerdings wird der Ausdruck innerhalb einer $\log(\cdot)$-Funktion kleiner gleich null gesetzt. Nachfolgend einige einfache Beispiele für Funktionen $f(x)$ und zugehörige Definitionsbereiche $\mathbb{D}$:

Beispiel 5.4.

- *Keine unerlaubten Ausdrücke:*

$$f(x) = \frac{1}{2}x^2 + 3 \quad \Rightarrow \quad \mathbb{D} = \mathbb{R}$$
$$f(x) = \sqrt{x^2} \quad \Rightarrow \quad \mathbb{D} = \mathbb{R}$$

- *Teilen durch Null:*

$$f(x) = \frac{1}{x} \quad \Rightarrow \quad \mathbb{D} = \{x \in \mathbb{R} | x \neq 0\}$$
$$f(x) = \frac{1}{x+2} \quad \Rightarrow \quad \mathbb{D} = \{x \in \mathbb{R} | x \neq -2\}$$

- *Wurzeln negativer Zahlen:*

$$f(x) = \sqrt{x} \quad \Rightarrow \quad \mathbb{D} = \{x \in \mathbb{R} | x \geq 0\}$$
$$f(x) = \sqrt{x-2} \quad \Rightarrow \quad \mathbb{D} = \{x \in \mathbb{R} | x \geq 2\}$$

□

5.2.3 Sonderfall »Kürzen«

Abschließend sei darauf hingewiesen, dass Vereinfachungen einer Funktion (z. B. Kürzen) den Definitionsbereich verändern können. Betrachten wir zunächst die Funktion $f_1(x) = \frac{2x}{4}$. Durch Kürzen lässt sich diese zu $f_2(x) = \frac{x}{2}$ vereinfachen. Beide Funktionen haben auch denselben Definitionsbereich $\mathbb{D}_1 = \mathbb{D}_2 = \mathbb{R}$.

Anders sieht es aus, wenn die Unbekannte x gekürzt wird. Sei $f_1(x) = \frac{x^2}{3x}$. Durch Kürzen entsteht die Funktion $f_2(x) = \frac{x}{3}$. Man könnte daher meinen, dass die beiden Funktionen identisch sind. Allerdings ist der Definitionsbereich von $f_1(x)$ durch das x im Nenner des Bruches $\mathbb{D}_1 = \{x \in \mathbb{R} | x \neq 0\}$, während bei $f_2(x)$ kein x im Nenner auftritt und der Definitionsbereich daher $\mathbb{D}_2 = \mathbb{R} \neq \mathbb{D}_1$ ist.

5.2.4 Zusammenfassung

Lassen Sie uns die wichtigsten Aussagen zum Definitionsbereich $\mathbb{D}$ kurz auf den Punkt bringen:

Kernpunkte

- Der Definitionsbereich umfasst alle Werte, die in $f(x)$ eingesetzt werden können.
- Er umfasst keine Werte, die zu unerlaubten Ausdrücken führen (z. B. Teilen durch Null).
- Ohne weitere Einschränkungen umfasst $\mathbb{D}$ alle reellen Zahlen $\mathbb{R}$.
- Der Definitionsbereich kann durch die Aufgabenstellung weiter eingeschränkt sein (z. B. physikalische Bedeutung der Funktion).

5.3 Symmetrie

Obwohl es weitere Symmetrien gibt, werden in der Regel nur Symmetrien zur y-Achse sowie zum Koordinatenursprung $N(0;0)$ betrachtet.

Symmetrie zur y-Achse bedeutet, dass eine Funktion f an der y-Achse gespiegelt ist. Aus Abbildung 5.1(b) lässt sich direkt die mathematische Bedingung für eine solche Symmetrie ablesen. Anschaulich gesprochen hat die Funktion links und rechts der y-Achse die gleiche Höhe, wenn man sich gleichweit nach links und rechts von der Achse entfernt. Etwas mathematischer formuliert betrachten wir hierzu einen beliebigen x-Wert, den wir mit x_0 bezeichnen. Dann liegt der entsprechend gleichweit von der Achse entfernte Punkt bei $-x_0$. Die Symmetrie besagt nun einfach, dass diese beiden Punkte den gleichen y-Wert haben: $f(x_0) = f(-x_0)$. Man nennt diese Symmetrie auch *gerade* Symmetrie und sagt, dass f *gerade* ist.

$$\boxed{\text{Gerade Symmetrie:} \quad f(x) = f(-x)} \tag{5.4}$$

Die Bedingung für eine Symmetrie zum Koordinatenursprung kann aus Abbildung 5.2(b) abgelesen werden. Hier ist der Funktionswert bei $-x_0$ nicht gleich dem bei x_0. Vielmehr ist er

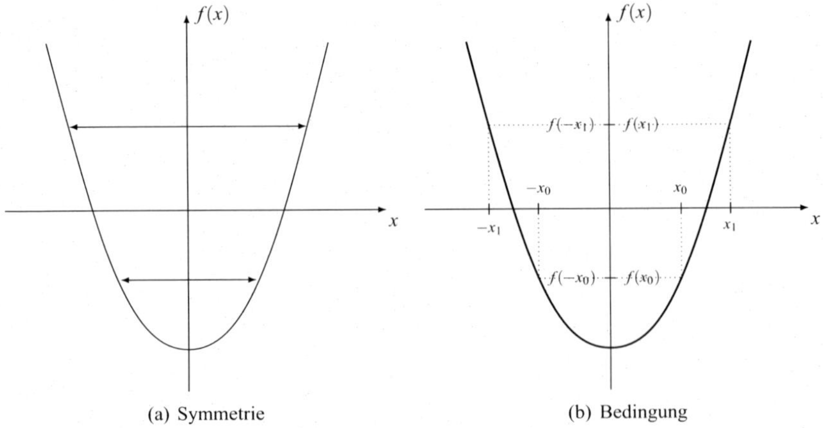

Abbildung 5.1: Gerade Symmetrie: (a) Gerade Funktionen sind symmetrisch zur y-Achse. (b) Dies bedeutet, dass y-Werte gleich groß sind, wenn man sich in beide Richtungen gleich weit vom Ursprung »entfernt«, zum Beispiel $f(x_0) = f(-x_0)$ und $f(x_1) = f(-x_1)$.

an der x-Achse gespiegelt. Bei einer Spiegelung an der x-Achse verändert sich nicht der Abstand zur x-Achse, aber das Vorzeichen des Funktionswertes kehrt sich um. Damit erhalten wir für die sogenannte *ungerade* Symmetrie folgende Bedingung:

$$\boxed{\text{Ungerade Symmetrie:} \quad f(x) = -f(-x)} \tag{5.5}$$

Mit den beiden Bedingungen lässt sich eine Funktion sehr leicht auf Symmetrie untersuchen. Dabei geht man am besten wie folgt vor:

1. Prüfen auf gerade Symmetrie durch Bildung von $f(-x)$

2. Prüfen auf ungerade Symmetrie durch Bildung von $-f(-x)$

Wir veranschaulichen dies an einem Beispiel:

Beispiel 5.5. *Gegeben sei die Funktion $f(x) = 3x^5 - x^3 + 2x$. Wir prüfen zunächst auf gerade Symmetrie, indem wir $-x$ anstatt x in f einsetzen und mit $f(x)$ vergleichen:*

$$\left.\begin{aligned} f(x) &= 3x^5 - x^3 + 2x \\ f(-x) &= 3(-x)^5 - (-x)^3 + 2(-x) = -3x^5 + x^3 - 2x \end{aligned}\right\} \quad \Rightarrow \quad f(x) \neq f(-x)$$

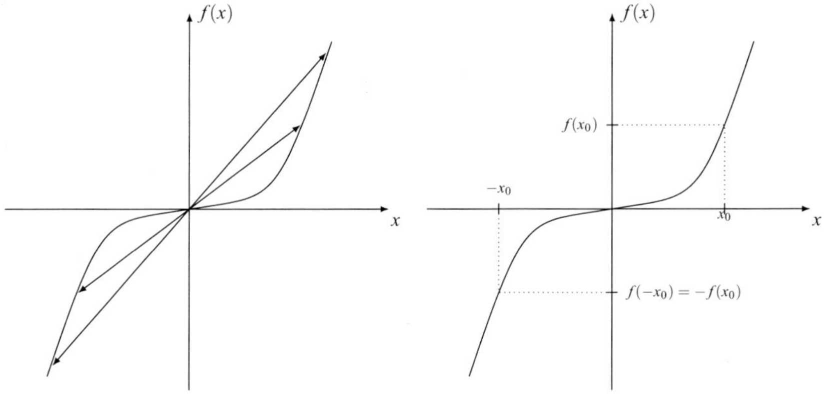

(a) Symmetrie (b) Bedingung

Abbildung 5.2: Ungerade Symmetrie: (a) Ungerade Funktionen sind symmetrisch zum Koordinatenursprung $(0;0)$. (b) Dies bedeutet, dass y-Werte gleichen Betrag aber verschiedene Vorzeichen haben, wenn man sich gleich weit vom Ursprung »entfernt«, zum Beispiel $f(x_0) = -f(-x_0)$.

Die Funktion ist nicht gerade, da $f(x) \neq f(-x)$ gilt. Nun prüfen wir auf ungerade Symmetrie. Hierzu brauchen wir nur das Vorzeichen von $f(-x)$ umzukehren und wieder mit $f(x)$ zu vergleichen:

$$\left.\begin{aligned} f(x) &= 3x^5 - x^3 + 2x \\ -f(-x) &= -(-3x^5 + x^3 - 2x) = 3x^5 - x^3 + 2x \end{aligned}\right\} \quad \Rightarrow \quad f(x) = -f(-x) \quad \checkmark$$

Die Funktion ist ungerade, da $f(x) = -f(-x)$ gilt. □

Es sei darauf hingewiesen, dass man Polynomen direkt »ansehen« kann, ob sie gerade, ungerade oder nicht symmetrisch sind. Hierzu mache man sich klar, dass

$$(-x)^{2n} = (-1)^{2n}x^{2n} = x^{2n}$$

für alle geraden Exponenten $2n = 0, 2, 4, \ldots$ gilt. Damit bleiben alle Terme beim Einsetzen von $-x$ unverändert. Polynome, die nur gerade Exponenten enthalten, sind also symmetrisch zur y-Achse. Ebenso sind wegen

$$(-x)^{2n+1} - (-1)^{2n+1}x^{2n+1} = \quad x^{2n+1}$$

alle Polynome, die nur Terme mit ungeraden Exponenten haben, ungerade:

$$f(x) = a_{2n}x^{2n} + \cdots + a_6x^6 + a_4x^4 + a_2x^2 + a_0 \quad \Rightarrow \quad \text{gerade} \tag{5.6}$$

$$f(x) = a_{2n+1}x^{2n+1} + \cdots + a_5x^5 + a_3x^3 + a_1x \quad \Rightarrow \quad \text{ungerade} \tag{5.7}$$

In einer Kurvendiskussion ist trotz dieser Erkenntnis jedoch immer der formale im obigen Beispiel gezeigte Rechenweg durchzuführen.

Beispiel 5.6. *Die Symmetrie von Sinus- und Kosinus-Funktionen lässt sich sowohl aus der Definition der Funktionen am Einheitskreis (Abbildung 2.6 auf Seite 25) als auch aus den Funktionsgraphen (Abbildung 2.7 auf Seite 26) ablesen. Betrachten wir den Einheitskreis, so ist der x-Wert eines Punktes P auf dem Kreis für einen positiven Winkel α und den zugehörigen negativen Winkel $-\alpha$ gleich groß. Da der x-Wert dem Kosinus des Winkels entspricht, gilt*

$$\cos(\alpha) = \cos(-\alpha), \tag{5.8}$$

das heißt der Kosinus ist eine gerade Funktion.

Der y-Wert eines Punktes P auf dem Kreis ist für Winkel α und $-\alpha$ betragsmäßig gleich groß, ändert aber sein Vorzeichen. Da der y-Wert dem Sinus des Winkels entspricht, gilt

$$\sin(\alpha) = -\sin(-\alpha), \tag{5.9}$$

das heißt der Sinus ist eine ungerade Funktion. □

5.4 Achsenabschnitte

Unter den Achsenabschnitten versteht man die Schnittpunkte einer Funktion mit der x- und der y-Achse. Die Schnittpunkte sind dabei alle Punkte von $f(x)$, die auf der entsprechenden Achse liegen. Die x-Achsenabschnitte sind also nichts anderes als die Nullstellen von f. Nullstellen und deren Berechnung haben wir bereits ausführlich in Kapitel 4 untersucht. Die Aufgabe besteht darin, folgende Gleichung zu lösen:

$$\boxed{x\text{-Achse:} \quad f(x_N) = 0} \tag{5.10}$$

Der Ansatz zur Berechnung der Schnittpunkte mit der y-Achse ist ähnlich, allerdings ist hier die Berechnung meist wesentlich einfacher. Zum einen kann es nur einen Punkt auf der y-Achse geben, da es sich bei $f(x)$ um eine *Funktion* handelt. Wie in Kapitel 2 besprochen ordnet eine Funktion jedem x-Wert höchstens einen y-Wert zu. Zum anderen ist der y-Achsenabschnitt lediglich der Funktionswert für $x = 0$:

$$\boxed{y\text{-Achse:} \quad y_N = f(0)} \tag{5.11}$$

Beispiel 5.7. *Einige Funktionen und ihre y-Achsenabschnitte $f(0)$:*

$$f(x) = 3x^5 - 2x^2 + x + 3 \quad \Rightarrow \quad f(0) = 3 \cdot 0^5 - 2 \cdot 0^2 + 0 + 3 = 3$$

$$f(x) = \frac{x+1}{3x^2 - x + 2} \quad \Rightarrow \quad f(0) = \frac{0+1}{3 \cdot 0^2 - 0 + 2} = \frac{1}{2}$$

$$f(x) = -e^{-x^2+2x} \quad \Rightarrow \quad f(0) = -e^0 = -1$$

□

5.5 Monotonie

Sie kennen den Begriff der Monotonie vermutlich bereits aus dem normalen Sprachgebrauch. So sagt man beispielsweise, dass etwas »monoton« ist, wenn man es langweilig findet. Eigentlich steckt sprachlich dahinter, dass etwas *gleich bleibt*.

Wie so oft unterscheidet sich die Mathematik gar nicht so sehr vom alltäglichen Sprachgebrauch. Auch in der Mathematik nennt man etwas monoton, wenn es sich nicht ändert. In der Kurvendiskussion verwenden wir den Begriff im Zusammenhang mit der ersten Ableitung, also der Steigung, von Funktionen.

5.5.1 Veranschaulichung

Wir unterscheiden zwischen monoton steigenden und monoton fallenden Funktionen. Sprachlich besagt der Begriff »monoton steigend«, dass eine Funktion immer steigt. Man ist hierbei nicht so pingelig, dass die Steigung gleichbleibend ist, also die erste Ableitung an jedem Punkt gleich ist. Vielmehr geht es darum, dass die Funktion überhaupt an jedem Punkt steigt – unabhängig davon wie stark.

In Kapitel 3 haben wir uns ausführlich mit Steigungen befasst. Die Steigung einer Funktion an einem Ort x ist nichts anderes als die erste Ableitung $f'(x)$ an diesem Ort. Zudem kann man sich die Steigung veranschaulichen, indem man gedanklich beispielsweise mit einem Auto von links nach rechts auf der Funktion entlang fährt (Abb. 3.1). Geht es hierbei bergauf, so ist die Steigung und damit auch die erste Ableitung positiv und es gilt $f'(x) > 0$.

Hiermit kann man mathematisch recht einfach auf zwei Arten beschreiben, wann eine Funktion monoton steigend ist. Zunächst haben wir gesagt, dass es immer bergauf geht, wenn man die Funktion entlang fährt. Dies bedeutet aber nur, dass wie in Abbildung 5.3(a) dargestellt die Funktionswerte immer größer werden, je weiter wir uns auf der x-Achse nach rechts bewegen. Nehmen wir uns einfach mal zwei beliebige x-Werte her und nennen den kleineren x_1 und den größeren x_2. Dann gilt $x_1 < x_2$ und es geht entlang der Funktion nur dann bergauf, wenn der Funktionswert des größeren x-Wertes x_2 größer ist als der des weiter links auf der x-Achse liegenden Wertes x_1. Dies ist nichts anderes als $f(x_1) < f(x_2)$.

Diesen Zusammenhang können wir genauso gut über die erste Ableitung $f'(x)$ ausdrücken. Geht es nämlich immer bergauf, ist die erste Ableitung stets positiv: $f'(x) > 0$. Zusammengefasst erhalten wir für Funktionen, die immer steigen:

$$f \text{ steigend:} \quad x_1 < x_2 \Rightarrow f(x_1) < f(x_2) \quad \text{oder} \quad f'(x) > 0$$

Haben wir diese Bedingungen anschaulich verstanden, ist es sehr leicht, entsprechende Bedingungen für fallende Funktionen aufzuschreiben. Bei fallenden Funktionen wird der Funktionswert $f(x)$ kleiner, je weiter man sich auf der Funktion nach rechts bewegt (Abb. 5.3(b)). Dies kann man auch dadurch ausdrücken, dass die erste Ableitung stets negativ ist:

$$f \text{ fallend:} \quad x_1 < x_2 \Rightarrow f(x_1) > f(x_2) \quad \text{oder} \quad f'(x) < 0$$

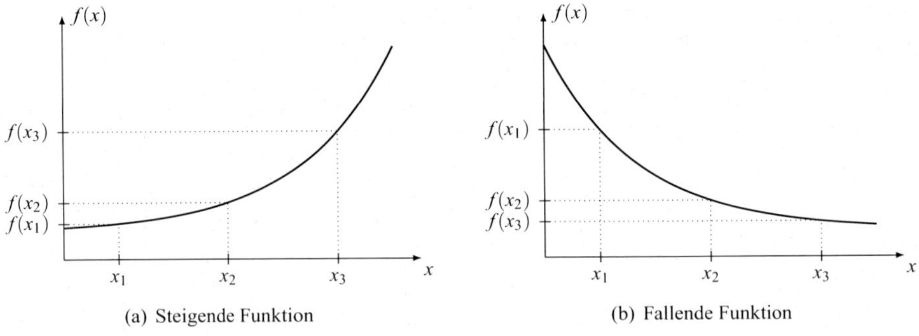

Abbildung 5.3: Strenge Monotonie: (a) Steigende Funktion: Mit steigenden x-Werten wird der Funktionswert $f(x)$ größer. So sind beispielsweise $f(x_1) < f(x_2)$ und $f(x_2) < f(x_3)$ für $x_1 < x_2 < x_3$. (b) Fallende Funktion: Mit steigenden x-Werten wird der Funktionswert $f(x)$ kleiner. Da die Funktionen an jedem x-Wert tatsächlich größer (a) bzw. kleiner (b) werden, handelt es sich um *streng* monoton steigende bzw. fallende Funktionen.

5.5.2 Einfache und strenge Monotonie

In der Mathematik gibt es im Vergleich zur Sprache doch noch eine Besonderheit zu beachten. Man unterscheidet nämlich, ob ein Funktion *monoton* oder *streng monoton* steigend oder fallend ist. Rein von der Wortwahl her ist klar, dass *streng* monoton die stärkere Bedingung ist. Wir bezeichnen eine Funktion als streng monoton steigent, wenn es an jedem Punkt der Funktion tatsächlich bergauf geht. Dies ist bei den oben hergeleiteten Bedingungen und auch in Abbildung 5.3(a) der Fall.

Ist eine Funktion »nur« monoton steigend, sind wir nicht ganz so penibel (oder »streng«). Hier fordern wir nur, dass die Funktion zumindest nicht fällt, es also zu keiner Zeit bergab geht. Der Unterschied liegt also darin, dass es bei einer streng monoton steigenden Funktion immer bergauf geht, während eine monoton steigende Funktion auch mal auf der gleichen Höhe bleiben kann – solange es halt nur nicht wieder nach unten geht (Abb. 5.4(a)). Bleibt eine Funktion in einem Abschnitt auf der gleichen Höhe, so sind die Funktionswerte hier gleich groß. Es gilt in diesem Bereich also $f(x_1) = f(x_2)$ beziehungsweise $f'(x) = 0$. Wir wollen dies kurz zusammenfassen:

$$f \text{ monoton steigend:} \quad x_1 < x_2 \Rightarrow f(x_1) \leq f(x_2) \quad \text{oder} \quad f'(x) \geq 0 \qquad (5.12)$$

$$f \text{ streng monoton steigend:} \quad x_1 < x_2 \Rightarrow f(x_1) < f(x_2) \quad \text{oder} \quad f'(x) > 0 \qquad (5.13)$$

Für fallende Funktionen gibt es sinngemäße Bedingungen. Bei einer streng monoton fallenden Funktion geht es an jedem Ort bergab (Abb. 5.3(b)), was bedeutet, dass die erste Ableitung überall negativ ist. Die Funktionswerte einer monoton fallenden Funktion dürfen auch auf gleicher Höhe bleiben – es darf halt nur an keinem Ort bergauf gehen (Abb. 5.4(b)). Wir wollen auch

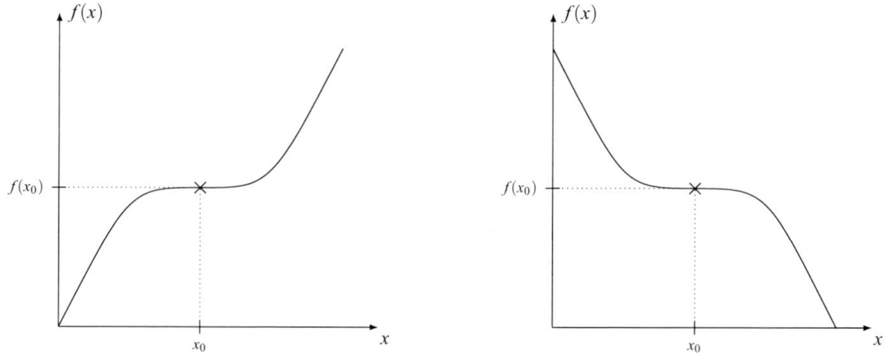

(a) Monoton steigende Funktion

(b) Monoton fallende Funktion

Abbildung 5.4: Einfache Monotonie: (a) Steigende Funktion: Die Funktionswerte $f(x)$ werden mit steigenden x-Werten größer, allerdings gibt es bei x_0 eine Stelle, an welcher der Funktionswert auf gleicher Höhe $f(x_0)$ bleibt. Die Funktion ist daher monoton steigend, aber nicht streng monoton steigend. (b) Fallende Funktion: Die Funktionswerte $f(x)$ werden mit steigenden x-Werten kleiner, bleiben jedoch bei x_0 auf gleicher Höhe $f(x_0)$. Die Funktion ist daher monoton fallend, aber nicht streng monoton fallend.

diese Bedingungen zusammenfassen:

$$f \text{ monoton fallend:} \quad x_1 < x_2 \Rightarrow f(x_1) \geq f(x_2) \quad \text{oder} \quad f'(x) \leq 0 \tag{5.14}$$

$$f \text{ streng monoton fallend:} \quad x_1 < x_2 \Rightarrow f(x_1) > f(x_2) \quad \text{oder} \quad f'(x) < 0 \tag{5.15}$$

Wie Sie sehen, unterscheiden sich die Bedingungen für steigende und fallende Funktionen lediglich in den Größer-/Größergleich- und Kleiner-/Kleinergleich-Zeichen.

5.5.3 Bestimmung monotoner Intervalle

Wir haben uns bisher angeschaut, was monoton steigende und fallende Funktionen sind und welchen Unterschied es zwischen einfacher und strenger Monotonie gibt. Bisher haben wir dazu stets die gesamte Funktion f betrachtet. Meist wird eine Funktion aber nicht über ihren gesamten Definitionsbereich monoton steigend oder fallend sein. Vielmehr gibt es Bereiche, in denen f steigt, und Bereiche, in denen f fällt. Aufgabe der Kurvendiskussion ist, diese Bereiche oder *Intervalle* zu bestimmen.

Schauen wir uns hierzu zunächst die eigentliche Definition der Monotonie über Funktionswerte an. Hier gilt beispielsweise für streng monoton steigende Funktionen, dass für Werte x_1 und x_2 mit $x_1 < x_2$ die Funktionswerte die Bedingung $f(x_1) < f(x_2)$ erfüllen. Beachten Sie, dass die Bedingung für *jedes* Paar x_1 und x_2 innerhalb des Monotonie-Intervalls gelten muss. Wie aber sollen wir dies für eine gegebenen Funktion f überprüfen? Und wie ist es möglich, mit derartigen Bedingungen die Monotonie-Intervalle einer gegebenen Funktion zu bestimmen?

Wir haben die Definition der Monotonie über Funktionswerte betrachtet, um zu verstehen, was Monotonie anschaulich bedeutet. Für die praktische Rechnung verwenden wir hingegen die Formulierungen über die erste Ableitung. Diese ist in Bereichen, in denen eine Funktion f steigt, positiv. In Bereichen, in denen f fällt, ist sie hingegen negativ. Damit muss sie direkt an den Übergängen zwischen monoton steigenden und monoton fallenden Intervallen null sein. Wir erhalten also die x-Stellen, an denen sich die Monotonie ändern kann, durch Nullsetzen der ersten Ableitung:

$$\boxed{\text{Grenzen der Monotonie-Intervalle:} \quad f'(x_M) = 0} \tag{5.16}$$

Lösen wir diese Gleichung nach x_M auf, so erhalten wir meist mehrere Stellen x_M, an denen sich die Monotonie von f ändern kann. Wir kennen damit die Intervalle, wissen aber noch nicht, in welchen Intervallen f steigt und in welchen f fällt. Auch dies lässt sich leicht über die erste Ableitung bestimmen.

Nehmen wir an, die Funktion ist im Intervall $(x_{M,1}; x_{M,2})$ monoton steigend, wobei die runden Klammern bedeuten, dass die Randpunkte $x_{M,1}$ und $x_{M,2}$ nicht zum Intervall gehören. Dann ist die Ableitung an jedem Punkt innerhalb dieses Intervalls positiv. Es gilt also $f'(x) > 0$ für *jedes* x mit $x_{M,1} < x < x_{M,2}$. Wäre f hingegen fallend, würde $f'(x) < 0$ für *jedes* x aus dem Intervall gelten. Es reicht daher aus, die erste Ableitung $f'(x)$ für *ein* beliebiges x aus dem Intervall zu berechnen. Ist die Ableitung positiv, so ist f steigend. Ist sie negativ, so fällt f in dem Intervall.

Tipp Die erste Ableitung muss nur für *einen beliebigen* x-Wert jedes Intervalls ausgewertet werden. Schauen Sie sich die Formel der ersten Ableitung an und wählen Sie einen x-Wert, für den sich die Ableitung einfach auswerten lässt. Zumeist sind dies kleine ganze Zahlen.

Beispiel 5.8. *Gesucht seien die Monotonie-Intervalle der Funktion* $f(x) = x^4 - 2x^2$. *Wir bestimmen zunächst die erste Ableitung der Funktion:*

$$f'(x) = 4x^3 - 4x$$

Die Intervall-Grenzen x_M *erhalten wir, indem wir die Nullstellen der ersten Ableitung berechnen:*

$$\begin{aligned} f'(x_M) = 0 \quad &\Rightarrow \quad 4x_M^3 - 4x_M = 0 \\ &\Rightarrow \quad 4x_M(x_M^2 - 1) = 0 \\ &\Rightarrow \quad x_M = 0 \quad \text{oder} \quad x_M^2 - 1 = 0 \\ &\Rightarrow \quad x_M = 0 \quad \text{oder} \quad x_M = \pm 1 \\ &\Rightarrow \quad x_{M,1} = -1\,,\, x_{M,2} = 0\,,\, x_{M,3} = 1 \end{aligned}$$

Die Art der Monotonie – steigend oder fallend – erhalten wir durch Einsetzen jeweils eines x-Wertes der Intervalle in die erste Ableitung:

$$\begin{array}{rlllll}
(-\infty;-1): & f'(-2) & = -32+8 = -24 < 0 & & \Rightarrow & \text{monoton fallend} \\
(-1;0): & f'(-\frac{1}{2}) & = -\frac{4}{8}+\frac{4}{2} = \frac{3}{2} & > 0 & \Rightarrow & \text{monoton steigend} \\
(0;1): & f'(\frac{1}{2}) & = \frac{4}{8}-\frac{4}{2} = -\frac{3}{2} & < 0 & \Rightarrow & \text{monoton fallend} \\
(1;\infty): & f'(2) & = 32-8 = 24 & > 0 & \Rightarrow & \text{monoton steigend}
\end{array}$$

Abbildung 5.5 zeigt die Funktion f sowie die Monotonie-Intervalle. □

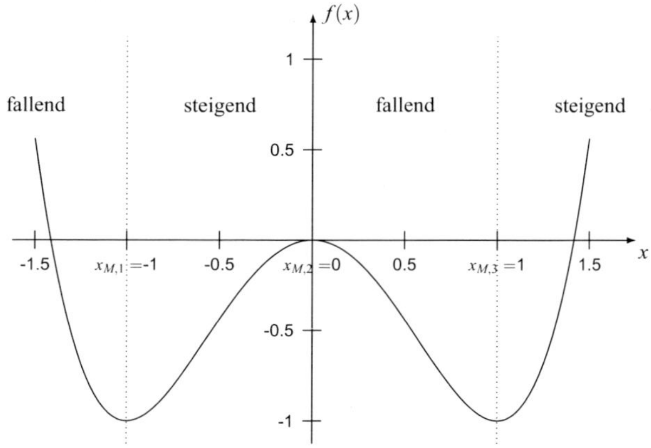

Abbildung 5.5: Monotonie-Intervalle der Funktion $f(x) = x^4 - 2x^2$

Beachten Sie, dass sich keineswegs immer monoton steigende und monoton fallende Intervalle abwechseln müssen. Es kann Ihnen beispielsweise auch begegnen, dass zwei benachbarte Intervalle $(x_{M,1};x_{M,2})$ und $(x_{M,2};x_{M,3})$ beide monoton steigend sind. Sie könnten diese Intervalle zu einem Intervall $(x_{M,1};x_{M,3})$ zusammenfassen. Dieses wäre dann immer noch monoton steigend, allerdings nicht *streng* monoton steigend, da es bei $x_{M,2}$ einen Punkt mit $f'(x_{M,2}) = 0$ enthält. Im Intervall ist also $f'(x) > 0$ erfüllt, während streng steigende Monotonie vorliegen würde, falls $f'(x) > 0$ erfüllt wäre.

Beispiel 5.9. *Gesucht seien die Monotonie-Intervalle der Funktion $f(x) = x^3 + 1$. Wir bestimmen zunächst die erste Ableitung der Funktion:*

$$f'(x) = 3x^2$$

Die Intervall-Grenzen x_M erhalten wir, indem wir die Nullstellen der ersten Ableitung berechnen:

$$f'(x_M) = 3x_M^2 = 0 \quad \Rightarrow \quad x_M = 0$$

Die Art der Monotonie – steigend oder fallend – bestimmen wir durch Einsetzen jeweils eines x-Wertes der Intervalle $(-\infty; x_M)$ und $(x_M; \infty)$ in die erste Ableitung:

$$\begin{aligned} (-\infty;0): &\quad f'(-1) = 3\cdot(-1)^2 = 3 > 0 \quad \Rightarrow \quad \text{monoton steigend} \\ (0;\infty): &\quad f'(1) \;\; = 3 \qquad\qquad\quad > 0 \quad \Rightarrow \quad \text{monoton steigend} \end{aligned}$$

Es liegt also in beiden Intervallen steigende Monotonie vor. Daher ist die Funktion f insgesamt in $(-\infty;\infty)$ monoton steigend. Sie ist jedoch nicht streng monoton steigend, da $f'(x_M) = f'(0) = 0$ gilt. Abbildung 5.6 zeigt f sowie die Monotonie-Intervalle. □

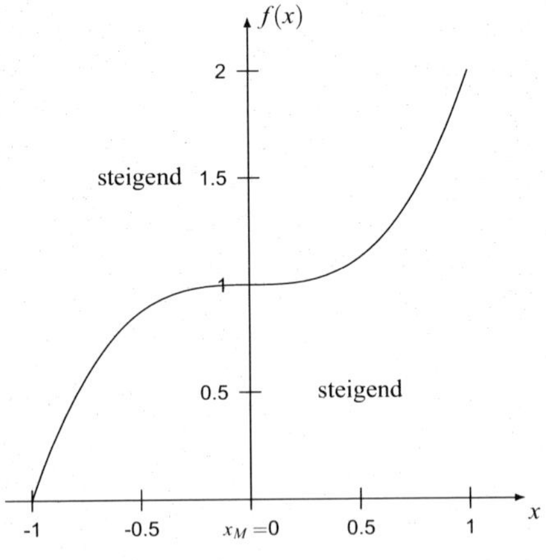

Abbildung 5.6: Monotonie-Intervalle der Funktion $f(x) = x^3 + 1$

5.6 Extrempunkte und Sattelpunkte

Ein *Extrempunkt* oder Extremum $P_E(x_E; f(x_E))$ ist ein Punkt, an dem eine Funktion umgangssprachlich einen »Berg« oder ein »Tal« hat. Man spricht bei Bergen auch von einem *Maximum* oder Hochpunkt. Täler werden als *Minimum* oder Tiefpunkt bezeichnet. Die x-Koordinate x_E nennt man auch Extremstelle. Abbildung 5.7 zeigt eine Funktion mit je einem Maximum und einem Minimum.

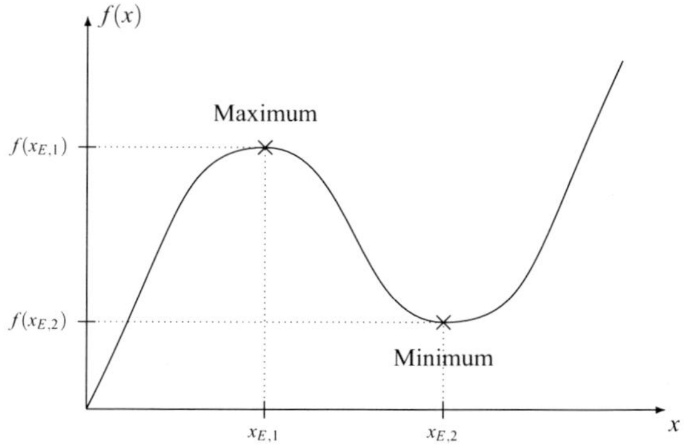

Abbildung 5.7: Extrempunkte: Ein Maximum ist der höchste Punkt in einer kleinen Nachbarschaft, während ein Minimum kleiner ist als die benachbarten Punkte.

5.6.1 Notwendige Bedingung

Wie kann man aber zu einer gegebenen Funktion $f(x)$ berechnen, welche Extrempunkte sie hat und wo diese liegen? Alles, was wir hierfür benötigen, sind die erste und die zweite Ableitung, die wir bereits in Kapitel 3 kennengelernt haben. Erinnern wir uns daran, dass die erste Ableitung die Steigung einer an die Funktion angelegten Tangente ist. Legen wir wie in Abbildung 5.8 dargestellt eine Tangente an den höchsten Punkt eines Berges oder an die tiefste Stelle eines Tales, so ist die Tangente immer horizontal. Eine waagerechte Gerade hat aber immer die Steigung null, weshalb an jeder Extremstelle x_E die erste Ableitung null ist.

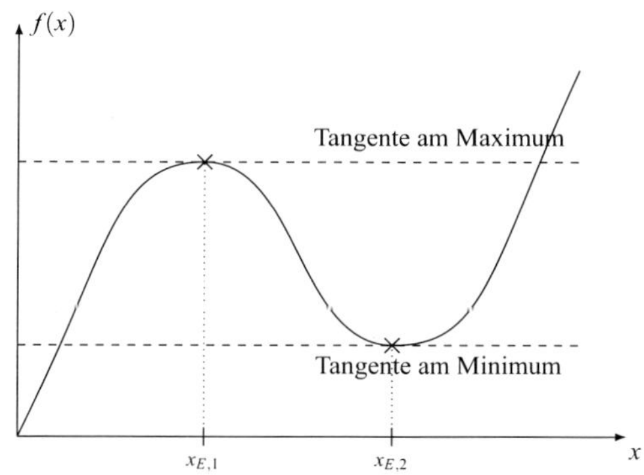

Abbildung 5.8: Jede an einem Maximum oder Minimum angelegte Tangente ist horizontal. Die Steigung an diesen Punkten ist also immer null.

Dies gilt ohne Ausnahme für *jeden* Extrempunkt. Versuchen Sie, einen Berg oder ein Tal zu zeichnen, bei dem eine oben bzw. unten angelegte Gerade nicht horizontal verläuft – es wird Ihnen nicht gelingen. Sprachlich könnte man sagen, dass $f'(x_E) = 0$ notwendigerweise erfüllt sein muss, damit bei x_E ein Extrempunkt $P_E(x_E; f(x_E))$ vorliegt. Man spricht daher auch von der notwendigen Bedingung für Extrempunkte:

$$\boxed{\text{Notwendige Bedingung:} \quad f'(x_E) = 0} \tag{5.17}$$

Es ist zwar an jeder Extremstelle die erste Ableitung null. Allerdings bedeutet dies nicht, dass jeder Punkt mit der Steigung null auch automatisch eine Extremstelle ist. So kann es sein, dass eine Funktion wie in Abbildung 5.9(a) dargestellt ansteigt, die Steigung null wird und die Funktion dann erneut ansteigt. Natürlich kann eine Funktion ebensogut wie in Abbildung 5.9(b) fallen, die Steigung null werden und die Funktion dann weiter fallen. Solche Punkte, an denen die Steigung null wird, aber es sich nicht um ein Maximum oder Minimum handelt, nennt man *Sattelpunkte*.

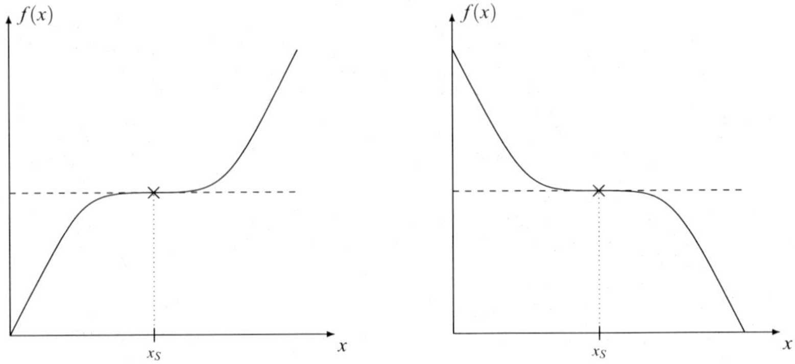

(a) Steigend (b) Fallend

Abbildung 5.9: An Sattelpunkten ist die Steigung null, ohne dass es sich jedoch um ein Minimum oder Maximum handelt.

5.6.2 Hinreichende Bedingung

Alle Punkte mit $f'(x) = 0$ sind also entweder ein Maximum, ein Minimum oder ein Sattelpunkt. Um was für einen Punkt es sich handelt, kann man mit Hilfe der zweiten Ableitung bestimmen. Dazu erinnern wir uns daran, dass die zweite Ableitung $f''(x)$ die Krümmung einer Funktion $f(x)$ beschreibt. Stellen Sie sich hierzu wie in Abschnitt 3.6.2 beschrieben vor, Sie würden von links nach rechts auf der Funktion entlang fahren. Ist $f''(x) > 0$, so fahren Sie eine Linkskurve (Abbildung 3.13(b) auf Seite 57). Ist hingegen $f''(x) < 0$, so fahren Sie eine Rechtskurve (Abbildung 3.13(c)).

Fahren Sie nun in Gedanken an einem Maximum vorbei, so fahren Sie wie in Abbildung 5.10 dargestellt eine Rechtskurve. Die zweite Ableitung an einem Maximum ist also stets negativ. Fahren Sie hingegen an einem Minimum vorbei, so fahren Sie eine Linkskurve. Daher ist die zweite Ableitung an einem Minimum immer positiv.

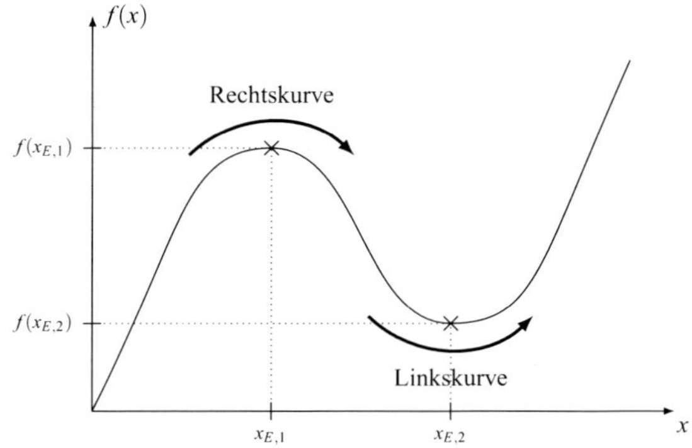

Abbildung 5.10: Zweite Ableitung an Extremstellen. An einem Maximum ist eine Funktion stets nach rechts gekrümmt, während sie an einem Minimum stets eine Linkskrümmung aufweist.

Dies ist wie in Abbildung 5.11 dargestellt bei Sattelpunkten anders. Bei einem steigenden Sattelpunkt fahren Sie bis zum Sattelpunkt eine Rechtskurve und ab dem Punkt eine Linkskurve. Die zweite Ableitung ist also links vom Sattelpunkt negativ und rechts vom Sattelpunkt positiv. Direkt auf dem Sattelpunkt – also beim Übergang von einer Rechts- in eine Linkskurve – ist sie hingegen null. Für einen fallenden Sattelpunkt gilt sinngemäß das Gleiche. Auch hier ist die zweite Ableitung am Sattelpunkt – allerdings beim Übergang von einer Links- in eine Rechtskurve – null.

Wir haben oben gesehen, dass an jeder Extremstelle die erste Ableitung notwendigerweise null ist. Dies ist die notwendige Bedingung. Das Wissen, dass an einem Punkt die erste Ableitung null ist, reicht allerdings nicht aus, um mit Gewissheit zu sagen, dass dort ein Extrempunkt ist. Es könnte sich ja auch um einen Sattelpunkt handeln. Anders ausgedrückt ist $f'(x_0) = 0$ nicht ausreichend, um sagen zu können, dass es sich bei $P_0(x_0; f(x_0))$ um ein Extremum handelt. Wissen wir aber zusätzlich, dass die zweite Ableitung positiv oder negativ – also ungleich null – ist, so können wir uns sicher sein, dass es sich bei x_0 um eine Extremstelle handelt. Sind diese Bedingungen erfüllt, so ist dies ausreichend – oder etwas altmodischer ausgedrückt: *hinreichend* –, um einen Extrempunkt zu erkennen. Die Bedingungen werden daher zusammengefasst und als hinreichende Bedingung für Extrempunkte bezeichnet:

$$\boxed{\text{Hinreichende Bedingung:} \quad f'(x_E) = 0 \quad \text{und} \quad f''(x_E) \neq 0} \tag{5.18}$$

Bei der Bestimmung von Extrempunkten verwendet man aber selbstverständlich den oben beschriebenen Zusammenhang zwischen Minimum, Maximum und Sattelpunkt mit dem Vorzeichen der zweiten Ableitung:

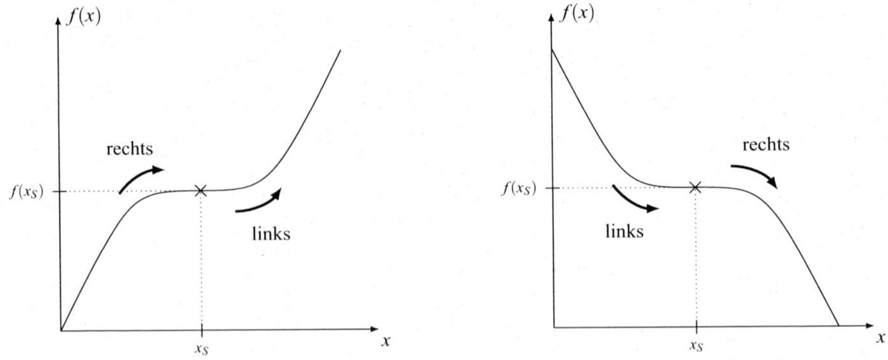

(a) Steigend (b) Fallend

Abbildung 5.11: Zweite Ableitung an Sattelpunkten. An einem Sattelpunkt ändert sich die Richtung der Krümmung der Funktion. Die zweite Ableitung ist daher null.

- An einem Minimum ist die zweite Ableitung positiv.
- An einem Maximum ist die zweite Ableitung negativ.
- An einem Sattelpunkt ist die zweite Ableitung null.

Wir wollen die praktische Vorgehensweise zur Berechnung von Extrempunkten und Sattelpunkten an einigen Beispielen veranschaulichen.

Beispiel 5.10. *Gegeben sei die Funktion $f(x) = x^4 - 2x^2$. Zur Bestimmung der Extrempunkte und Sattelpunkte berechnen wir zunächst die für die notwendige und die hinreichende Bedingung benötigten Ableitungen:*

$$\begin{aligned} f'(x) &= 4x^3 - 4x \\ f''(x) &= 12x^2 - 4 \end{aligned}$$

Die Kandidaten x_E, an denen $f(x)$ ein Extremum haben könnte, bestimmen wir über die notwendige Bedingung $f'(x_E) = 0$:

$$\begin{aligned} f'(x_E) = 0 \quad &\Rightarrow \quad 4x_E^3 - 4x_E = 0 \\ &\Rightarrow \quad x_E \cdot (x_E^2 - 1) = 0 \\ &\Rightarrow \quad x_E = 0 \quad \text{oder} \quad x_E^2 - 1 = 0 \\ &\Rightarrow \quad x_E = 0 \quad \text{oder} \quad x_E^2 = \pm\sqrt{1} \\ &\Rightarrow \quad x_E = 0 \quad \text{oder} \quad x_E^2 = \pm 1 \end{aligned}$$

Wir erhalten also drei Kandidaten $x_{E,1} = -1$, $x_{E,2} = 0$ und $x_{E,3} = 1$, an denen $f(x)$ entweder einen Extrempunkt oder einen Sattelpunkt hat. Was für ein Punkt bei dem jeweiligen x-Wert tatsächlich vorhanden ist, ermitteln wir über die hinreichende Bedingung. Der erste Teil der hinreichenden Bedingung, $f'(x_E) = 0$, ist bereits in der notwendigen Bedingung enthalten. Für den zweiten Teil setzen wir die Kandidaten einfach in die zweite Ableitung ein:

$$\begin{aligned}
f''(x_{E,1}) &= f''(-1) = 12 \cdot (-1)^2 - 4 = 8 \quad > 0 &&\Rightarrow \quad \text{Minimum bei } x_{E,1} = -1\\
f''(x_{E,2}) &= f''(0) \quad = 12 \cdot 0^2 - 4 \quad = -4 < 0 &&\Rightarrow \quad \text{Maximum bei } x_{E,2} = 0\\
f''(x_{E,3}) &= f''(1) \quad = 12 \cdot 1^2 - 4 \quad = 8 \quad > 0 &&\Rightarrow \quad \text{Minimum bei } x_{E,3} = 1
\end{aligned}$$

Die Funktion hat also drei Extremstellen. Zur Bestimmung der Extrempunkte benötigen wir die zugehörigen y-Werte. Diese erhalten wir durch Einsetzen in die Funktionsgleichung $f(x)$:

$$\begin{aligned}
f(x_{E,1}) &= f(-1) = (-1)^4 - 2 \cdot (-1)^2 = -1 &&\Rightarrow \quad \text{Minimum bei } P_{E,1}(-1;-1)\\
f(x_{E,2}) &= f(0) \quad = 0^4 - 2 \cdot 0^2 \quad = 0 &&\Rightarrow \quad \text{Maximum bei } P_{E,2}(0;0)\\
f(x_{E,3}) &= f(1) \quad = 1^4 - 2 \cdot 1^2 \quad = -1 &&\Rightarrow \quad \text{Minimum bei } P_{E,3}(1;-1)
\end{aligned}$$

Abbildung 5.12 zeigt den Graphen der Funktion mit den drei berechneten Extrempunkten. □

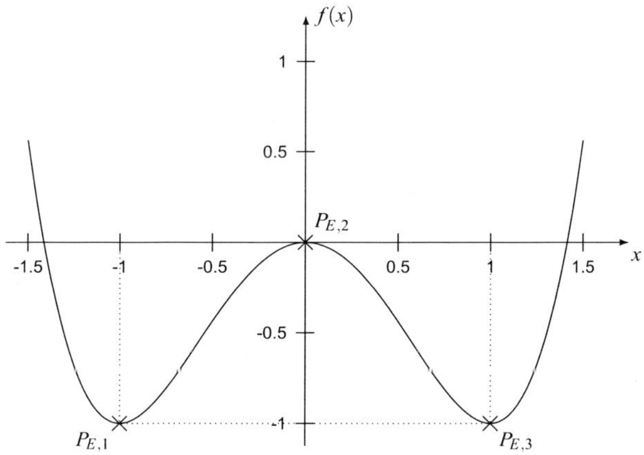

Abbildung 5.12: Extrempunkte der Funktion $f(x) = x^4 - 2x^2$

Beispiel 5.11. *Gegeben sei die Funktion $f(x) = x^3 + 1$. Zur Bestimmung der Extrempunkte und Sattelpunkte berechnen wir zunächst die für die notwendige und die hinreichende Bedingung benötigten Ableitungen:*

$$\begin{aligned} f'(x) &= 3x^2 \\ f''(x) &= 6x \end{aligned}$$

Mögliche Extremstellen bestimmen wir über die notwendige Bedingung $f'(x_E) = 0$:

$$\begin{aligned} f'(x_E) = 0 \quad &\Rightarrow \quad 3x_E^2 = 0 \\ &\Rightarrow \quad x_E = 0 \end{aligned}$$

Wir erhalten also als einzigen Kandidaten $x_E = 0$. Über die hinreichende Bedingung erfahren wir, ob es sich um ein Minimum, Maximum oder Sattelpunkt handelt. Der erste Teil der hinreichenden Bedingung, $f'(x_E) = 0$, ist bereits in der notwendigen Bedingung enthalten. Für den zweiten Teil setzen wir x_E in die zweite Ableitung ein:

$$f''(x_E) = f''(0) = 6 \cdot 0 = 0 \quad \Rightarrow \quad \text{Sattelpunkt bei } x_E = 0$$

Die Funktion hat also bei $x_E = 0$ einen Sattelpunkt. Den zugehörigen y-Wert erhalten wir durch Einsetzen in die Funktionsgleichung $f(x)$:

$$f(x_E) = f(0) = 0^3 + 1 = 1 \quad \Rightarrow \quad \text{Sattelpunkt bei } P_E(0;1)$$

Abbildung 5.13 zeigt den Graphen der Funktion. □

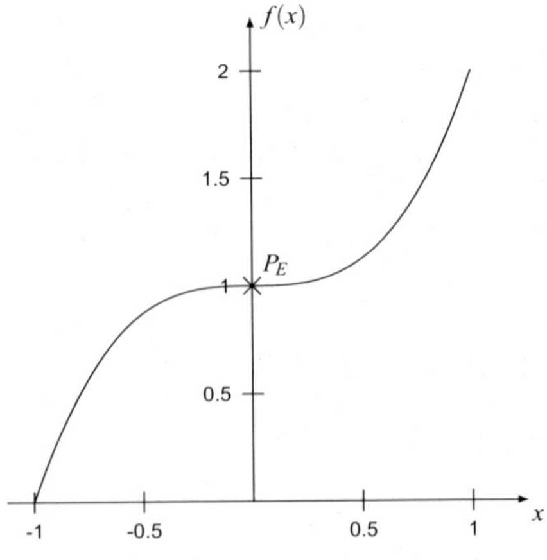

Abbildung 5.13: Sattelpunkt der Funktion $f(x) = x^3 + 1$

Die Berechnung von Extrempunkten ist ein sehr wichtiger Bestandteil einer Kurvendiskussion. Zudem lassen sich die notwendige und die hinreichende Bedingung sehr gut über die geometrische Bedeutung der ersten und zweiten Ableitung veranschaulichen. Haben Sie diese verstanden, so brauchen Sie im Prinzip die entsprechenden Formeln gar nicht auswendig lernen, da sie anschaulich klar sind und Sie sich diese so immer schnell herleiten können. Sie sollten daher diese beiden Bedingungen gut verstanden haben und anderenfalls diesen Abschnitt eventuell mit Hilfe der entsprechenden Abschnitte zur ersten und zweiten Ableitung in Kapitel 3 nochmals durcharbeiten.

5.6.3 Zusammenfassung

Lassen Sie uns die Ergebnisse dieses Abschnittes kurz festhalten:

Kernpunkte Anhand der ersten und zweiten Ableitung kann man Maxima, Minima und Sattelpunkte bestimmen. Und zwar gilt:

- $f'(x_E) = 0$ und $f''(x_E) < 0 \Rightarrow$ Maximum bei $P_E(x_E; f(x_E))$
- $f'(x_E) = 0$ und $f''(x_E) > 0 \Rightarrow$ Minimum bei $P_E(x_E; f(x_E))$
- $f'(x_E) = 0$ und $f''(x_E) = 0 \Rightarrow$ Sattelpunkt bei $P_E(x_E; f(x_E))$

5.7 Wendepunkte

Ein Wendepunkt $P_W(x_W; f(x_W))$ ist ein Punkt, an dem sich die Richtung der Krümmung einer Funktion ändert. Stellen Sie sich wieder vor, Sie würden gedanklich »auf« einer Funktion von links nach rechts entlang fahren. Dann fahren Sie unmittelbar vor dem Wendepunkt eine Linkskurve und direkt nach dem Wendepunkt eine Rechtskurve. Oder aber Sie fahren vor dem Wendepunkt eine Rechtskurve und hinter dem Wendepunkt eine Linkskurve.

Eine solche Änderung der Krümmung ist uns bereits begegnet: Sie tritt nämlich wie in Abbildung 5.11 gezeigt an Sattelpunkten auf. Sattelpunkte sind also gleichzeitig auch Wendepunkte. Im Gegensatz zu Sattelpunkten muss aber die erste Ableitung – also die Steigung der angelegten Tangente – bei einem Wendepunkt nicht null sein. Abbildung 5.14 zeigt Wendepunkte mit positiver und negativer Steigung.

Die Bestimmung von Wendepunkten ist der Bestimmung von Extrempunkten sehr ähnlich. Auch hier gibt es eine notwendige und eine hinreichende Bedingung und man kann diese Bedingungen durch die anschauliche Bedeutung von Ableitungen herleiten.

Zunächst einmal ändert sich an jedem Wendepunkt die Richtung der Krümmung. Wir haben aber bereits in Abschnitt 3.6.2 gesehen, dass die Krümmung der zweiten Ableitung $f''(x)$ entspricht und die Richtung dadurch bestimmt ist, ob die zweite Ableitung positiv (»Linkskurve«) oder negativ (»Rechtskurve«) ist. Genau diese Eigenschaft haben wir für die hinreichende Bedingung für Extrempunkte verwendet. Da sich – wie bei Sattelpunkten – an einem Wendepunkt

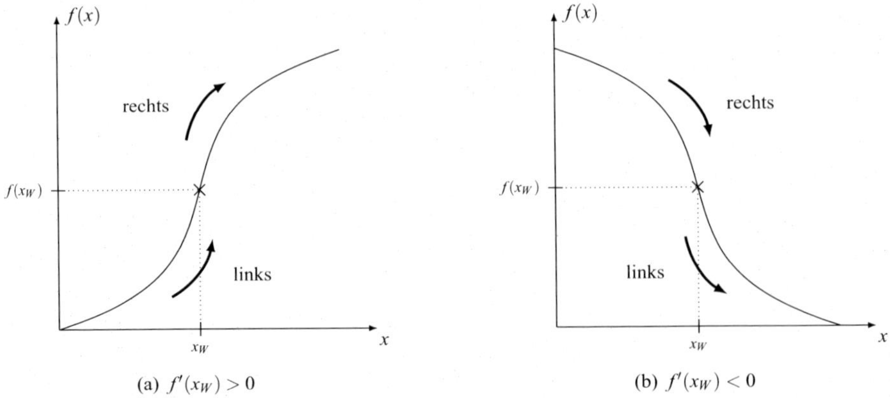

Abbildung 5.14: Wendepunkte: An einem Wendepunkt ändert sich die Richtung der Krümmung der Funktion. Die zweite Ableitung ist daher null. Die Steigung der angelegten Tangente darf beliebige Werte annehmen. Sie darf also negativ, positiv oder null sein.

die Richtung der Krümmung ändert, muss die zweite Ableitung – wie bei Sattelpunkten – an Wendepunkten null sein. Dies ist die notwendige Bedingung für Wendepunkte:

$$\boxed{\text{Notwendige Bedingung:} \quad f''(x_W) = 0} \tag{5.19}$$

Diese Bedingung muss für *jeden* Wendepunkt erfüllt sein und ist daher »notwendig«. Sie ist aber nicht ausreichend – oder wieder etwas altmodisch ausgedrückt »hinreichend« –, um mit Sicherheit sagen zu können, dass es sich um einen Wendepunkt handelt. Es gibt nämlich auch Punkte $(x_0; f(x_0))$, bei denen $f''(x_0) = 0$ gilt, es sich aber dennoch nicht um einen Wendepunkt handelt. Denken Sie beispielsweise an eine Gerade $f(x) = mx + c$. Diese hat an jedem Punkt die zweite Ableitung $f''(x) = 0$. Sie ist aber nicht gekrümmt, sodass es auch keinen Punkt gibt, an dem sich die Richtung der Krümmung ändert. Genau wie bei der Bestimmung von Extrempunkten benötigen wir also noch eine weitere Bedingung. Und genau wie bei der hinreichenden Bedingung für Extrempunkte besagt diese, dass die nächsthöhere Ableitung ungleich null sein muss:

$$\boxed{\text{Hinreichende Bedingung:} \quad f''(x_W) = 0 \quad \text{und} \quad f'''(x_W) \neq 0} \tag{5.20}$$

Um die Dinge nicht unnötig kompliziert zu machen, werden wir an dieser Stelle nicht auf die Deutung, also auf die Veranschaulichung der dritten Ableitung, eingehen. Sie haben bereits eine ganze Menge gelernt, wenn Sie die Bedeutung der ersten und zweiten Ableitung und die sich daraus ergebene notwendige und die hinreichende Bedingung für Extrempunkte sowie die notwendige Bedingung für Wendepunkte verstanden haben. Ihnen sollte aber die große Ähnlichkeit der Bedingungen für Extrem- und Wendepunkte auffallen:

Merke Die notwendige bzw. die hinreichende Bedingung für Wendepunkte ist gleich der entsprechenden Bedingung für Extrempunkte, wenn man die Ableitung jeweils um Eins erhöht:

$$f'(x) \xrightarrow{\text{ersetzen durch}} f''(x)$$
$$f''(x) \xrightarrow{\text{ersetzen durch}} f'''(x)$$

Durch diese Ähnlichkeit lassen sich die Bedingungen für Wendepunkte sehr gut merken, da man sie direkt aus den Bedingungen für Extrempunkte ableiten kann.

Lassen Sie uns die praktische Bestimmung von Wendepunkten an den gleichen Beispielen wie für die Berechnung von Extrem- und Sattelpunkten in Abschnitt 5.6 veranschaulichen.

Beispiel 5.12. *Gegeben sei die Funktion $f(x) = x^4 - 2x^2$. Zur Bestimmung der Wendepunkte berechnen wir die für die notwendige und die hinreichende Bedingung benötigten Ableitungen:*

$$\begin{aligned} f'(x) &= 4x^3 - 4x \\ f''(x) &= 12x^2 - 4 \\ f'''(x) &= 24x \end{aligned}$$

Kandidaten für Wendestellen x_W bestimmen wir über die notwendige Bedingung $f''(x_W) = 0$:

$$\begin{aligned} f''(x_W) = 0 \quad &\Rightarrow \quad 12x_W^2 - 4 = 0 \\ &\Rightarrow \quad x_W^2 = \frac{1}{3} \\ &\Rightarrow \quad x_W = \pm\frac{1}{\sqrt{3}} \end{aligned}$$

Wir erhalten also die Kandidaten $x_{W,1} = -1/\sqrt{3}$ und $x_{W,2} = 1/\sqrt{3}$. Ob es sich tatsächlich um Wendestellen handelt, überprüfen wir mit der hinreichenden Bedingung. Der erste Teil der Bedingung, $f''(x_W) = 0$, ist bereits in der notwendigen Bedingung enthalten. Für den zweiten Teil setzen wir die Kandidaten einfach in die dritte Ableitung ein:

$$\begin{aligned} f'''(x_{W,1}) = 24 \cdot \left(-\frac{1}{\sqrt{3}}\right) \neq 0 \quad &\Rightarrow \quad \text{Wendestelle bei } x_{W,1} = -\frac{1}{\sqrt{3}} \\ f'''(x_{W,2}) = 24 \cdot \frac{1}{\sqrt{3}} \neq 0 \quad &\Rightarrow \quad \text{Wendestelle bei } x_{W,2} = \frac{1}{\sqrt{3}} \end{aligned}$$

Die Funktion hat also zwei Wendestellen. Die Wendepunkte erhalten wir durch Einsetzen in die Funktionsgleichung $f(x)$:

$$\begin{aligned} f(x_{W,1}) &= \left(\frac{-1}{\sqrt{3}}\right)^4 - 2\cdot\left(\frac{-1}{\sqrt{3}}\right)^2 = \frac{1}{9} - \frac{2}{3} = -\frac{5}{9} = -0,5556 \\ f(x_{W,2}) &= \left(\frac{1}{\sqrt{3}}\right)^4 - 2\cdot\left(\frac{1}{\sqrt{3}}\right)^2 = \frac{1}{9} - \frac{2}{3} = -\frac{5}{9} = -0,5556 \end{aligned}$$

Abbildung 5.15 zeigt den Graphen der Funktion mit den berechneten Wendepunkten.
□

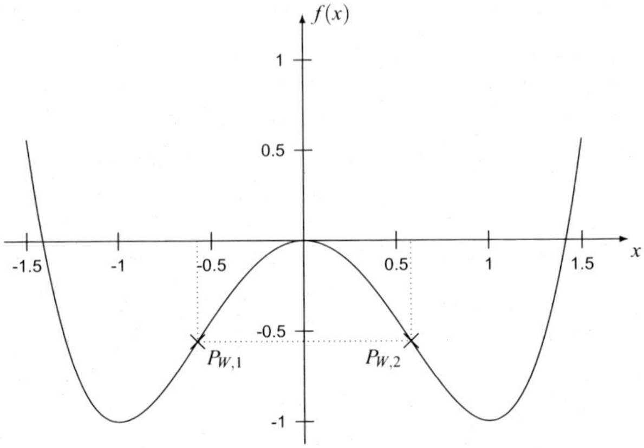

Abbildung 5.15: Wendepunkte der Funktion $f(x) = x^4 - 2x^2$

Beispiel 5.13. *Gegeben sei die Funktion $f(x) = x^3 + 1$. Zur Bestimmung der Wendepunkte berechnen wir zunächst die für die notwendige und die hinreichende Bedingung benötigten Ableitungen:*

$$\begin{aligned} f'(x) &= 3x^2 \\ f''(x) &= 6x \\ f'''(x) &= 6 \end{aligned}$$

Mögliche Wendestellen bestimmen wir über die notwendige Bedingung $f''(x_W) = 0$:

$$\begin{aligned} f''(x_W) = 0 \;&\Rightarrow\; 6x_W = 0 \\ &\Rightarrow\; x_W = 0 \end{aligned}$$

Wir erhalten also als einzigen Kandidaten $x_W = 0$. Über die hinreichende Bedingung erfahren wir, ob es sich tatsächlich um eine Wendestelle handelt. Der erste Teil der hinreichenden Bedingung, $f''(x_W) = 0$, ist bereits in der notwendigen Bedingung enthalten. Für den zweiten Teil setzen wir x_W in die dritte Ableitung ein:

$$f'''(x_W) = f'''(0) = 6 \neq 0 \quad \Rightarrow \quad \text{Wendepunkt bei } x_W = 0$$

Die Funktion hat also bei $x_W = 0$ einen Wendepunkt. Den zugehörigen y-Wert erhalten wir durch Einsetzen in die Funktionsgleichung $f(x)$:

$$f(x_W) = f(0) = 0^3 + 1 = 1 \quad \Rightarrow \quad \text{Wendepunkt bei } P_W(0;1)$$

Abbildung 5.13 auf Seite 86 zeigt den Graphen der Funktion. Der Wendepunkt P_W stimmt mit dem zuvor bestimmten Sattelpunkt P_E überein. □

5.8 Grenzwerte und asymptotisches Verhalten

Manchmal ist es von Interesse, welche Werte eine Funktion $f(x)$ annimmt, wenn x immer größer wird. Lässt man x beliebig groß werden, so sagt man auch, dass x gegen Unendlich »strebt« und schreibt hierfür $x \to \infty$. Das Symbol ∞ steht hierbei für eine unendlich große Zahl. Genauso kann man x unendlich klein werden lassen. Hierbei ist nicht der Betrag einer Zahl gemeint, sondern wie weit sie im negativen Bereich des Zahlenstrahles ist. Es ist also $x_0 = -10$ kleiner als $x_1 = -1$. Die kleinstmögliche Zahl ist daher unendlich negativ. Man sagt auch x »strebt gegen minus Unendlich« und schreibt $x \to -\infty$.

Streng genommen gibt es die Zahl Unendlich nicht. Dies kann man sich dadurch erklären, dass Unendlich die größtmögliche Zahl ist. Nehmen wir einmal an, dass $x_0 = \infty$ wäre, dann wäre $x_0 + 1 = \infty + 1$ größer als Unendlich, was nicht erlaubt ist. Genau aus diesem Grund sprechen wir davon, dass x gegen Unendlich strebt, und nicht, dass x unendlich *ist*. Im Folgenden untersuchen wir, gegen welche Werte $f(x)$ eine Funktion für $x \to -\infty$ und $x \to \infty$ strebt. Da x die Werte $-\infty$ und ∞ nicht annimmt, sondern sich diesen nur annähert, spricht man auch vom *Grenzwert* oder *Limes* und schreibt

$$\lim_{x \to -\infty} f(x) \quad \text{bzw.} \quad \lim_{x \to \infty} f(x).$$

Oftmals sind wir an den Grenzwerten $x \to \pm\infty$ von Polynomen interessiert. Polynome bestehen aber aus Monomen x^b. Lassen Sie uns daher zunächst diese betrachten.

5.8.1 Monome

Erinnern wir uns, dass Monome Terme der Form x^b sind, wobei b eine ganze Zahl ist. Für den Exponenten $b = 0$ ist die Sache besonders einfach, da unabhängig von x stets $x^0 = 1$ gilt. Die Grenzwerte sind damit

$$\lim_{x \to \infty} x^0 = \lim_{x \to -\infty} x^0 = \lim_{x \to \infty} 1 = 1. \tag{5.21}$$

Die Fälle positiver Exponenten $b > 0$ und negativer Exponenten $b < 0$ müssen wir dagegen etwas genauer betrachten.

Positiver Exponent b Für $b > 1$ wird das Monom x^b größer, je größer x wird. Denken Sie beispielsweise an die in Abbildung 5.16(a) dargestellte Normalparabel $f(x) = x^2$ mit $b = 2$. So gilt

$$f(2) = 2^2 = 4 \quad < \quad f(3) = 3^2 = 9 \quad < \quad f(4) = 4^2 = 16 \quad < \quad \cdots$$

und so weiter. Lassen Sie x gedanklich gegen Unendlich streben, so erhalten Sie $\infty^2 = \infty \cdot \infty$. Streng genommen gibt es diesen Ausdruck zwar nicht, aber Sie können sich vielleicht vorstellen, dass das Produkt zweier unvorstellbar großen Zahlen wieder eine unvorstellbar große Zahl ist.

Das Gleiche gilt natürlich auch für $f(x) = x^3$, $f(x) = x^4$ oder beliebige andere Funktionen $f(x) = x^b$, bei denen b größer als null ist. Für diese Fälle wird der Funktionswert also beim Grenzübergang $x \to \infty$ unendlich groß:

$$\boxed{\lim_{x\to\infty} x^b = \infty \quad \text{für} \quad b > 0} \tag{5.22}$$

Lassen wir x hingegen immer kleiner werden, so können wir genau das gleiche Gedankenspiel anwenden. Betrachten wir hierfür erneut die Normalparabel $f(x) = x^2$. Es gilt

$$f(-2) = (-2)^2 = 4 \quad < \quad f(-3) = (-3)^2 = 9 \quad < \quad f(-4) = (-4)^2 = 16 \quad < \quad \cdots$$

und so weiter. Die Funktion strebt also auch für $x \to -\infty$ gegen Unendlich. Beachten Sie allerdings, dass durch das Quadrieren, also wegen $(-x)^2 = (-1)^2 \cdot x^2 = x^2$, stets das negative Vorzeichen von x verschwindet („Minus mal Minus ergibt Plus“). Das Minus fällt immer dann weg, wenn b eine gerade Zahl ist.

Bei ungeraden Exponenten b hingegen bleibt das Minus erhalten. So gilt beispielsweise für $b = 3$ die Umformung $(-x)^3 = (-1)^3 \cdot x^3 = -1 \cdot x^3 = -x^3$. Die in Abbildung 5.16(b) dargestellte Funktion $f(x) = x^3$ strebt daher für $x \to -\infty$ gegen $-\infty$. Man kann sich dieses wieder durch Einsetzen immer kleinerer x-Werte veranschaulichen:

$$f(-2) = (-2)^3 = -8 \quad > \quad f(-3) = (-3)^3 = -27 \quad > \quad f(-4) = (-4)^3 = -64 \quad > \quad \cdots$$

Wir können also für $x \to -\infty$ zusammenfassen:

$$\boxed{\lim_{x\to-\infty} x^b = \begin{cases} \infty & : \text{Für gerade } b > 0 \\ -\infty & : \text{Für ungerade } b > 0 \end{cases}} \tag{5.23}$$

Negativer Exponent b Ist b negativ, so nutzen wir die Regel $a^{-m} = 1/a^m$ der Exponentialrechnung. Zudem können wir $b < 0$ mit Hilfe des Betrages als $b = -|b|$ ausdrücken und erhalten:

$$x^b = x^{-|b|} = \frac{1}{x^{|b|}}$$

Der Term $x^{|b|}$ strebt für $x \to \infty$ gegen Unendlich. Der Nenner des Bruchs wird also immer größer, wodurch der Wert des Bruchs immer kleiner wird. Für den Grenzfall gilt somit:

$$\lim_{x\to\infty} x^b = \lim_{x\to\infty} \frac{1}{x^{|b|}} = 0 \quad \text{für} \quad b < 0$$

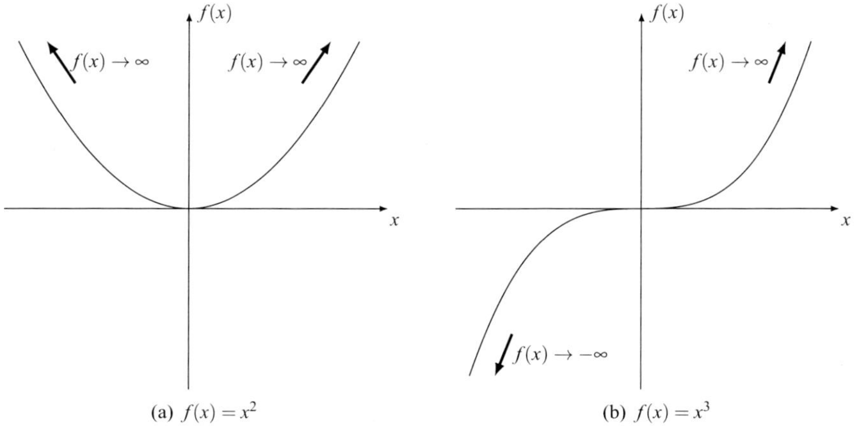

Abbildung 5.16: Grenzwerte von Monomen $f(x) = x^b$ mit $b > 0$. (a) Bei geraden Exponenten b wird $f(x)$ für unendlich große ($x \to \infty$) und unendlich kleine ($x \to -\infty$) x-Werte unendlich groß ($f(x) \to \infty$). (b) Auch bei ungeraden Exponenten b wird $f(x)$ für unendlich große x-Werte ($x \to \infty$) unendlich groß. Für $x \to -\infty$ wird $f(x)$ hingegen unendlich klein ($f(x) \to -\infty$).

Das gleiche Ergebnis erhalten wir für $x \to -\infty$:

$$\lim_{x \to -\infty} x^b = \lim_{x \to \infty} \frac{1}{-|x|^{|b|}} = -\lim_{x \to \infty} \frac{1}{|x|^{|b|}} = 0 \quad \text{für} \quad b < 0$$

Es gilt daher ganz allgemein:

$$\boxed{\lim_{x \to \pm\infty} x^b = 0 \quad \text{für} \quad b < 0} \tag{5.24}$$

In Abbildung 5.17 sind Funktionsgraphen für jeweils ein Monom mit geradem und ungeradem Exponenten b dargestellt. Wie man sieht strebt $f(x)$ in allen Fällen sowohl für $x \to \infty$ als auch für $x \to -\infty$ gegen null. Beachten Sie jedoch, dass sich die Kurve bei ungeraden b für $x \to -\infty$ der x-Achse von unten annähert, während sie sich in allen anderen Fällen von oben nähert. Der Grund hierfür ist wiederum, dass sich negative Vorzeichen der x-Werte bei geraden Exponenten aufheben („Minus mal Minus ergibt Plus"), während sie bei ungeraden Exponenten erhalten bleiben. Um deutlich zu machen, von welcher Seite sich $f(x)$ der Null annähert, schreibt man für eine Näherung von oben mitunter auch $f(x) \to +0$ und für eine Näherung von unten $f(x) \to -0$.

Wir haben bisher die Grenzwerte von Monomen für $x \to \infty$ und $x \to -\infty$ betrachtet. Sie werden im nächsten Abschnitt sehen, dass Sie hiermit auch die Grenzwerte von Polynomen bestimmen können. Zuvor sollten Sie sich aber einen Hinweis ganz besonders zu Herzen nehmen:

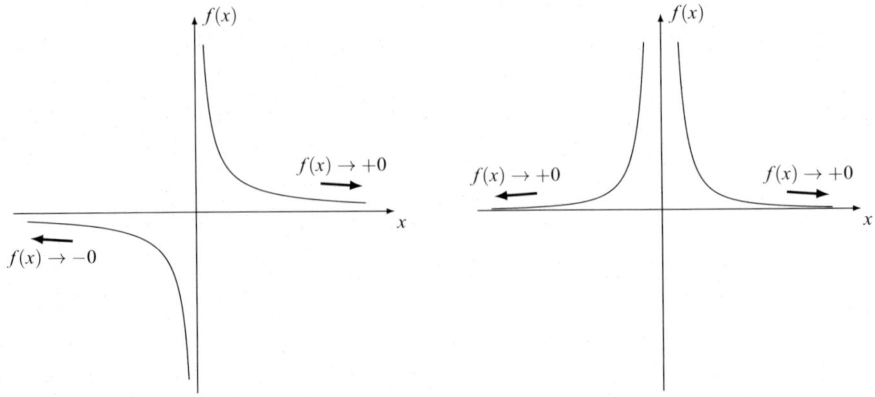

(a) $f(x) = x^{-1} = \frac{1}{x}$ (b) $f(x) = x^{-2} = \frac{1}{x^2}$

Abbildung 5.17: Grenzwerte von Monomen $f(x) = x^b$ mit $b < 0$. (a) Bei ungeraden Exponenten b strebt $f(x)$ für unendlich große x-Werte ($x \to \infty$) von oben gegen null ($f(x) \to +0$). Für $x \to -\infty$ nähert sich $f(x)$ der Null hingegen von unten ($f(x) \to -0$). (b) Bei geraden Exponenten b strebt $f(x)$ sowohl für unendlich große als auch für unendlich kleine x-Werte ($x \to \pm\infty$) von oben gegen null ($f(x) \to +0$).

Hinweis Lernen Sie die Formeln dieses Abschnittes nicht auswendig. Versuchen Sie stattdessen, das Gedankenspiel zu verstehen, x-Werte immer größer (bzw. immer kleiner) werden zu lassen bis sie unendlich groß (bzw. klein) sind.

5.8.2 Polynome

Das Verhalten eines Polynoms

$$f(x) = a_n x^n + \cdots + a_3 x^3 + a_2 x^2 + a_1 x + a_0 \tag{5.25}$$

für $x \to \pm\infty$ lässt sich durch eine ähnliche Herangehensweise bestimmen wie wir es zuvor bei Monomen getan haben. Betrachten wir hierfür zunächst ein Beispiel:

Beispiel 5.14. *Gegeben sei die Funktion $f(x) = 2x^2 + 5x + 1$. Wir wollen zunächst untersuchen, gegen welchen Wert $f(x)$ die Funktion für $x \to \infty$ strebt. Hierfür be-*

trachten wir die einzelnen Terme des Polynoms:

$$\begin{aligned}\lim_{x\to\infty} f(x) &= \lim_{x\to\infty}\left(2x^2+5x+1\right)\\ &= \lim_{x\to\infty} 2x^2 + \lim_{x\to\infty} 5x + \lim_{x\to\infty} 1\\ &= 2\underbrace{\lim_{x\to\infty} x^2}_{\to\infty} + 5\underbrace{\lim_{x\to\infty} x}_{\to\infty} + 1\end{aligned}$$

Die ersten beiden Terme streben also gegen Unendlich. Etwas unmathematisch ausgedrückt erhalten wir für $x \to \infty$ den Wert $f(x) \to 2\cdot\infty^2 + 5\cdot\infty + 1$ und daher

$$\lim_{x\to\infty} f(x) = \infty.$$

□

Dieses Beispiel ist insofern einfach, da alle Terme gegen Unendlich oder eine bestimmte Zahl streben. Dies ist bei der Beispielfunktion allerdings für $x \to -\infty$ nicht der Fall:

Beispiel 5.15. *Gegeben sei wiederum die Funktion $f(x) = 2x^2 + 5x + 1$. Wir untersuchen nun, gegen welchen Wert $f(x)$ die Funktion für $x \to -\infty$ strebt. Hierfür betrachten wir wieder die einzelnen Terme des Polynoms:*

$$\lim_{x\to-\infty} f(x) = \lim_{x\to-\infty}\left(2x^2+5x+1\right) = 2\underbrace{\lim_{x\to-\infty} x^2}_{\to\infty} + 5\underbrace{\lim_{x\to-\infty} x}_{\to-\infty} + 1$$

Der quadratische Term $2x^2$ strebt also gegen plus Unendlich, der lineare Term $5x$ strebt allerdings gegen minus Unendlich. Etwas unmathematisch ausgedrückt erhalten wir für $x \to -\infty$ den Wert $f(x) \to 2\infty^2 - 5\infty + 1$. Da $\infty^2 = \infty\cdot\infty$ sicherlich unendlich größer ist als ∞, erhalten wir den Grenzwert

$$\lim_{x\to-\infty} f(x) = +\infty.$$

□

Man könnte im letzten Beispiel fälschlicher Weise auf den Gedanken kommen, dass der lineare Term $5x$ überwiegt, da Unendlich mit 5 multipliziert wird, während im quadratischen Term $2x^2$ Unendlich nur mit 2 multipliziert wird. Entscheidend ist aber nur der Term a_nx^n mit dem größten Exponenten n, da der Wert $f(x)$ mit steigendem Betrag von x immer mehr von diesem Term bestimmt wird:

$$\boxed{\lim_{x\to\pm\infty} a_nx^n + \cdots + a_3x^3 + a_2x^2 + a_1x + a_0 = \lim_{x\to\pm\infty} a_nx^n} \tag{5.26}$$

Im vorherigen Abschnitt haben wir bereits gesehen, wie man den Grenzwert des Monoms x^n bestimmt. Bei der Bildung der Grenzwerte muss man jedoch das Vorzeichen des Faktors a_n berücksichtigen.

Häufige Fehler Vergessen Sie nicht, das *Vorzeichen* des Faktors a_n zu berücksichtigen.

Hat der Faktor a_n ein negatives Vorzeichen, so muss dies mit in das Ergebnis einfließen. Lassen Sie uns dies an einigen Beispielen verdeutlichen:

Beispiel 5.16. *Gegeben sei die Funktion $f(x) = -2x^4 - 3x^2 + 1$. Für $x \to \pm\infty$ gilt*

$$\lim_{x \to \infty} f(x) = \lim_{x \to \infty} -2x^4 = -2 \lim_{x \to \infty} x^4 = -\infty$$

und

$$\lim_{x \to -\infty} f(x) = \lim_{x \to -\infty} -2x^4 = -2 \lim_{x \to -\infty} x^4 = -\infty.$$

□

Beispiel 5.17. *Gegeben sei die Funktion $f(x) = -2x^5 + 3x^2 - 1$. Für $x \to \pm\infty$ gilt*

$$\lim_{x \to \infty} f(x) = \lim_{x \to \infty} -2x^5 = -2 \lim_{x \to \infty} x^5 = -\infty$$

und

$$\lim_{x \to -\infty} f(x) = \lim_{x \to -\infty} -2x^5 = -2 \lim_{x \to -\infty} x^5 = \infty.$$

□

5.8.3 Gebrochen rationale Funktionen

In den vorangehenden Abschnitten haben wir uns angeschaut, gegen welche Werte Monome und Polynome für $x \to \pm\infty$ streben. Wir haben hierbei ausgenutzt, dass Polynome aus Monomen zusammengesetzt sind. Lassen Sie uns nun noch einen Schritt weiter gehen und sogenannte gebrochen rationale Funktionen betrachten. Dies sind Funktionen der Form

$$f(x) = \frac{p(x)}{q(x)} = \frac{a_n x^n + a_{n-1} x^{n-1} + \cdots + a_1 x + a_0}{b_m x^m + b_{m-1} x^{m-1} + \cdots + b_1 x + b_0}, \tag{5.27}$$

also sozusagen ein Bruch, bei dem sowohl der Zähler $p(x)$ als auch der Nenner $q(x)$ ein Polynom ist.

Grenzwerte Die Grenzwerte für $x \to \pm\infty$ von gebrochen rationalen Funktionen lassen sich sehr leicht nach folgendem Schema berechnen:

1. Teilen Sie *jeden Term* im Nenner und im Zähler durch x^d, wobei d der kleinere der Werte m und n ist.
2. Kürzen Sie soweit möglich.
3. Alle Terme, bei denen nach dem Kürzen durch x geteilt wird, werden beim Übergang $x \to \pm\infty$ zu null. Diese Terme fallen somit weg.

Durch den ersten Schritt erweitern wir den Bruch derart, dass nach Kürzen im Zähler oder im Nenner keine Terme der Form cx^k sondern nur noch Konstanten c oder Terme der Form c/x^k stehen. Im dritten Schritt nutzen wir dann, dass ein Bruch, dessen Nenner betragsmäßig gegen Unendlich strebt während der Zähler endlich bleibt, gegen null strebt:

$$\lim_{x \to \pm\infty} \frac{1}{x^k} = 0 \tag{5.28}$$

Lassen Sie uns dies am besten an einem Beispiel verdeutlichen:

Beispiel 5.18. *Gegeben sei die Funktion*

$$f(x) = \frac{4x^3 + x - 2}{2x^2 - 3x + 1}.$$

Im Nenner ist $2x^2$ *der x-Term mit dem höchsten Exponenten. Es ist also* $m = 2$. *Im Zähler ist dies entsprechend* $4x^3$, *weshalb* $n = 3$ *gilt. Der kleinere der beiden Exponenten ist* $m = 2$. *Zur Bestimmung des Grenzwertes für* $x \to \infty$ *erweitern wir den Bruch oben und unten also mit* $1/x^2$ *und kürzen anschließend:*

$$\begin{aligned}
\lim_{x\to\infty} f(x) &= \lim_{x\to\infty} \frac{4x^3 + x - 2}{2x^2 - 3x + 1} \cdot \frac{\frac{1}{x^2}}{\frac{1}{x^2}} \\
&= \lim_{x\to\infty} \frac{\frac{4x^3}{x^2} + \frac{x}{x^2} - \frac{2}{x^2}}{\frac{2x^2}{x^2} - \frac{3x}{x^2} + \frac{1}{x^2}} \\
&= \lim_{x\to\infty} \frac{4x + \frac{1}{x} - \frac{2}{x^2}}{2 - \frac{3}{x} + \frac{1}{x^2}}
\end{aligned}$$

Alle Terme, bei denen x unter dem Bruchstrich steht, streben für $x \to \infty$ *gegen null. Wir erhalten also*

$$\lim_{x\to\infty} f(x) = \lim_{x\to\infty} \frac{4x + \frac{1}{x} - \frac{2}{x^2}}{2 - \frac{3}{x} + \frac{1}{x^2}} = \lim_{x\to\infty} \frac{4x}{2} = \lim_{x\to\infty} 2x = \infty.$$

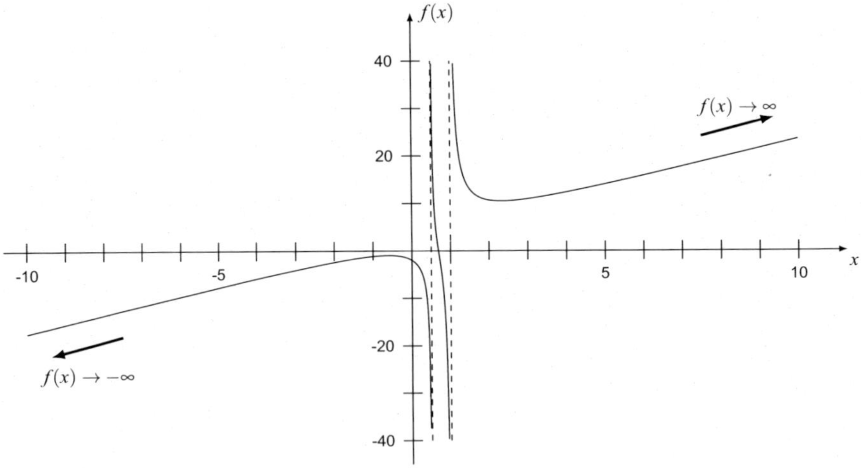

Abbildung 5.18: Grenzwerte der Funktion $f(x) = \frac{4x^3+x-2}{2x^2-3x+1}$

Für $x \to -\infty$ folgt mit gleicher Herangehensweise

$$\lim_{x\to-\infty} f(x) = \lim_{x\to-\infty} \frac{4x^3+x-2}{2x^2-3x+1} \cdot \frac{\frac{1}{x^2}}{\frac{1}{x^2}} = \lim_{x\to-\infty} \frac{4x+\frac{1}{x}-\frac{2}{x^2}}{2-\frac{3}{x}+\frac{1}{x^2}} = \lim_{x\to-\infty} \frac{4x}{2} = -\infty.$$

Abbildung 5.18 zeigt $f(x)$. Die Funktion ist an den Nullstellen $x_{N,1} = \frac{1}{2}$ und $x_{N,2} = 1$ des Nennerpolynoms $q(x) = 2x^2 - 3x + 1$ nicht definiert. □

In diesem Beispiel galt $m < n$. Die höchste Potenz m im Nennerpolynom $q(x)$ war also kleiner als die höchste Potenz n im Zählerpolynom $p(x)$. Die folgenden Beispiele zeigen, dass das Rechenschema genauso für $m > n$ und $m = n$ gilt.

Beispiel 5.19. *Gegeben sei die Funktion*

$$f(x) = \frac{2x^2-3x+1}{4x^3+x-2}.$$

Die höchste Potenz im Nenner ist $m = 3$, während die höchste Potenz im Zähler $n = 2$ ist. Der kleinere der beiden Exponenten ist $n = 2$. Wir erhalten für die Grenzwerte für $x \to \pm\infty$ durch Erweitern mit $1/x^2$

$$\lim_{x\to\infty} f(x) = \lim_{x\to\infty} \frac{2x^2-3x+1}{4x^3+x-2} \cdot \frac{\frac{1}{x^2}}{\frac{1}{x^2}} = \lim_{x\to\infty} \frac{2-\frac{3}{x}+\frac{1}{x^2}}{4x+\frac{1}{x}-\frac{2}{x^2}} = \lim_{x\to\infty} \frac{2}{4x} = 0$$

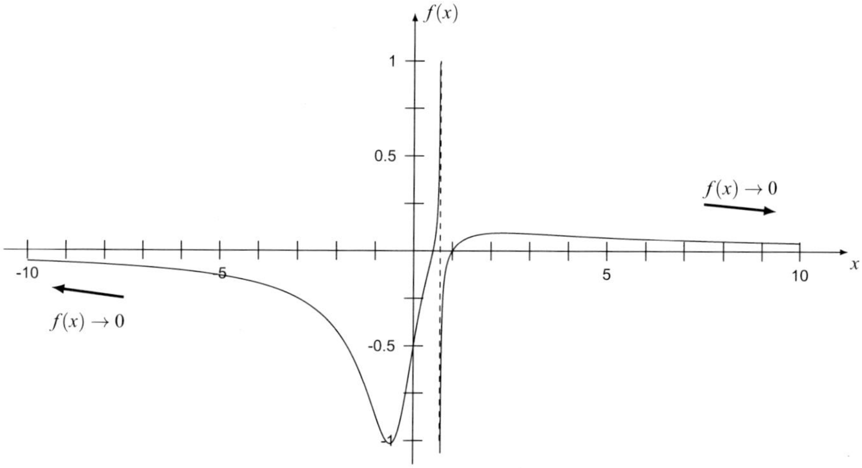

Abbildung 5.19: Grenzwerte der Funktion $f(x) = \frac{2x^2-3x+1}{4x^3+x-2}$

und

$$\lim_{x\to-\infty} f(x) = \lim_{x\to-\infty} \frac{2x^2-3x+1}{4x^3+x-2} \cdot \frac{\frac{1}{x^2}}{\frac{1}{x^2}} = \lim_{x\to-\infty} \frac{2-\frac{3}{x}+\frac{1}{x^2}}{4x+\frac{1}{x}-\frac{2}{x^2}} = \lim_{x\to-\infty} \frac{2}{4x} = 0.$$

Abbildung 5.19 zeigt $f(x)$. Die Funktion strebt für $x \to \pm\infty$ gegen null. □

Beispiel 5.20. *Gegeben sei die Funktion*

$$f(x) = \frac{4x^3+x-2}{2x^3-3x+1}.$$

Die höchsten Potenzen im Nenner und Zähler sind $m = n = 3$. Wir erhalten für die Grenzwerte für $x \to \pm\infty$ durch Erweitern mit $1/x^3$

$$\lim_{x\to\infty} f(x) = \lim_{x\to\infty} \frac{4x^3+x-2}{2x^3-3x+1} \cdot \frac{\frac{1}{x^3}}{\frac{1}{x^3}} = \lim_{x\to\infty} \frac{4+\frac{1}{x^2}-\frac{2}{x^3}}{2-\frac{3}{x^2}+\frac{1}{x^3}} = \lim_{x\to\infty} \frac{4}{2} = 2$$

und

$$\lim_{x\to-\infty} f(x) = \lim_{x\to-\infty} \frac{4x^3+x-2}{2x^3-3x+1} \cdot \frac{\frac{1}{x^3}}{\frac{1}{x^3}} = \lim_{x\to-\infty} \frac{4+\frac{1}{x^2}-\frac{2}{x^3}}{2-\frac{3}{x^2}+\frac{1}{x^3}} = \lim_{x\to-\infty} \frac{4}{2} = 2.$$

Abbildung 5.20 zeigt $f(x)$. Die Funktion strebt für $x \to \pm\infty$ gegen $f(x) = 2$. □

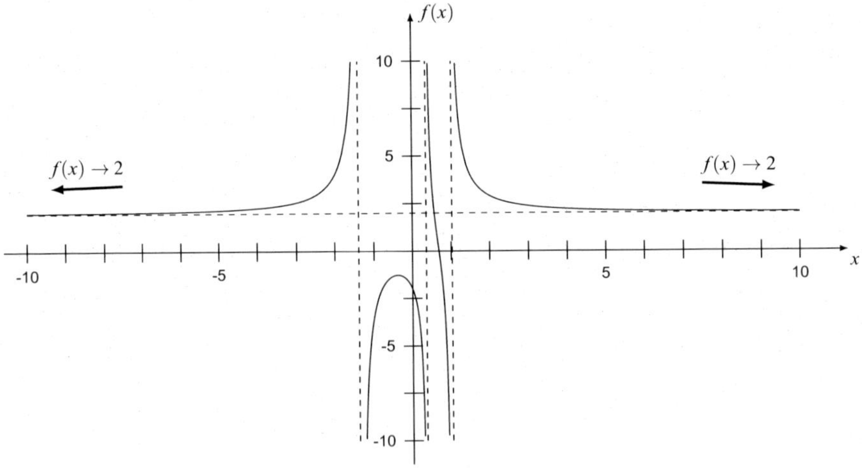

Abbildung 5.20: Grenzwerte der Funktion $f(x) = \frac{4x^3+x-2}{2x^3-3x+1}$

Vereinfachte Berechnung Im letzten Abschnitt haben wir gesehen, dass das Verhalten von Polynomen für $x \to \pm\infty$ nur vom Term mit dem höchsten Exponenten abhängt. Wenn Sie sich die Beispiele genau anschauen, werden Sie feststellen, dass auch bei gebrochen rationalen Funktionen die höchsten Potenzen der Polynome $p(x)$ und $q(x)$ das Verhalten für $x \to \pm\infty$ bestimmen. Wir können daher ganz allgemein festhalten:

$$\lim_{x\to\pm\infty} f(x) = \lim_{x\to\pm\infty} \frac{p(x)}{q(x)} = \lim_{x\to\pm\infty} \frac{a_n x^n}{b_m x^m} \tag{5.29}$$

Daraus folgt, dass die Grenzwerte für $m < n$ immer plus oder minus Unendlich, für $m > n$ immer null und für $m = n$ stets eine konstante Zahl sind:

$$m < n: \quad \lim_{x\to\pm\infty} f(x) = \lim_{x\to\pm\infty} \frac{a_n x^n}{b_m x^m} = \lim_{x\to\pm\infty} \frac{a_n}{b_m} \cdot x^{|n-m|} \tag{5.30}$$

$$m > n: \quad \lim_{x\to\pm\infty} f(x) = \lim_{x\to\pm\infty} \frac{a_n x^n}{b_m x^m} = \lim_{x\to\pm\infty} \frac{a_n}{b_m} \cdot \frac{1}{x^{|m-n|}} = 0 \tag{5.31}$$

$$m = n: \quad \lim_{x\to\pm\infty} f(x) = \lim_{x\to\pm\infty} \frac{a_n x^n}{b_m x^m} = \lim_{x\to\pm\infty} \frac{a_n}{b_m} = \frac{a_n}{b_m} \tag{5.32}$$

Nachfolgend werden wir die vorausgehenden Beispiele auch mit dieser Herangehensweise lösen. Bitte beachten Sie aber, dass in Klausuren meist eine ausführliche Rechnung verlangt ist. Verwenden Sie den kürzeren Rechenweg also nur, wenn dies ausdrücklich gestattet ist.

Beispiel 5.21. *Gegeben sei die Funktion*

$$f(x) = \frac{4x^3 + x - 2}{2x^2 - 3x + 1}.$$

Für $x \to \pm\infty$ gilt

$$\lim_{x \to \infty} f(x) = \lim_{x \to \infty} \frac{4x^3 + x - 2}{2x^2 - 3x + 1} = \lim_{x \to \infty} \frac{4x^3}{2x^2} = \lim_{x \to \infty} 2x = \infty$$

und

$$\lim_{x \to -\infty} f(x) = \lim_{x \to -\infty} \frac{4x^3 + x - 2}{2x^2 - 3x + 1} = \lim_{x \to -\infty} \frac{4x^3}{2x^2} = \lim_{x \to -\infty} 2x = -\infty.$$

□

Beispiel 5.22. *Gegeben sei die Funktion*

$$f(x) = \frac{2x^2 - 3x + 1}{4x^3 + x - 2}.$$

Für $x \to \pm\infty$ gilt

$$\lim_{x \to \pm\infty} f(x) = \lim_{x \to \pm\infty} \frac{2x^2 - 3x + 1}{4x^3 + x - 2} = \lim_{x \to \pm\infty} \frac{2x^2}{4x^3} = \lim_{x \to \pm\infty} \frac{1}{2x} = 0.$$

□

Beispiel 5.23. *Gegeben sei die Funktion*

$$f(x) = \frac{4x^3 + x - 2}{2x^3 - 3x + 1}$$

Für $x \to \pm\infty$ gilt

$$\lim_{x \to \pm\infty} f(x) = \lim_{x \to \pm\infty} \frac{4x^3 + x - 2}{2x^3 - 3x + 1} = \lim_{x \to \pm\infty} \frac{4x^3}{2x^3} = \lim_{x \to \pm\infty} \frac{4}{2} = 2.$$

□

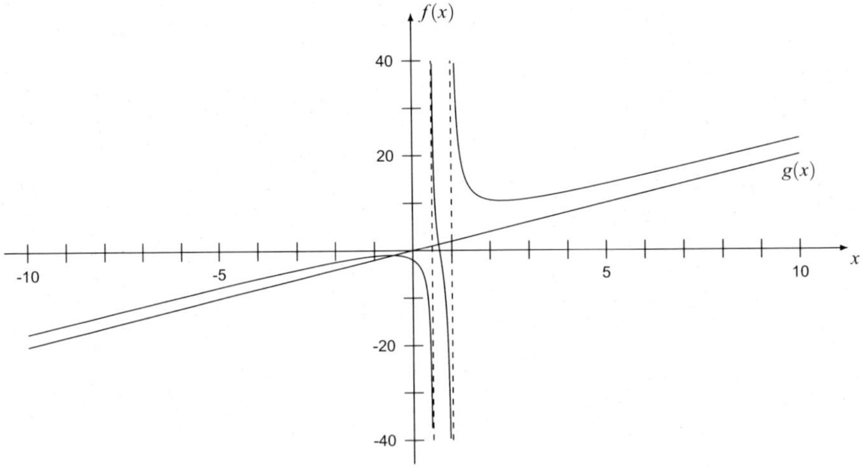

Abbildung 5.21: Asymptotisches Verhalten der Funktion $f(x) = \frac{4x^3+x-2}{2x^2-3x+1}$. Für $x \to \pm\infty$ nähert sich $f(x)$ der Geraden $g(x) = 2x$ an. Im gezeigten Bereich $x \in [-10, 10]$ ist x noch nicht groß bzw. klein genug, dass f und g sehr dicht beieinander liegen.

Bestimmung der Asymptote Betrachten wir noch einmal die Funktion in Abbildung 5.18 auf Seite 98. Diese Funktion strebt für $x \to -\infty$ gegen minus Unendlich und für $x \to \infty$ gegen plus Unendlich. Darüber hinaus hat es aber den Anschein, als ob sie für sehr große oder sehr kleine x-Werte den Verlauf einer Geraden annehmen würde. Im folgenden Beispiel werden wir sehen, dass dies tatsächlich der Fall ist:

Beispiel 5.24. *Gegeben sei erneut die Funktion*

$$f(x) = \frac{4x^3+x-2}{2x^2-3x+1}.$$

Für $x \to \pm\infty$ gilt:

$$\lim_{x\to\pm\infty} f(x) = \lim_{x\to\pm\infty} \frac{4x^3+x-2}{2x^2-3x+1} = \lim_{x\to\pm\infty} \frac{4x^3}{2x^2} = \lim_{x\to\pm\infty} 2x$$

Für sehr große und sehr kleine x-Werte strebt $f(x)$ daher gegen die Gerade $g(x) = 2x$. Abbildung 5.21 zeigt die Funktion f und ihre Asymptote g. □

Funktionen, gegen die eine andere Funktion für sehr große und sehr kleine x-Werte strebt, nennt man auch deren *Asymptote*. Wie wir im letzten Beispiel gesehen haben, bestimmen wir die

Asymptote auf ganz ähnliche Weise wie wir die Grenzwerte für $x \to \pm\infty$ berechnet haben. Zähler- und Nennerpolynom werden geeignet erweitert und gekürzt. Anschließen führen wir alle Grenzübergänge $x \to \pm\infty$ für Terme $1/x^k$ aus. Da diese stets null sind, fallen alle diese Terme weg. Der verbleibende Ausdruck ist die gesuchte Asymptote. Diese muss nicht wie im letzten Beispiel eine Gerade sein. Vielmehr kann es sich bei Asymptoten von gebrochen rationalen Funktionen um beliebige Polynome handeln. Wir wollen dies an einigen Beispielen verdeutlichen:

Beispiel 5.25. *Gegeben sei die Funktion*

$$f(x) = \frac{4x^4 - 8x^3 + 2x^2 + x - 2}{2x^2 - 3x + 1}.$$

Für $x \to \pm\infty$ gilt:

$$\begin{aligned}
\lim_{x\to\pm\infty} f(x) &= \lim_{x\to\pm\infty} \frac{4x^4 - 8x^3 + 2x^2 + x - 2}{2x^2 - 3x + 1} \cdot \frac{\frac{1}{x^2}}{\frac{1}{x^2}} \\
&= \lim_{x\to\pm\infty} \frac{4x^2 - 8x + 2}{2} \\
&= \lim_{x\to\pm\infty} 2x^2 - 4x + 1
\end{aligned}$$

Für sehr große und sehr kleine x-Werte strebt $f(x)$ daher gegen die Asymptote $g(x) = 2x^2 - 4x + 1$. □

Beispiel 5.26. *Gegeben sei die Funktion*

$$f(x) = \frac{6x^5 - 9x^4 + 4x}{-3x^3 + x - 2}.$$

Für $x \to \pm\infty$ gilt:

$$\begin{aligned}
\lim_{x\to\pm\infty} f(x) &= \lim_{x\to+\infty} \frac{6x^5 - 9x^4 + 4x}{-3x^3 + x - 2} \cdot \frac{\frac{1}{x^3}}{\frac{1}{x^3}} \\
&= \lim_{x\to\pm\infty} \frac{6x^2 - 9x}{-3} \\
&= \lim_{x\to\pm\infty} -2x^2 + 3x
\end{aligned}$$

Für sehr große und sehr kleine x-Werte strebt $f(x)$ daher gegen die Asymptote $g(x) = -2x^2 + 3x$. □

5.8.4 Grenzwerte an undefinierten Funktionswerten

Wir haben bisher betrachtet, gegen welche Werte eine Funktion $f(x)$ strebt, wenn x unendlich groß oder klein wird ($x \to \pm\infty$). Nun wollen wir uns der Frage widmen, wie sich eine Funktion an Lücken im Definitionsbereich verhält. Hierzu müssen wir natürlich zunächst x-Werte finden, an denen eine Funktion nicht definiert ist. Anschließend betrachten wir den Funktionswert $f(x)$, wenn wir uns einem nicht definierten x-Wert x_0 von links – wir schreiben hierfür x_0^- – und von rechts – wir schreiben entsprechend x_0^+ – nähern. Lassen Sie uns dies an einigen Beispielen verdeutlichen:

Beispiel 5.27. *Gegeben sei die Funktion $f(x) = 1/x$. Da eine Division durch Null nicht definiert ist, ist $f(x)$ bei $x_0 = 0$ undefiniert. Um das Verhalten von $f(x)$ in der Nähe der Stelle x_0 beurteilen zu können, bilden wir zunächst den Grenzwert für $x \to x_0^-$. Hierfür nutzen wir aus, dass der Betrag der Funktion immer größer wird, je näher wir uns der Null nähern. Gleichzeitig dürfen wir aber das Vorzeichen nicht außer Acht lassen:*

$$\lim_{x \to x_0^-} f(x) = \lim_{x \to -0} \frac{1}{x} = \lim_{x \to -0} \frac{1}{-|x|} = -\lim_{x \to -0} \frac{1}{|x|} \to -\infty$$

Auf ähnliche Weise bilden wir den rechten Grenzwert für $x \to x_0^+$:

$$\lim_{x \to x_0^+} f(x) = \lim_{x \to +0} \frac{1}{x} = \lim_{x \to +0} \frac{1}{|x|} \to \infty$$

Abbildung 5.22(a) zeigt $f(x)$ sowie den Verlauf der Funktion bei $x_0 = 0$. □

Beispiel 5.28. *Gegeben sei die Funktion $f(x) = 1/x^2$. Die Funktion ist bei $x_0 = 0$ undefiniert. Wir bestimmen zunächst den Grenzwert für $x \to x_0^-$:*

$$\lim_{x \to x_0^-} f(x) = \lim_{x \to -0} \frac{1}{x^2} = \lim_{x \to -0} \frac{1}{(-1)^2 \cdot (|x|)^2} = \lim_{x \to -0} \frac{1}{|x|^2} \to \infty$$

Auf ähnliche Weise bilden wir den rechten Grenzwert für $x \to x_0^+$:

$$\lim_{x \to x_0^+} f(x) = \lim_{x \to +0} \frac{1}{x^2} = \lim_{x \to +0} \frac{1}{|x|^2} \to \infty$$

Abbildung 5.22(b) zeigt das Verhalten von $f(x)$ bei $x_0 = 0$. □

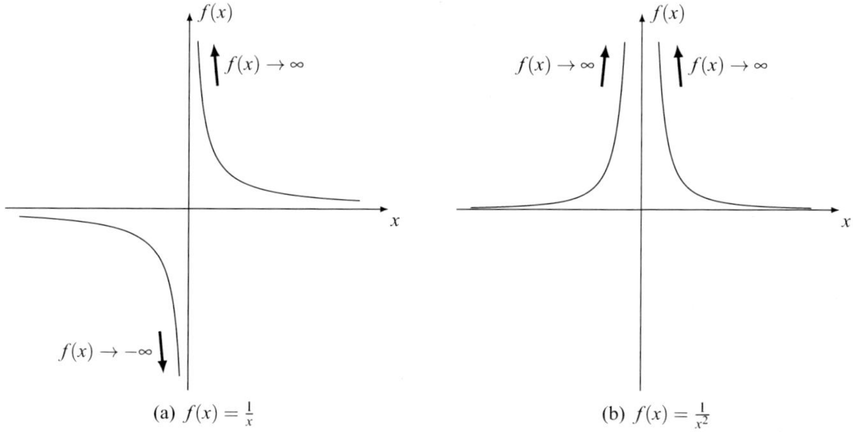

Abbildung 5.22: Grenzwerte an Lücken im Definitionsbereich. (a) Die Funktion $f(x) = 1/x$ ist bei $x_0 = 0$ nicht definiert. Von links kommend strebt $f(x)$ bei x_0 gegen minus Unendlich. Von rechts kommend strebt $f(x)$ jedoch gegen plus Unendlich. (b) Auch die Funktion $f(x) = 1/x^2$ ist bei $x_0 = 0$ nicht definiert. Sie strebt jedoch auf beiden Seiten von x_0 gegen plus Unendlich.

5.9 Bildbereich

In Abschnitt 2.3 haben wir gesehen, dass der Bildbereich die Menge aller Werte $f(x)$ ist, die eine Funktion annimmt. Als Beispiel haben wir den oberen Halbkreis in Abbildung 2.2 auf Seite 19 betrachtet. Mit den Ergebnissen der bisher in diesem Kapitel vorgestellten Schritte einer Kurvendiskussion ist es nun ein Leichtes, den Bildbereich einer gegebenen Funktion zu bestimmen:

- Minima: $f(x)$ ist größer oder gleich dem kleinsten Minimum.
- Maxima: $f(x)$ ist kleiner oder gleich dem größten Maximum.

Zudem müssen wir die Funktionswerte für $x \to \pm\infty$ und an Lücken im Definitionsbereich berücksichtigen, da diese beispielsweise kleiner als das kleinste (lokale) Minimum oder größer als das größte (lokale) Maximum sein können.

Beispiel 5.29. *Die in Abbildung 5.12 auf Seite 85 dargestellte Funktion* $f(x) = x^4 - 2x^2$ *hat die beiden Minima* $P_{E,1}(-1;-1)$ *und* $P_{E,3}(1;-1)$ *sowie das Maximum* $P_{E,2}(0;0)$. *Für* $x \to \pm\infty$ *strebt* $f(x)$ *gegen plus Unendlich. Damit ist der kleinste Funktionswert* -1 *und der größte strebt gegen* $+\infty$. *Die Funktion hat daher den Bildbereich* $\mathbb{B} = \{f(x) \in \mathbb{R} | f(x) \geq -1\}$. □

Beispiel 5.30. *Die in Abbildung 5.22(a) dargestellte Funktion $f(x) = 1/x$ strebt für $x \to \pm 0$ gegen $\pm\infty$. Der Wert $f(x) = 0$ wird allerdings nicht angenommen. Die Funktion hat daher den Bildbereich $\mathbb{B} = \{f(x) \in \mathbb{R} | f(x) \neq 0\}$. Für diesen Bereich könnte man auch die Schreibweise $\mathbb{B} = \mathbb{R} \backslash \{0\}$ verwenden.* □

Beispiel 5.31. *Die in Abbildung 5.22(b) dargestellte Funktion $f(x) = 1/x^2$ strebt für $x \to \pm 0$ gegen $+\infty$. Werte $f(x) \leq 0$ werden nicht angenommen. Die Funktion hat daher den Bildbereich $\mathbb{B} = \{f(x) \in \mathbb{R} | f(x) > 0\}$. Für diesen Bereich könnte man auch die Schreibweise $\mathbb{B} = \mathbb{R}^+$ verwenden.* □

5.10 Graph

Als letzten Schritt einer Kurvendiskussion ernten wir sozusagen die Früchte der ganzen Berechnungen und Betrachtungen, die wir zuvor angestellt haben. Wir kennen nun beispielsweise Achsenabschnitte, Extrema, Sattelpunkte und Wendepunkte. Was liegt da näher, als die Ergebnisse in ein Koordinatensystem einzuzeichnen? Naturgemäß gibt es hierfür keine zusätzlichen Formeln, die hergeleitet und verstanden werden müssen. Dennoch sollten Sie auch beim Zeichnen des Graphen systematisch vorgehen und einiges beachten. Folgende Vorgehensweise bietet sich an:

1. Zeichnen und Beschriften des Koordinatensystems
2. Einzeichnen und Beschriften aller bekannten Punkte
3. Einzeichnen von Hilfspunkten bei größeren Abschnitten
4. Zeichnen des Graphen durch Verbindung aller Punkte

Koordinatensystem Bevor Sie das Koordinatensystem zeichnen, müssen Sie festlegen, welche Wertebereiche die Achsen haben sollen. Grundsätzlich ist es natürlich so, dass alle wesentlichen Eigenschaften der Funktion im Graphen abgebildet sein sollten. So sollte beispielsweise bei einer Funktion, die bei $P_E(4;3)$ ein Maximum hat, die x-Achse mindestens etwas über den Wert 4 und die y-Achse mindestens etwas über den Wert 3 hinausgehen, damit das Maximum im Graphen enthalten und auch als Maximum zu erkennen ist. Hingegen macht es aber beispielsweise keinen Sinn, bei einer Normalparabel $f(x) = x^2$, die keine negativen Funktionswerte hat, die y-Achse bei $y = -100$ beginnen zu lassen.

Haben Sie die Wertebereiche der Achsen festgelegt, so müssen Sie sich entscheiden, in welchem Maßstab Sie die Achsen zeichnen.

Tipp Wählen Sie immer einen Maßstab, der sich ohne „krumme Zahlen" in die Größe der Kästchen auf Ihrem Zeichenpapier umrechnen lässt.

Geeignete Maßstäbe sind sicherlich „1 cm pro Längeneinheit“, „2 cm pro Längeneinheit“ und so weiter. Ungeeignet wäre beispielsweise eine Skala, bei der eine Längeneinheit 1,3652 cm entspricht.

Haben Sie die Wertebereiche und Maßstäbe der Achsen festgelegt, können Sie das Koordinatensystem zeichnen. Gerade beim Zeichnen des Koordinatensystems werden jedoch oft Fehler gemacht, die in Klausuren zu Punktabzug führen können:

Häufige Fehler Beachten Sie beim Zeichnen des Koordinatensystems folgende Regeln:

- Zeichnen Sie die Achsen mit einem Lineal.
- Vergessen Sie nicht die Achsen-Beschriftung (z. B. „x“ und „$f(x)$“).
- Zeichnen Sie auf jeder Achse eine Skala (»Achsenstriche«) ein und beschriften Sie auf jeder Achse *mindestens* einen Achsenstrich mit dem zugehörigen Zahlenwert.

Sie werden vielleicht einwenden, dass ich in diesem Buch in vielen Abbildungen auch keine Achsenskalen eingezeichnet habe. In diesen Abbildungen geht es aber darum, Zusammenhänge und Eigenschaften zu veranschaulichen, wobei die Zahlenwerte unwichtig sind. So gesehen handelt es sich eher um Skizzen als um Graphen. Gewöhnen Sie sich aber bitte an, in einer Kurvendiskussion stets die Achsenskalen mit einzuzeichnen und zu beschriften.

Einzeichnen von Hilfspunkten Mitunter ergeben sich aus der Kurvendiskussion nicht genügend Punkte, um den Graphen der Funktion zeichnen zu können. In diesen Fällen bietet es sich an, zunächst einige weitere Funktionswerte zu berechnen und einzuzeichnen. Die Funktionswerte mit ihren zugehörigen x-Werten sollten Sie vor dem Einzeichnen in einer sogenannten Wertetabelle festhalten.

Beispiel 5.32. *Gegeben sei die Funktion $f(x) = x^2$. Sie besitzt ein Minimum $P_E(0;0)$ bei $x_0 = 0$, das auch gleichzeitig die einzige Nullstelle sowie der y-Achsenabschnitt ist. Die Funktion hat keine Sattelpunkte oder Wendestellen. Zum Zeichnen des Graphen benötigen wir daher weitere Punkte – beispielsweise:*

$$\begin{aligned} f(-5) &= (-5)^2 = 25 \\ f(-4) &= (-4)^2 = 16 \\ f(-3) &= (-3)^2 = 9 \\ f(-2) &= (-2)^2 = 4 \\ f(-1) &= (-1)^2 = 1 \\ f(1) &= 1^2 \quad\;\; = 1 \\ &\dots \\ f(5) &= 5^2 \quad\;\; = 25 \end{aligned}$$

Die zugehörige Wertetabelle sieht wie folgt aus:

x	-5	-4	-3	-2	-1	1	2	3	4	5
$f(x)$	25	16	9	4	1	1	4	9	16	25

□

Zeichnen des Graphen Nicht jedem liegt es, die eingezeichneten Punkte zu einem schönen, durchgezogenen Funktionsgraphen zu verbinden. Und gerade in Klausuren ist die Hand zudem dann vielleicht noch etwas wackeliger als zu Hause.

Tipp Beim Zeichnen des Funktionsgraphen helfen mitunter folgende Tricks:

- Probieren Sie für sich aus, ob es Ihnen leichter fällt, den Graphen von links nach rechts oder von rechts nach links zu zeichnen.
- Benutzen Sie ein sogenanntes *Kurvenlineal*. Hierbei handelt es sich um eine Art Stab, den Sie derart biegen können, dass er durch alle eingezeichneten Punkte verläuft und zwischen den Punkten gekrümmt, aber nicht geknickt ist. Sie können dann einfach entlang des entsprechend gekrümmten Stabes zeichnen.

5.11 Lösungsschema

In diesem sowie in den vorherigen Kapiteln haben wir die benötigten mathematischen »Werkzeuge« sowie die einzelnen Schritte der Kurvendiskussion behandelt. Sie sollten die entsprechenden Abschnitte nachlesen, falls Ihnen etwas unklar geblieben ist. Zur Durchführung einer Kurvendiskussion ist es jedoch hilfreich, eine kurze Übersicht aller Schritte und der wesentlichen Formeln zu haben oder zumindest immer nach dem gleichen Schema vorzugehen. Ein solches Schema könnte wie folgt aussehen:

1. **Benötigte Ableitungen:** Berechnen Sie die erste bis dritte Ableitung der Funktion $f(x)$ und schreiben Sie diese übersichtlich auf. Sie werden diese in den folgenden Schritten immer wieder benötigen.

2. **Definitionsbereich:** Geben Sie an, für welche x-Werte die Funktion definiert ist. Nicht definiert sind beispielsweise x-Werte, die zur Division durch Null, Wurzeln negativer Zahlen und Logarithmen nicht-positiver Zahlen führen:

$$\frac{1}{x} \quad \Rightarrow \quad x \neq 0 \tag{5.33}$$

$$\sqrt{x} \quad \Rightarrow \quad x \geq 0 \tag{5.34}$$

$$\log_a x \quad \Rightarrow \quad x > 0 \tag{5.35}$$

3. **Symmetrie:**

   (a) Gerade Funktion: $f(x) = f(-x)$
   (b) Ungerade Funktion: $f(x) = -f(-x)$

4. **Monotonie:**
   (a) Streng monoton steigend (bzw. fallend) für $f'(x) > 0$ (bzw. $f'(x) < 0$)
   (b) Monoton steigend (bzw. fallend) für $f'(x) \geq 0$ (bzw. $f'(x) \leq 0$)
   (c) Mögliche Grenzen der Monotonie-Intervalle bei $f'(x) = 0$
   (d) Auswertung von $f'(x_0)$ an einem beliebigen x_0 in jedem Intervall
5. **y-Achsenabschnitt** $P_y(0; f(0))$
6. **Nullstellen** $P_N(x_N; 0)$**:** Lösen Sie $f(x_N) = 0$
7. **Extrempunkte** $P_E(x_E; f(x_E))$**:**
   (a) Notwendige Bedingung: $f'(x_E) = 0$
   (b) Hinreichende Bedingung: $f'(x_E) = 0$ und $f''(x_E) \neq 0$
   (c) Bei $f'(x_E) = 0$ und $f''(x_E) > 0$ handelt es sich um ein Minimum
   (d) Bei $f'(x_E) = 0$ und $f''(x_E) < 0$ handelt es sich um ein Maximum
   (e) Bei $f'(x_E) = 0$ und $f''(x_E) = 0$ handelt es sich um einen Sattelpunkt $P_S(x_E, f(x_E))$
8. **Wendepunkte** $P_W(x_W; f(x_W))$**:**
   (a) Notwendige Bedingung: $f''(x_W) = 0$
   (b) Hinreichende Bedingung: $f''(x_W) = 0$ und $f'''(x_W) \neq 0$
9. **Grenzwerte und asymptotisches Verhalten**
   (a) Bilden Sie die Grenzwerte für $x \to \pm\infty$. Geben Sie bei gebrochen rationalen Funktionen mit den Grenzwerten $f(x) \to \pm\infty$ die Asymptote an, d. h. das Polynom, das Sie durch Erweitern und »Entfernen« der Terme mit c/x^k erhalten.
   (b) Bilden Sie für jede Lücke x_L im Definitionsbereich die Grenzwerte, wenn x von links ($x \to x_L^-$) bzw. von rechts ($x \to x_L^+$) gegen x_L strebt.
10. **Bildbereich**: Bestimmen Sie die Menge aller von $f(x)$ angenommenen Werte (v. a. aus den Extrempunkten und Grenzwerten). Vergessen Sie nicht eventuelle Lücken im Bildbereich.
11. **Zeichnen des Graphen**

Hinweis Verschiedene Lehrer verlangen eventuell etwas unterschiedliche Schritte in einer Kurvendiskussion. Zudem werden oft unterschiedliche Schreibweisen oder Zwischenschritte erwartet. Dieses Buch soll Ihnen beim Verständnis der Schritte helfen. Klären Sie aber unbedingt, welche Schritte und Schreibweisen *Ihr* Lehrer von Ihnen verlangt.

Kapitel 6

Übungsaufgaben

Dieses Kapitel enthält Übungsaufgaben zur Vertiefung des Gelernten. Dabei werden wir uns zunächst in Abschnitt 6.1 ausführlich mit Ableitungen beschäftigen. Sie können diese Aufgaben bearbeiten, sobald Sie Kapitel 3 durchgearbeitet haben. In Abschnitt 6.2 sind vollständige Kurvendiskussionen durchzuführen. Sie sollten daher Kapitel 5 gelesen haben, bevor Sie sich an diese Aufgaben herantrauen.

Kapitel 7 enthält ausführliche Lösungen zu allen Aufgaben. Sie erzielen naturgemäß den größten Lernerfolg, indem Sie *zuerst* versuchen, die Aufgaben selbständig zu lösen. Bitte schauen Sie *erst dann* – oder wenn Sie wirklich gar nicht weiter wissen – in die entsprechende Lösung.

6.1 Ableitungen

Ableitungen sind eine wichtige Grundlage der Kurvendiskussion. Lassen Sie uns daher zunächst das Ableiten diverser Funktionen sowie die Verwendung der Ableitungsregeln einüben.

6.1.1 Polynome

Aufgabe 1 (Einfache Polynome – Lösung 1 auf Seite 115).
Bilden Sie die erste Ableitung folgender Funktionen:

1. $f(x) = 3x^2 + 2x - 1$
2. $f(x) = -3x^5 + x + 1$
3. $f(x) = x^2 + 2x + 1$
4. $f(x) = \frac{1}{8}x^4 - 2x^3 + \frac{2}{5}x^2 + 7x + 4$
5. $f(x) = \frac{1}{2}x^4 - \frac{1}{4}x^3 + \frac{2}{3}x^2 + 4x - 3$

Aufgabe 2 (Konstanten – Lösung 2 auf Seite 115).
Bilden Sie die erste Ableitung folgender Funktionen:

1. $f(x) = 3x^2 + 2x - 1$
2. $f(x) = 3x^2 + 2x + 1$
3. $f(x) = 3x^2 + 2x$

Unterscheiden sich die Ableitungen? Erläutern Sie den Sachverhalt.

Aufgabe 3 (Umkehrung der Ableitung – Lösung 3 auf Seite 115).
Welche Funktion besitzt die erste Ableitung $f'(x) = x^2 - 4x + 3$?

Aufgabe 4 (Binomische Formeln – Lösung 4 auf Seite 116).
Bilden Sie die erste Ableitung folgender Funktionen jeweils a) nach Ausmultiplizieren der Klammern und b) durch Anwendung der Produkt- oder Kettenregel:

1. $f(x) = (x+1)^2$
2. $f(x) = (x-1)^2$
3. $f(x) = (x+1) \cdot (x-1)$

Aufgabe 5 (Produktregel – Lösung 5 auf Seite 117).
Bilden Sie die erste Ableitung folgender Funktionen durch Anwendung der Produktregel:

1. $f(x) = (2x^2 + 3x - 1) \cdot (x-4)$
2. $f(x) = (x^3 - x) \cdot (x^2 + 2)$
3. $f(x) = (x+1) \cdot (x-4)$
4. $f(x) = 3 \cdot (\frac{1}{3}x^3 + \frac{1}{2}x^2 + x + 1) \cdot (2x-1)$

Aufgabe 6 (Kettenregel – Lösung 6 auf Seite 117).
Bilden Sie die erste Ableitung folgender Funktionen durch Anwendung der Kettenregel:

1. $f(x) = (2x^2 + x)^3$
2. $f(x) = (x^4 - 2x^3 + 1)^2$
3. $f(x) = \frac{1}{3} \cdot (x^3 + 3)^3$
4. $f(x) = (x^2 - 1)^2 + (x^4 - 1)^2$

6.1.2 Gebrochen rationale Funktionen

Aufgabe 7 (Lösung 7 auf Seite 118).
Bilden Sie die erste Ableitung der Funktion

$$f(x) = \frac{2x^2 + x - 3}{x^2 - 1}.$$

Aufgabe 8 (Lösung 8 auf Seite 119).
Bilden Sie die erste Ableitung der Funktion

$$f(x) = \frac{4x^2 - 9}{2x - 3}.$$

Überlegen Sie, wie sich $f(x)$ vor Bildung der Ableitung vereinfachen lässt.

6.1.3 Sonstige Funktionen

Aufgabe 9 (Negative Exponenten – Lösung 9 auf Seite 120).
Bilden Sie die erste Ableitung folgender Funktionen:

1. $f(x) = \frac{1}{x^2} + \frac{1}{x}$
2. $f(x) = 2x^2 + \frac{1}{2x^2} - \frac{1}{4}$
3. $f(x) = \frac{1}{(2x-1)^4}$

Aufgabe 10 (Wurzel – Lösung 10 auf Seite 120).
Bilden Sie die erste Ableitung folgender Funktionen:

1. $f(x) = \sqrt{x^2 + 2x - 1}$
2. $f(x) = \sqrt{4x^4} + 2x \cdot \sqrt{3x^3}$
3. $f(x) = \frac{3x^2 - 2x}{\sqrt{x}}$

Aufgabe 11 (Exponentialfunktion – Lösung 11 auf Seite 121).
Bilden Sie die erste Ableitung folgender Funktionen:

1. $f(x) = \exp(2x^2 - x)$
2. $f(x) = \exp(x^3 + 1) \cdot \exp\left(\sqrt{x}\right)$
3. $f(x) = \exp\left(\exp\left(\exp(2x)\right)\right)$

Aufgabe 12 (Identität bei Exponentialfunktion – Lösung 12 auf Seite 122).
Die Exponentialfunktion $f(x) = e^x$ lässt sich als unendliche Summe

$$f(x) = e^x = \sum_{n=0}^{\infty} \frac{x^n}{n!} = 1 + \frac{x}{1!} + \frac{x^2}{2!} + \frac{x^3}{3!} + \frac{x^4}{4!} + \cdots$$

formulieren, wobei $m!$ die sogenannte Fakultät

$$m! = 1 \cdot 2 \cdot 3 \cdot 4 \cdot \cdots \cdot m$$

ist. Zeigen Sie, dass die erste Ableitung gleich der Funktion ist, das heißt $f'(x) = f(x) = e^x$.

Aufgabe 13 (Logarithmus – Lösung 13 auf Seite 122).
Bilden Sie die erste und zweite Ableitung der Funktion

$$f(x) = \ln\left((2x^2 + 1) \cdot e^{3x}\right).$$

Aufgabe 14 (Identität bei trigonometrischen Funktionen – Lösung 14 auf Seite 123).
Wie viele Male n muss man $f(x) = \sin(x)$ ableiten, um wieder $f^{(n)}(x) = f(x) = \sin(x)$ zu erhalten? Wie viele Male m muss man $f(x) = \cos(x)$ ableiten, um wieder $f^{(m)}(x) = f(x) = \cos(x)$ zu erhalten?

Aufgabe 15 (Trigonometrische Funktionen – Lösung 15 auf Seite 123).
Bilden Sie die Ableitung der Funktion

$$f(x) = (\sin(x))^2 + (\cos(x))^2 .$$

Aufgabe 16 (Gemischte Funktionen – Lösung 16 auf Seite 124).
Bilden Sie die erste Ableitung folgender Funktionen:

1. $f(x) = \sin\left(e^{3x}\right) + e^{\cos(x)}$
2. $f(x) = e^{x^2-x} \cdot \sqrt{\ln(x)}$
3. $f(x) = \sin\left(x^2\right) \cdot \ln\left(x^4 - x + 1\right)$
4. $f(x) = \sqrt{\log_{10}\left(e^x\right)}$

6.2 Kurvendiskussion

Abschließend wollen wir Kurvendiskussionen für verschiedene Funktionstypen durchführen. Bitte vergleichen Sie Ihre Ergebnisse aufmerksam mit der entsprechenden Lösung in Kapitel 7.

6.2.1 Polynome

Aufgabe 17 (Lösung 17 auf Seite 125).
Diskutieren Sie folgende Funktion:

$$f(x) = \frac{1}{2}x + 1$$

Aufgabe 18 (Lösung 18 auf Seite 127).
Diskutieren Sie folgende Funktion:

$$f(x) = x^2 - 2x - 1$$

Aufgabe 19 (Lösung 19 auf Seite 128).
Diskutieren Sie folgende Funktion:

$$f(x) = x^3 - x^2 - x + 1$$

Aufgabe 20 (Lösung 20 auf Seite 131).
Diskutieren Sie folgende Funktion:

$$f(x) = 2x^4 - 3x^2 + 1$$

Aufgabe 21 (Lösung 21 auf Seite 135).
Diskutieren Sie folgende Funktion:

$$f(x) = x^4 + 2x^3 - 3x^2 - 8x - 4$$

Aufgabe 22 (Substitution – Lösung 22 auf Seite 139).
Diskutieren Sie folgende Funktion:

$$f(x) = x^4 - \frac{5}{2}x^2 + 4$$

Aufgabe 23 (Lösung 23 auf Seite 142).
Diskutieren Sie folgende Funktion:

$$f(x) = -3x^5 + 20x^3$$

6.2.2 Gebrochen rationale Funktionen

Aufgabe 24 (Lösung 24 auf Seite 146).
Diskutieren Sie folgende Funktion:

$$f(x) = \frac{x^3 + x^2 - x - 1}{x^2 - 2x + 1}$$

Prüfen Sie zunächst, ob das Zähler- und das Nennerpolynom gemeinsame Faktoren $(x - x_N)$ besitzen, und kürzen Sie diese gegebenenfalls. Wie sind gekürzte Faktoren in der Kurvendiskussion zu berücksichtigen?

Aufgabe 25 (Lösung 25 auf Seite 149).
Diskutieren Sie folgende Funktion:

$$f(x) = \frac{x^4 - 5x^3 + 8x^2 - 4x}{x^2 - 3x + 2}$$

Prüfen Sie zunächst, ob das Zähler- und das Nennerpolynom gemeinsame Faktoren $(x - x_N)$ besitzen, und kürzen Sie diese gegebenenfalls. Wie sind gekürzte Faktoren in der Kurvendiskussion zu berücksichtigen?

6.2.3 Exponentialfunktionen

Aufgabe 26 (Lösung 26 auf Seite 154).
Diskutieren Sie folgende Funktion:

$$f(x) = e^x + e^{-x}$$

Aufgabe 27 (Lösung 27 auf Seite 156).
Diskutieren Sie folgende Funktion:

$$f(x) = e^x - e^{-x}$$

Kapitel 7

Lösungen

Dieses Kapitel beinhaltet ausführliche Lösungen zu allen Aufgaben aus Kapitel 6. Sie sollten dieses Kapitel daher nicht »lesen«, sondern die entsprechende Lösung mit Ihren Ergebnissen vergleichen, *nachdem* Sie eine Aufgabe bearbeitet haben.

Lösung 1 (Aufgabe 1 auf Seite 110). Die erste Ableitung berechnen wir jeweils über (3.11) auf Seite 38:

1. $f(x) = 3x^2 + 2x - 1 \quad \Rightarrow \quad f'(x) = 3 \cdot 2x^1 + 2 \cdot x^0 = 6x + 2$
2. $f(x) = -3x^5 + x + 1 \quad \Rightarrow \quad f'(x) = -3 \cdot 5x^4 + x^0 = -15x^4 + 1$
3. $f(x) = x^2 + 2x + 1 \quad \Rightarrow \quad f'(x) = 2x^1 + 2 \cdot x^0 = 2x + 2$
4. $f(x) = \frac{1}{8}x^4 - 2x^3 + \frac{2}{5}x^2 + 7x + 4 \quad \Rightarrow \quad f'(x) = \frac{1}{8} \cdot 4x^3 - 2 \cdot 3x^2 + \frac{2}{5} \cdot 2x^1 + 7 \cdot x^0 = \frac{1}{2}x^3 - 6x^2 + \frac{4}{5}x + 7$
5. $f(x) = \frac{1}{2}x^4 - \frac{1}{4}x^3 + \frac{2}{3}x^2 + 4x - 3 \quad \Rightarrow \quad f'(x) = \frac{1}{2} \cdot 4x^3 - \frac{1}{4} \cdot 3x^2 + \frac{2}{3} \cdot 2x^1 + 4 \cdot x^0 = 2x^3 - \frac{3}{4}x^2 + \frac{4}{3}x + 4$

Lösung 2 (Aufgabe 2 auf Seite 110). Die erste Ableitung berechnen wir jeweils über (3.11) auf Seite 38:

1. $f(x) = 3x^2 + 2x - 1 \quad \Rightarrow \quad f'(x) = 6x + 2$
2. $f(x) = 3x^2 + 2x + 1 \quad \Rightarrow \quad f'(x) = 6x + 2$
3. $f(x) = 3x^2 + 2x \quad \Rightarrow \quad f'(x) = 6x + 2$

Alle drei Funktionen haben dieselbe Ableitung. Die erste Ableitung entspricht der Steigung einer angelegten Tangente. Die Addition einer konstanten Zahl c, beispielsweise $f(x) = 3x^2 + 2x + c$, verschiebt die Funktion entlang der y-Achse, ohne jedoch die Steigung zu verändern. Daher hat c keinen Einfluss auf eine angelegte Tangente und ist auch nicht in der Ableitung enthalten.

Lösung 3 (Aufgabe 3 auf Seite 110). Prinzipiell müssen wir zum Lösen der Aufgabe die Ableitungsschritte in (3.11) auf Seite 38 für jeden Term »rückwärts« durchführen. Anstatt zunächst mit dem Exponenten zu multiplizieren und danach den Exponenten um Eins zu verringern, müssen wir also für jeden Term

1. den Exponenten n um Eins erhöhen und danach
2. durch den Exponenten $n+1$ teilen:

$$\begin{aligned} f'(x) &= x^2-4x+3 \\ &= x^2-4x^1+3x^0 \xrightarrow{n+1} x^3-4x^2+3x^1 \xrightarrow{\frac{1}{n+1}} \frac{x^3}{3}-\frac{4x^2}{2}+\frac{3x^1}{1} \\ \Rightarrow \quad f(x) &= \frac{x^3}{3}-2x^2+3x \end{aligned}$$

Wir haben zudem in Aufgabe 2 gesehen, dass konstante Terme beim Ableiten wegfallen. Daher erhalten wir insgesamt als Ergebnis

$$f(x)=\frac{x^3}{3}-2x^2+3x+c$$

mit einer beliebigen konstanten Zahl $c \in \mathbb{R}$.

Lösung 4 (Aufgabe 4 auf Seite 111). Es handelt sich um die drei Fälle der binomischen Formeln. Wir bilden die Ableitungen zunächst nach Ausmultiplizieren:

1. $f(x)=(x+1)^2=x^2+2x+1 \quad \Rightarrow \quad f'(x)=2x+2$
2. $f(x)=(x-1)^2=x^2-2x+1 \quad \Rightarrow \quad f'(x)=2x-2$
3. $f(x)=(x+1)\cdot(x-1)=x^2-1 \quad \Rightarrow \quad f'(x)=2x$

Für $f(x)=(x+1)^2$ erhalten wir durch Anwendung der Kettenregel mit der inneren Funktion $f_1(x)=x+1$ und der äußeren Funktion $f_2(x)=x^2$:

$$f'(x)=1\cdot 2(x+1)=2x+2$$

Für $f(x)=(x-1)^2$ erhalten wir durch Anwendung der Kettenregel mit der inneren Funktion $f_1(x)=x-1$ und der äußeren Funktion $f_2(x)=x^2$:

$$f'(x)=1\cdot 2(x-1)=2x-2$$

Für $f(x)=(x+1)\cdot(x-1)$ erhalten wir durch Anwendung der Produktregel mit den Funktionen $f_1(x)=x+1$ und $f_2(x)=x-1$:

$$\begin{aligned} f'(x) &= (x+1)'\cdot(x-1)+(x+1)\cdot(x-1)' \\ &= 1\cdot(x-1)+(x+1)\cdot 1 \\ &= x-1+x+1 \\ &= 2x \end{aligned}$$

Lösung 5 (Aufgabe 5 auf Seite 111). Durch Anwendung der Produktregel folgt für die Funktion $f(x) = (2x^2 + 3x - 1) \cdot (x - 4)$:

$$\begin{aligned} f'(x) &= (2x^2 + 3x - 1)' \cdot (x - 4) + (2x^2 + 3x - 1) \cdot (x - 4)' \\ &= (4x + 3) \cdot (x - 4) + (2x^2 + 3x - 1) \cdot 1 \\ &= (4x^2 - 16x + 3x - 12) + (2x^2 + 3x - 1) \\ &= 6x^2 - 10x - 13 \end{aligned}$$

Für $f(x) = (x^3 - x) \cdot (x^2 + 2)$ folgt:

$$\begin{aligned} f'(x) &= (x^3 - x)' \cdot (x^2 + 2) + (x^3 - x) \cdot (x^2 + 2)' \\ &= (3x^2 - 1) \cdot (x^2 + 2) + (x^3 - x) \cdot 2x \\ &= (3x^4 + 6x^2 - x^2 - 2) + (2x^4 - 2x^2) \\ &= 5x^4 + 3x^2 - 2 \end{aligned}$$

Für $f(x) = (x + 1) \cdot (x - 4)$ folgt:

$$\begin{aligned} f'(x) &= (x + 1)' \cdot (x - 4) + (x + 1) \cdot (x - 4)' \\ &= 1 \cdot (x - 4) + (x + 1) \cdot 1 \\ &= 2x - 3 \end{aligned}$$

Für $f(x) = 3 \cdot (\frac{1}{3}x^3 + \frac{1}{2}x^2 + x + 1) \cdot (2x - 1)$ folgt:

$$\begin{aligned} f'(x) &= 3 \cdot \left((\frac{1}{3}x^3 + \frac{1}{2}x^2 + x + 1)' \cdot (2x - 1) + (\frac{1}{3}x^3 + \frac{1}{2}x^2 + x + 1) \cdot (2x - 1)' \right) \\ &= 3 \cdot \left((x^2 + x + 1) \cdot (2x - 1) + (\frac{1}{3}x^3 + \frac{1}{2}x^2 + x + 1) \cdot 2 \right) \\ &= 3 \cdot \left((2x^3 + 2x^2 + 2x - x^2 - x - 1) + (\frac{2}{3}x^3 + x^2 + 2x + 2) \right) \\ &= 3 \cdot \left(\frac{8}{3}x^3 + 2x^2 + 3x + 1 \right) \\ &= 8x^3 + 6x^2 + 9x + 3 \end{aligned}$$

Lösung 6 (Aufgabe 6 auf Seite 111). Durch Anwendung der Kettenregel folgt für $f(x) = (2x^2 + x)^3$ mit der inneren Funktion $f_1(x) = 2x^2 + x$ und der äußeren Funktion $f_2(x) = x^3$:

$$\begin{aligned} f'(x) &= (2x^2 + x)' \cdot 3(2x^2 + x)^2 \\ &= (4x + 1) \cdot 3(4x^4 + 4x^3 + x^2) \\ &= (4x + 1) \cdot (12x^4 + 12x^3 + 3x^2) \\ &= (48x^5 + 48x^4 + 12x^3) + (12x^4 + 12x^3 + 3x^2) \\ &= 48x^5 + 60x^4 + 24x^3 + 3x^2 \end{aligned}$$

Für $f(x) = (x^4 - 2x^3 + 1)^2$ folgt mit der inneren Funktion $f_1(x) = x^4 - 2x^3 + 1$ und der äußeren Funktion $f_2(x) = x^2$:

$$\begin{aligned} f'(x) &= (x^4 - 2x^3 + 1)' \cdot 2(x^4 - 2x^3 + 1) \\ &= (4x^3 - 6x^2) \cdot (2x^4 - 4x^3 + 2) \\ &= 4x^3 \cdot (2x^4 - 4x^3 + 2) - 6x^2 \cdot (2x^4 - 4x^3 + 2) \\ &= (8x^7 - 16x^6 + 8x^3) + (-12x^6 + 24x^5 - 12x^2) \\ &= 8x^7 - 28x^6 + 24x^5 + 8x^3 - 12x^2 \end{aligned}$$

Für $f(x) = \frac{1}{3} \cdot (x^3 + 3)^3$ folgt mit der inneren Funktion $f_1(x) = x^3 + 3$ und der äußeren Funktion $f_2(x) = \frac{1}{3}x^3$:

$$\begin{aligned} f'(x) &= (x^3 + 3)' \cdot (x^3 + 3)^2 \\ &= 3x^2 \cdot \left((x^3)^2 + 2 \cdot 3x^3 + 3^2\right) \\ &= 3x^2 \cdot (x^6 + 6x^3 + 9) \\ &= 3x^8 + 18x^5 + 27x^2 \end{aligned}$$

Für $f(x) = (x^2 - 1)^2 + (x^4 - 1)^2$ wenden wir die Kettenregel für beide Terme $f_a(x) = (x^2 - 1)^2$ und $f_b(x) = (x^4 - 1)^2$ an. Für $f_a(x)$ haben wir die innere Funktion $f_{a,1}(x) = x^2 - 1$ und die äußere Funktion $f_{a,2}(x) = x^2$. Für $f_b(x)$ haben wir die innere Funktion $f_{b,1}(x) = x^4 - 1$ und die äußere Funktion $f_{b,2}(x) = x^2$. Insgesamt erhalten wir:

$$\begin{aligned} f'(x) &= (x^2 - 1)' \cdot 2(x^2 - 1) + (x^4 - 1)' \cdot 2(x^4 - 1) \\ &= 2x \cdot (2x^2 - 2) + 4x^3 \cdot (2x^4 - 2) \\ &= (4x^3 - 4x) + (8x^7 - 8x^3) \\ &= 8x^7 - 4x^3 - 4x \end{aligned}$$

Lösung 7 (Aufgabe 7 auf Seite 111)**.** Die erste Ableitung der gegebenen Funktion ergibt sich mit Hilfe der Quotientenregel:

$$\begin{aligned} f(x) = \frac{2x^2 + x - 3}{x^2 - 1} \quad \Rightarrow \quad f'(x) &= \frac{(2x^2 + x - 3)' \cdot (x^2 - 1) - (2x^2 + x - 3) \cdot (x^2 - 1)'}{(x^2 - 1)^2} \\ &= \frac{(4x + 1) \cdot (x^2 - 1) - (2x^2 + x - 3) \cdot 2x}{(x^2 - 1)^2} \\ &= \frac{(4x^3 - 4x) + (x^2 - 1) - (4x^3 + 2x^2 - 6x)}{(x^2 - 1)^2} \\ &= \frac{4x^3 - 4x + x^2 - 1 - 4x^3 - 2x^2 + 6x}{(x^2 - 1)^2} \\ &= \frac{-x^2 + 2x - 1}{(x^2 - 1)^2} \end{aligned}$$

Das Ergebnis lässt sich über die 2. binomische Formel $(a-b)^2 = a^2 - 2ab + b^2$ vereinfachen:

$$f'(x) = \frac{-(x^2-2x+1)}{(x^2-1)^2} = -\frac{(x-1)^2}{(x^2-1)^2}$$

Eine weitere Vereinfachung ergibt sich durch Erweiterung des Bruches im Nenner und im Zähler um $(x+1)^2$ sowie die Anwendung der dritten binomischen Formel $(a+b)\cdot(a-b) = a^2 - b^2$:

$$\begin{aligned} f'(x) &= -\frac{(x-1)^2}{(x^2-1)^2} \cdot \frac{(x+1)^2}{(x+1)^2} \\ &= -\frac{(x+1)(x-1)\cdot(x+1)(x-1)}{(x^2-1)^2} \cdot \frac{1}{(x+1)^2} = -\frac{(x^2-1)^2}{(x^2-1)^2} \cdot \frac{1}{(x+1)^2} \\ &= -\frac{1}{(x+1)^2} \end{aligned}$$

Lösung 8 (Aufgabe 8 auf Seite 111). Vor Bildung der Ableitung können wir den Zähler nach der 3. binomischen Formel $(a+b)\cdot(a-b) = a^2 - b^2$ umformen und kürzen:

$$f(x) = \frac{4x^2-9}{2x-3} = \frac{(2x+3)\cdot(2x-3)}{2x-3} = 2x+3$$

Die Ableitung ergibt sich daher zu:

$$f'(x) = 2$$

Selbstverständlich führt auch die Anwendung der Quotientenregel zum selben Ergebnis:

$$\begin{aligned} f'(x) &= \frac{(4x^2-9)'\cdot(2x-3)-(4x^2-9)\cdot(2x-3)'}{(2x-3)^2} \\ &= \frac{8x\cdot(2x-3)-(4x^2-9)\cdot 2}{4x^2-12x+9} \\ &= \frac{16x^2-24x-8x^2+18}{4x^2-12x+9} \\ &= \frac{8x^2-24x+18}{4x^2-12x+9} \\ &= 2\cdot\frac{4x^2-12x+9}{4x^2-12x+9} \\ &= 2 \end{aligned}$$

Lösung 9 (Aufgabe 9 auf Seite 112). Für $f(x) = \frac{1}{x^2} + \frac{1}{x}$ ergibt sich die erste Ableitung mit Hilfe der Regel $x^{-n} = 1/x^n$:

$$f'(x) = \left(x^{-2} + x^{-1}\right)' = -2x^{-3} - x^{-2} = -\frac{2}{x^3} - \frac{1}{x^2}$$

Für $f(x) = 2x^2 + \frac{1}{2x^2} - \frac{1}{4}$ erhalten wir:

$$f'(x) = \left(2x^2 + \frac{1}{2}x^{-2} - \frac{1}{4}\right)' = 4x + \frac{-2}{2}x^{-3} = 4x - \frac{1}{x^3}$$

Die Funktion $f(x) = \frac{1}{(2x-1)^4}$ lässt sich zunächst umformen:

$$f(x) = \frac{1}{(2x-1)^4} = (2x-1)^{-4}$$

Durch Anwendung der Kettenregel mit der inneren Funktion $f_1(x) = 2x - 1$ und der äußeren Funktion $f_2(x) = x^{-4}$ erhalten wir:

$$f'(x) = (2x-1)' \cdot (-4) \cdot (2x-1)^{-5} = 2 \cdot \frac{-4}{(2x-1)^5} = -\frac{8}{(2x-1)^5}$$

Lösung 10 (Aufgabe 10 auf Seite 112). Vor Bildung der Ableitung werden die Wurzeln in allen Funktionen nach der Regel $\sqrt{x} = x^{1/2}$ umgeformt. Für $f(x) = \sqrt{x^2 + 2x - 1}$ ergibt sich zunächst:

$$f(x) = \sqrt{x^2 + 2x - 1} = (x^2 + 2x - 1)^{\frac{1}{2}}$$

Die Ableitung wird durch Anwendung der Kettenregel mit der inneren Funktion $f_1(x) = x^2 + 2x - 1$ und der äußeren Funktion $f_2(x) = x^{1/2}$ gebildet:

$$\begin{aligned} f'(x) &= \left((x^2 + 2x - 1)^{\frac{1}{2}}\right)' \\ &= (x^2 + 2x - 1)' \cdot \frac{1}{2} \cdot (x^2 + 2x - 1)^{-\frac{1}{2}} \\ &= (2x + 2) \cdot \frac{1}{2(x^2 + 2x - 1)^{\frac{1}{2}}} \\ &= \frac{x + 1}{\sqrt{x^2 + 2x - 1}} \end{aligned}$$

Die Funktion $f(x) = \sqrt{4x^4} + 2x \cdot \sqrt{3x^3}$ vereinfacht sich zunächst zu:

$$f(x) = \sqrt{4x^4} + 2x \cdot \sqrt{3x^3} = \sqrt{4}x^{\frac{4}{2}} + 2x \cdot \sqrt{3}x^{\frac{3}{2}} = 2x^2 + 2\sqrt{3}x^{\frac{5}{2}}$$

Für die erste Ableitung folgt:

$$f'(x) = 4x + 2\sqrt{3} \cdot \frac{5}{2} x^{\frac{3}{2}} = 4x + 5\sqrt{3}\sqrt{x^3}$$

Die Funktion $f(x) = \frac{3x^2-2x}{\sqrt{x}}$ vereinfacht sich zunächst zu:

$$f(x) = \frac{3x^2 - 2x}{\sqrt{x}} = \frac{3x^2 - 2x}{x^{\frac{1}{2}}} = (3x^2 - 2x) \cdot x^{-\frac{1}{2}} = 3x^{\frac{3}{2}} - 2x^{\frac{1}{2}}$$

Für die erste Ableitung folgt:

$$f'(x) = 3 \cdot \frac{3}{2} x^{\frac{1}{2}} - 2 \cdot \frac{1}{2} x^{-\frac{1}{2}} = \frac{9}{2}\sqrt{x} - \frac{1}{x^{\frac{1}{2}}} = \frac{9\sqrt{x}}{2} - \frac{1}{\sqrt{x}}$$

Lösung 11 (Aufgabe 11 auf Seite 112). Die Ableitung der Funktion $f(x) = \exp(2x^2 - x)$ folgt durch Anwendung der Kettenregel mit innerer Funktion $f_1(x) = 2x^2 - x$ und äußerer Funktion $f_2(x) = \exp(x) = e^x$ unter Berücksichtigung von $(e^x)' = e^x$:

$$f'(x) = (2x^2 - x)' \cdot e^{2x^2 - x} = (4x - 1) \cdot e^{2x^2 - x}$$

Für $f(x) = \exp(x^3 + 1) \cdot \exp(\sqrt{x})$ ergibt sich durch Anwendung der Produkt- und Kettenregel:

$$\begin{aligned}
f'(x) &= \left(e^{x^3+1}\right)' \cdot e^{\sqrt{x}} + e^{x^3+1} \cdot \left(e^{\sqrt{x}}\right)' \\
&= (x^3 + 1)' \cdot e^{x^3+1} \cdot e^{\sqrt{x}} + e^{x^3+1} \cdot \left(x^{\frac{1}{2}}\right)' \cdot e^{\sqrt{x}} \\
&= 3x^2 \cdot e^{x^3+1+\sqrt{x}} + e^{x^3+1} \cdot \frac{1}{2} x^{-\frac{1}{2}} \cdot e^{\sqrt{x}} \\
&= 3x^2 \cdot e^{x^3+1+\sqrt{x}} + \frac{1}{2\sqrt{x}} \cdot e^{x^3+1+\sqrt{x}} \\
&= \left(3x^2 + \frac{1}{2\sqrt{x}}\right) \cdot e^{x^3+1+\sqrt{x}}
\end{aligned}$$

Geschickter wäre es natürlich, $f(x)$ vor dem Ableiten zu vereinfachen:

$$f(x) = e^{x^3+1} \cdot e^{\sqrt{x}} = e^{x^3+1+\sqrt{x}}$$

Durch Anwendung der Kettenregel mit der inneren Funktion $f_1(x) = x^3 + 1 + \sqrt{x}$ und der äußeren Funktion $f_2(x) = e^x$ erhalten wir die Ableitung nach wesentlich einfacherer Rechnung:

$$\begin{aligned}
f'(x) &= e^{x^3+1+\sqrt{x}} \\
&= \left(x^3 + 1 + x^{\frac{1}{2}}\right)' \cdot e^{x^3+1+\sqrt{x}} \\
&= \left(3x^2 + \frac{1}{2} x^{-\frac{1}{2}}\right) \cdot e^{x^3+1+\sqrt{x}} \\
&= \left(3x^2 + \frac{1}{2\sqrt{x}}\right) \cdot e^{x^3+1+\sqrt{x}}
\end{aligned}$$

Für $f(x) = \exp\left(\exp\left(e^{2x}\right)\right)$ ergibt sich durch wiederholte Anwendung der Kettenregel:

$$\begin{aligned} f'(x) &= \left(\exp\left(e^{2x}\right)\right)' \cdot \exp\left(\exp\left(e^{2x}\right)\right) \\ &= \left(e^{2x}\right)' \cdot \exp\left(e^{2x}\right) \cdot \exp\left(\exp\left(e^{2x}\right)\right) \\ &= (2x)' \cdot e^{2x} \cdot \exp\left(e^{2x}\right) \cdot \exp\left(\exp\left(e^{2x}\right)\right) \\ &= 2e^{2x} \cdot \exp\left(e^{2x}\right) \cdot \exp\left(\exp\left(e^{2x}\right)\right) \end{aligned}$$

Die Ableitung lässt sich über die Regel $n^a \cdot n^b = n^{a+b}$ vereinfachen:

$$f'(x) = 2\exp\left(2x + \exp(2x) + \exp\left(e^{2x}\right)\right)$$

Lösung 12 (Aufgabe 12 auf Seite 112). Die Terme der Summe lassen sich mittels der Summenregel einzeln ableiten und anschließend die höchste Zahl aus der Fakultät kürzen:

$$f'(x) = 0 + \frac{1}{1!} + \frac{2x}{2!} + \frac{3x^2}{3!} + \frac{4x^3}{4!} + \cdots = \sum_{n=1}^{\infty} \frac{nx^{n-1}}{n!} = \sum_{n=1}^{\infty} \frac{nx^{n-1}}{n \cdot (n-1)!} = \sum_{n=1}^{\infty} \frac{x^{n-1}}{(n-1)!}$$

Durch Umbennenung von $n-1$ in m erhalten wir wieder die Summendarstellung der Exponentialfunktion:

$$f'(x) = \sum_{m=0}^{\infty} \frac{x^m}{m!} = e^x = f(x)$$

Lösung 13 (Aufgabe 13 auf Seite 112). Vor Bildung der Ableitung vereinfachen wir die Funktion mit Hilfe der Regel $\ln(a \cdot b) = \ln(a) + \ln(b)$:

$$f(x) = \ln(2x^2+1) + \ln\left(e^{3x}\right) = \ln(2x^2+1) + 3x$$

Die erste Ableitung folgt durch Anwendung der Kettenregel mit der inneren Funktion $f_1(x) = 2x^2 + 1$ und der äußeren Funktion $f_2(x) = \ln(x)$:

$$f'(x) = (2x^2+1)' \cdot \frac{1}{2x^2+1} + 3 = \frac{4x}{2x^2+1} + 3$$

Die zweite Ableitung folgt aus $f'(x)$ durch Anwendung der Quotientenregel:

$$\begin{aligned} f''(x) &= \left(\frac{4x}{2x^2+1}\right)' + (3)' \\ &= \frac{(4x)' \cdot (2x^2+1) - 4x \cdot (2x^2+1)'}{(2x^2+1)^2} \\ &= \frac{4 \cdot (2x^2+1) - 4x \cdot 4x}{(2x^2+1)^2} \\ &= \frac{8x^2+4-16x^2}{(2x^2+1)^2} \\ &= \frac{-8x^2+4}{(2x^2+1)^2} \end{aligned}$$

Lösung 14 (Aufgabe 14 auf Seite 112)**.** Mit $(\sin(x))' = \cos(x)$ und $(\cos(x))' = -\sin(x)$ erhalten wir für $f(x) = \sin(x)$:

$$\begin{aligned} f'(x) &= \cos(x) \\ f''(x) &= -\sin(x) \\ f'''(x) &= -\cos(x) \\ f^{(4)}(x) &= \sin(x) \end{aligned}$$

Damit gilt $f^{(n)}(x) = f(x) = \sin(x)$ für alle durch vier teilbaren natürlichen Zahlen $n = 4k$.

Analog erhalten wir auch für $f(x) = \cos(x)$ wegen

$$\begin{aligned} f'(x) &= -\sin(x) \\ f''(x) &= -\cos(x) \\ f'''(x) &= \sin(x) \\ f^{(4)}(x) &= \cos(x) \end{aligned}$$

das Ergebnis $f^{(m)}(x) = f(x) = \cos(x)$ für alle durch vier teilbaren natürlichen Zahlen $m = 4k$.

Lösung 15 (Aufgabe 15 auf Seite 113)**.** Die Funktion lässt sich mit (2.27) auf Seite 27 wesentlich vereinfachen:

$$f(x) = (\sin(x))^2 + (\cos(x))^2 = 1$$

Damit ist die erste Ableitung $f'(x) = 0$. Dasselbe Ergebnis erhält man durch Anwendung der Kettenregel:

$$\begin{aligned} f'(x) &= (\sin(x))' \cdot 2\sin(x) + (\cos(x))' \cdot 2\cos(x) \\ &= \cos(x) \cdot 2\sin(x) + (-\sin(x)) \cdot 2\cos(x) \\ &= 2\sin(x)\cos(x) - 2\sin(x)\cos(x) \\ &= 0 \end{aligned}$$

Lösung 16 (Aufgabe 16 auf Seite 113). Für $f(x) = \sin\left(e^{3x}\right) + e^{\cos(x)}$ folgt:

$$\begin{aligned} f'(x) &= \left(e^{3x}\right)' \cdot \cos\left(e^{3x}\right) + (\cos(x))' \cdot e^{\cos(x)} \\ &= (3x)' \cdot e^{3x} \cdot \cos\left(e^{3x}\right) - \sin(x) \cdot e^{\cos(x)} \\ &= 3e^{3x} \cdot \cos\left(e^{3x}\right) - \sin(x) \cdot e^{\cos(x)} \end{aligned}$$

Für $f(x) = e^{x^2-x} \cdot \sqrt{\ln(x)}$ folgt:

$$\begin{aligned} f'(x) &= \left(e^{x^2-x}\right)' \cdot \sqrt{\ln(x)} + e^{x^2-x} \cdot \left((\ln(x))^{\frac{1}{2}}\right)' \\ &= (x^2-x)' \cdot e^{x^2-x} \cdot \sqrt{\ln(x)} + e^{x^2-x} \cdot (\ln(x))' \cdot \frac{1}{2}(\ln(x))^{-\frac{1}{2}} \\ &= (2x-1) \cdot e^{x^2-x} \cdot \sqrt{\ln(x)} + e^{x^2-x} \cdot \frac{1}{x} \cdot \frac{1}{2\sqrt{\ln(x)}} \\ &= \left((2x-1) \cdot \sqrt{\ln(x)} + \frac{1}{2x\sqrt{\ln(x)}}\right) \cdot e^{x^2-x} \end{aligned}$$

Für $f(x) = \sin\left(x^2\right) \cdot \ln\left(x^4 - x + 1\right)$ folgt:

$$\begin{aligned} f'(x) &= \left(\sin\left(x^2\right)\right)' \cdot \ln\left(x^4-x+1\right) + \sin\left(x^2\right) \cdot \left(\ln\left(x^4-x+1\right)\right)' \\ &= (x^2)' \cdot \cos\left(x^2\right) \cdot \ln\left(x^4-x+1\right) + \sin\left(x^2\right) \cdot (x^4-x+1)' \cdot \frac{1}{x^4-x+1} \\ &= 2x \cdot \cos\left(x^2\right) \cdot \ln\left(x^4-x+1\right) + \sin\left(x^2\right) \cdot \frac{4x^3-1}{x^4-x+1} \end{aligned}$$

Die Funktion $f(x) = \sqrt{\log_{10}(e^x)}$ formen wir vor dem Ableiten mit Hilfe von (2.23) um:

$$f(x) = \sqrt{\log_{10}(e^x)} = \sqrt{\frac{\ln(e^x)}{\ln(10)}} = \frac{1}{\sqrt{\ln(10)}} \cdot \sqrt{x}$$

Die Ableitung ergibt sich damit zu:

$$f'(x) = \frac{1}{\sqrt{\ln(10)}} \cdot \left(x^{\frac{1}{2}}\right)' = \frac{1}{2\sqrt{\ln(10)}} \cdot x^{-\frac{1}{2}} = \frac{1}{2\sqrt{\ln(10)}} \cdot \frac{1}{\sqrt{x}} = \frac{1}{2\sqrt{\ln(10) \cdot x}}$$

Lösung 17 (Aufgabe 17 auf Seite 113)**.** Gegeben ist die Funktion

$$f(x) = \frac{1}{2}x + 1.$$

1. *Ableitungen:* Wir bilden zunächst die erste bis dritte Ableitung von $f(x)$:

$$\begin{aligned} f'(x) &= \frac{1}{2} \\ f''(x) &= 0 \\ f'''(x) &= 0 \end{aligned}$$

2. *Definitionsbereich:* Der Funktionswert ist für jede reelle Zahl definiert. Daher ist der Definitionsbereich $\mathbb{D} = \mathbb{R}$.

3. *Symmetrie:* Wir testen zuerst auf gerade Symmetrie $f(x) = f(-x)$:

$$f(-x) = \frac{1}{2} \cdot (-x) + 1 = -\frac{1}{2}x + 1 \neq f(x)$$

   Die Funktion weist keine gerade Symmetrie auf. Wir testen daher auf ungerade Symmetrie:

$$-f(-x) = -\left(-\frac{1}{2}x + 1\right) = \frac{1}{2}x - 1 \neq f(x)$$

   Die Funktion weist keine ungerade Symmetrie auf.

4. *Monotonie:* An Übergängen zwischen Monotonie-Intervallen ist die erste Ableitung null:

$$f'(x) = \frac{1}{2} = 0$$

   Die Gleichung $\frac{1}{2} = 0$ ist ein mathematischer Widerspruch, weshalb es auch keine Lösung für $f'(x) = 0$ und keine Übergänge zwischen Monotonie-Intervallen gibt. Die Funktion hat also lediglich das Monotonie-Intervall $I = (-\infty; \infty)$. Die Art der Monotonie bestimmen wir durch Einsetzen eines beliebigen x-Wertes des Intervalls in die erste Ableitung:

$$f'(0) = \frac{1}{2} > 0 \quad \Rightarrow \quad \text{Streng monoton steigend in } x \in (-\infty; \infty)$$

5. *y-Achsenabschnitt:* Die Funktion schneidet die y-Achse bei $x = 0$:

$$f(0) = \frac{1}{2} \cdot 0 + 1 = 1$$

Der Schnittpunkt mit der y-Achse ist daher $P_y(0;1)$.

6. *Nullstellen:* Die Funktion schneidet die x-Achse bei $f(x) = \frac{1}{2}x + 1 = 0$. Sie besitzt also eine Nullstelle bei $P_N(-2;0)$.

7. *Extrempunkte:* Wir suchen zunächst mit der notwendigen Bedingung $f'(x) = 0$ Kandidaten für Extremstellen. Wir haben dies bereits bei der Bestimmung der Monotonie-Intervalle getan und dabei keine Lösung erhalten. Die Funktion besitzt also keine Extremstellen.

8. *Wendepunkte:* Wir suchen zunächst mit der notwendigen Bedingung $f''(x) = 0$ Kandidaten für Wendestellen. Die resultierende Gleichung $0 = 0$ ist für alle Werte $x \in \mathbb{R}$ erfüllt. Allerdings ist der zweite Teil der hinreichenden Bedingung, $f'''(x) = 0 \neq 0$, für kein $x \in \mathbb{R}$ erfüllt. Die Funktion besitzt also keine Wendepunkte.

9. *Grenzwerte:* Wir führen die Grenzübergänge $x \to -\infty$ und $x \to \infty$ durch:

$$\begin{aligned} \lim_{x\to-\infty} f(x) &= \lim_{x\to-\infty} x \to -\infty \\ \lim_{x\to\infty} f(x) &= \lim_{x\to\infty} x \to \infty \end{aligned}$$

10. *Bildbereich:* Aus den Grenzwerten für $x \to \pm\infty$ folgt der Bildbereich $\mathbb{B} = \mathbb{R}$.

11. *Graph:* Abbildung 7.1 zeigt den Graphen von $f(x)$.

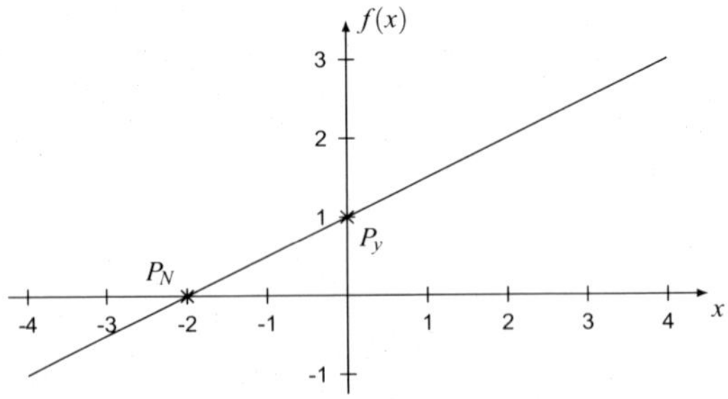

Abbildung 7.1: $f(x) = \frac{1}{2} + 1$ (zu Lösung 17)

Lösung 18 (Aufgabe 18 auf Seite 113). Gegeben ist die Funktion

$$f(x) = x^2 - 2x - 1.$$

1. *Ableitungen:* Wir bilden zunächst die erste bis dritte Ableitung von $f(x)$:

$$\begin{aligned} f'(x) &= 2x - 2 \\ f''(x) &= 2 \\ f'''(x) &= 0 \end{aligned}$$

2. *Definitionsbereich:* Der Funktionswert ist für jede reelle Zahl definiert. Daher ist der Definitionsbereich $\mathbb{D} = \mathbb{R}$.

3. *Symmetrie:* Wir testen zuerst auf gerade Symmetrie $f(x) = f(-x)$:

$$f(-x) = (-x)^2 - 2 \cdot (-x) - 1 = x^2 + 2x - 1 \neq f(x)$$

Die Funktion weist keine gerade Symmetrie auf. Wir testen daher auf ungerade Symmetrie:

$$-f(-x) = -\left(x^2 + 2x - 1\right) = -x^2 - 2x + 1 \neq f(x)$$

Die Funktion weist keine ungerade Symmetrie auf.

4. *Monotonie:* An Übergängen zwischen Monotonie-Intervallen ist die erste Ableitung null:

$$f'(x) = 2x - 2 = 0 \quad \Rightarrow \quad 2x = 2 \quad \Rightarrow \quad x_1 = 1$$

Es gibt also die beiden Monotonie-Intervalle $I_1 = (-\infty; x_1)$ und $I_2 = (x_1; \infty)$. Die Art der Monotonie bestimmen wir durch Einsetzen jeweils eines beliebigen x-Wertes der Intervalle in die erste Ableitung:

$$\begin{aligned} &f'(0) = 2 \cdot 0 - 2 = -2 &&< 0 \quad \Rightarrow \quad \text{Streng monoton fallend in } x \in (-\infty; x_1) \\ &f'(2) = 2 \cdot 2 - 2 = 4 - 2 = 2 &&> 0 \quad \Rightarrow \quad \text{Streng monoton steigend in } x \in (x_1; \infty) \end{aligned}$$

5. *y-Achsenabschnitt:* Die Funktion schneidet die y-Achse bei $x = 0$:

$$f(0) = 0^2 - 2 \cdot 0 - 1 = -1$$

Der Schnittpunkt mit der y-Achse ist daher $P_y(0; -1)$.

6. *Nullstellen:* Die Funktion schneidet die x-Achse bei $f(x) = x^2 - 2x - 1 = 0$. Die Gleichung lässt sich durch Anwendung der pq-Formel (4.5) auf Seite 59 mit $p = -2$ und $q = -1$ lösen:

$$\begin{aligned} & x^2 - 2x - 1 = 0 \\ \Rightarrow \quad & x_{1,2} = -\frac{-2}{2} \pm \sqrt{\left(\frac{-2}{2}\right)^2 + 1} = 1 \pm \sqrt{2} \\ \Rightarrow \quad & x_1 = 1 - \sqrt{2} \approx -0{,}41 \quad \text{und} \quad x_2 = 1 + \sqrt{2} \approx 2{,}41 \end{aligned}$$

Die Funktion besitzt also Nullstellen bei $P_{N,1}(-0{,}41; 0)$ und bei $P_{N,2}(2{,}41; 0)$.

7. *Extrempunkte:* Wir suchen zunächst mit der notwendigen Bedingung $f'(x) = 0$ Kandidaten für Extremstellen. Wir haben dies bereits bei der Bestimmung der Monotonie-Intervalle getan und die Lösung $x_1 = 1$ für $f'(x) = 0$ erhalten. Wir untersuchen den Kandidaten nun mit Hilfe der hinreichenden Bedingung, wobei der erste Teil bereits in der notwendigen Bedingung enthalten war:

$$f''(1) = 2 > 0 \quad \Rightarrow \quad \text{Minimum bei } x_1 = 1$$

Den zugehörigen Funktionswert erhalten wir über die Funktionsgleichung:

$$f(1) = 1^2 - 2 \cdot 1 - 1 = -2$$

Die Funktion $f(x)$ hat also ein Minimum bei $P_E(1;-2)$.

8. *Wendepunkte:* Wir suchen zunächst mit der notwendigen Bedingung $f''(x) = 0$ Kandidaten für Wendestellen:

$$f''(x) = 2 = 0$$

Die Gleichung $2 = 0$ ist ein mathematischer Widerspruch, weshalb es auch keine Lösung für $f''(x) = 0$ gibt. Die Funktion hat also keine Wendepunkte.

9. *Grenzwerte:* Wir führen die Grenzübergänge $x \to -\infty$ und $x \to \infty$ durch:

$$\begin{aligned} \lim_{x \to -\infty} f(x) &= \lim_{x \to -\infty} x^2 \to \infty \\ \lim_{x \to \infty} f(x) &= \lim_{x \to \infty} x^2 \to \infty \end{aligned}$$

10. *Bildbereich:* Aus dem Minimum sowie den Grenzwerten für $x \to \pm\infty$ folgt der Bildbereich $\mathbb{B} = \{f(x) \in \mathbb{R} | f(x) \geq -2\}$.

11. *Graph:* Abbildung 7.2 zeigt den Graphen von $f(x)$.

Lösung 19 (Aufgabe 19 auf Seite 113). Gegeben ist die Funktion

$$f(x) = x^3 - x^2 - x + 1.$$

1. *Ableitungen:* Wir bilden zunächst die erste bis dritte Ableitung von $f(x)$:

$$\begin{aligned} f'(x) &= 3x^2 - 2x - 1 \\ f''(x) &= 6x - 2 \\ f'''(x) &= 6 \end{aligned}$$

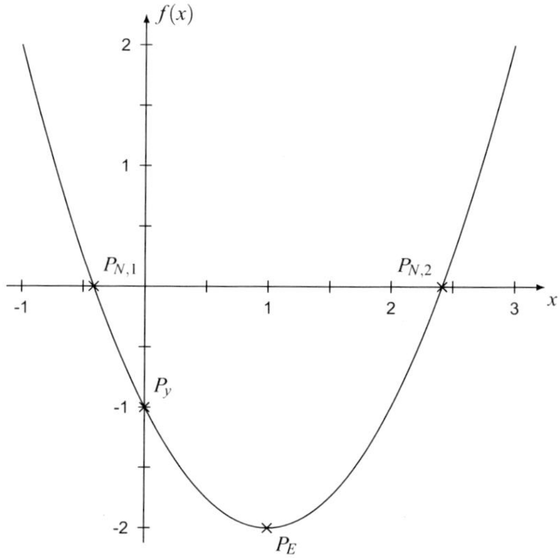

Abbildung 7.2: $f(x) = x^2 - 2x - 1$ (zu Lösung 18)

2. *Definitionsbereich:* Der Funktionswert ist für jede reelle Zahl definiert. Daher ist der Definitionsbereich $\mathbb{D} = \mathbb{R}$.

3. *Symmetrie:* Wir testen zuerst auf gerade Symmetrie $f(x) = f(-x)$:

$$f(-x) = (-x)^3 - (-x)^2 - (-x) + 1 = -x^3 - x^2 + x + 1 \neq f(x)$$

Die Funktion weist keine gerade Symmetrie auf. Wir testen daher auf ungerade Symmetrie:

$$-f(-x) = -\left(-x^3 - x^2 + x + 1\right) = x^3 + x^2 - x - 1 \neq f(x)$$

Die Funktion weist keine ungerade Symmetrie auf.

4. *Monotonie:* An Übergängen zwischen Monotonie-Intervallen ist die erste Ableitung null:

$$\begin{aligned}
& f'(x) = 3x^2 - 2x - 1 = 0 \\
\Rightarrow\ & x^2 - \frac{2}{3}x - \frac{1}{3} = 0 \\
\Rightarrow\ & x_{1,2} = \frac{1}{3} \pm \sqrt{\left(\frac{1}{3}\right)^2 + \frac{1}{3}} = \frac{1}{3} \pm \sqrt{\frac{4}{9}} = \frac{1}{3} \pm \frac{2}{3} \\
\Rightarrow\ & x_1 = -\frac{1}{3} \quad \text{und} \quad x_2 = 1
\end{aligned}$$

Es gibt also die drei Monotonie-Intervalle $I_1 = (-\infty; x_1)$, $I_2 = (x_1; x_2)$ und $I_3 = (x_2; \infty)$. Die Art der Monotonie bestimmen wir durch Einsetzen jeweils eines beliebigen x-Wertes der Intervalle in die erste Ableitung:

$$\begin{aligned}
f'(-1) &= 3\cdot(-1)^2 - 2\cdot(-1) - 1 = 4 > 0 &\Rightarrow\quad &\text{Streng monoton steigend in } x \in (-\infty; x_1)\\
f'(0) &= -1 \qquad\qquad\qquad\qquad\quad < 0 &\Rightarrow\quad &\text{Streng monoton fallend in } x \in (x_1; x_2)\\
f'(2) &= 3\cdot 2^2 - 2\cdot 2 - 1 = 7 \qquad\ > 0 &\Rightarrow\quad &\text{Streng monoton steigend in } x \in (x_2; \infty)
\end{aligned}$$

5. *y-Achsenabschnitt:* Die Funktion schneidet die y-Achse bei $x = 0$:

$$f(0) = 0^3 - 0^2 - 0 + 1 = 1$$

Der Schnittpunkt mit der y-Achse ist daher $P_y(0; 1)$.

6. *Nullstellen:* Die Funktion schneidet die x-Achse bei $f(x) = x^3 - x^2 - x + 1 = 0$. Durch Einsetzen (»Ausprobieren«) natürlicher Zahlen finden wir eine Nullstelle $x_1 = 1$ mit $f(1) = 0$. Somit ist $(x - x_1) = (x - 1)$ ein Faktor von $f(x)$,

$$f(x) = f_1(x)\cdot(x-1),$$

und $f_1(x)$ bestimmen wir mittels Polynomdivision $f_1(x) = f(x)/(x-1)$:

$$\begin{array}{l}
(\ x^3 - x^2 - x + 1\,)\,/\,(x-1) = x^2 - 1\\
\underline{-x^3 + x^2}\\
\qquad\quad -x + 1\\
\qquad\quad\ \ \underline{x - 1}\\
\qquad\qquad\ \ 0
\end{array}$$

Die Nullstellen von $f_1(x)$ sind

$$f_1(x) = x^2 - 1 = 0 \quad\Rightarrow\quad x_2 = -1 \quad\text{und}\quad x_3 = x_1 = 1,$$

womit sich folgende Faktorisierung ergibt:

$$f(x) = (x+1)\cdot(x-1)^2$$

Die Funktion besitzt also eine Nullstelle bei $P_{N,1}(-1; 0)$ und eine doppelte Nullstelle (d. h. einen Berührpunkt mit der x-Achse) bei $P_{N,2}(1; 0)$.

7. *Extrempunkte:* Wir suchen zunächst mit der notwendigen Bedingung $f'(x) = 0$ Kandidaten für Extremstellen. Wir haben dies bereits bei der Bestimmung der Monotonie-Intervalle getan und die beiden Lösungen $x_1 = -1/3$ und $x_2 = 1$ für $f'(x) = 0$ erhalten. Wir untersuchen die Kandidaten nun mit Hilfe der hinreichenden Bedingung, wobei der erste Teil bereits in der notwendigen Bedingung enthalten war:

$$\begin{aligned}
f''(-1/3) &= 6\cdot\left(-\frac{1}{3}\right) - 2 = -4 < 0 &\Rightarrow\quad &\text{Maximum bei } x_1 = -\frac{1}{3}\\
f''(1) &= 6\cdot 1 - 2 = 4 \qquad\quad > 0 &\Rightarrow\quad &\text{Minimum bei } x_2 = 1
\end{aligned}$$

Die zugehörigen Funktionswerte erhalten wir über die Funktionsgleichung:

$$\begin{aligned} f(-1/3) &= \left(-\frac{1}{3}\right)^3 - \left(-\frac{1}{3}\right)^2 + \frac{1}{3} + 1 = \frac{32}{27} \approx 1,19 \\ f(1) &= 1^3 - 1^2 - 1 + 1 = 0 \end{aligned}$$

Die Funktion $f(x)$ hat also ein Maximum bei $P_{E,1}(-0,34;1,19)$ und ein Minimum bei $P_{E,2}(1;0)$.

8. *Wendepunkte:* Wir suchen zunächst mit der notwendigen Bedingung $f''(x) = 0$ Kandidaten für Wendestellen:

$$f''(x) = 6x - 2 = 0 \quad \Rightarrow \quad x = \frac{1}{3}$$

Wir untersuchen den Kandidaten nun mit Hilfe der hinreichenden Bedingung, wobei der erste Teil bereits in der notwendigen Bedingung enthalten war:

$$f'''(1/3) = 6 \neq 0 \quad \Rightarrow \quad \text{Wendestelle bei } x = \frac{1}{3}$$

Den zugehörigen Funktionswert erhalten wir über die Funktionsgleichung:

$$f(1/3) = \left(\frac{1}{3}\right)^3 - \left(\frac{1}{3}\right)^2 - \frac{1}{3} + 1 = \frac{16}{27} \approx 0,59$$

Die Funktion hat also einen Wendepunkt bei $P_W(0,34;0,59)$.

9. *Grenzwerte:* Wir führen die Grenzübergänge $x \to -\infty$ und $x \to \infty$ durch:

$$\begin{aligned} \lim_{x \to -\infty} f(x) &= \lim_{x \to -\infty} x^3 \to -\infty \\ \lim_{x \to \infty} f(x) &= \lim_{x \to \infty} x^3 \to \infty \end{aligned}$$

10. *Bildbereich:* Aus den Grenzwerten für $x \to \pm\infty$ folgt der Bildbereich $\mathbb{B} = \mathbb{R}$.

11. *Graph:* Abbildung 7.3 zeigt den Graphen von $f(x)$.

Lösung 20 (Aufgabe 20 auf Seite 113). Gegeben ist die Funktion

$$f(x) = 2x^4 - 3x^2 + 1.$$

1. *Ableitungen:* Wir bilden zunächst die erste bis dritte Ableitung von $f(x)$:

$$\begin{aligned} f'(x) &= 8x^3 - 6x \\ f''(x) &= 24x^2 - 6 \\ f'''(x) &= 48x \end{aligned}$$

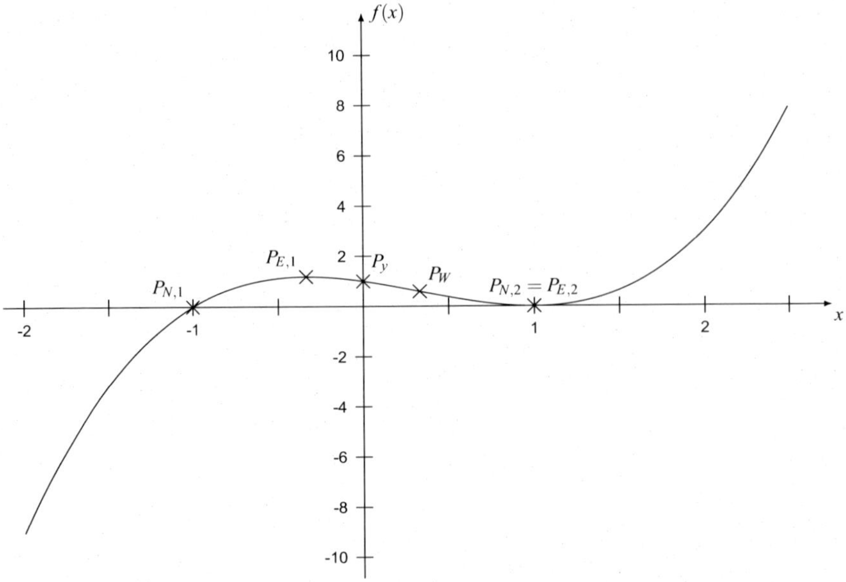

Abbildung 7.3: $f(x) = x^3 - x^2 - x + 1$ (zu Lösung 19)

2. *Definitionsbereich:* Der Funktionswert ist für jede reelle Zahl definiert. Daher ist der Definitionsbereich $\mathbb{D} = \mathbb{R}$.

3. *Symmetrie:* Wir testen zuerst auf gerade Symmetrie $f(x) = f(-x)$:

$$f(-x) = 2 \cdot (-x)^4 - 3 \cdot (-x)^2 + 1 = 2x^4 - 3x^2 + 1 = f(x)$$

Die Funktion weist gerade Symmetrie auf.

4. *Monotonie:* An Übergängen zwischen Monotonie-Intervallen ist die erste Ableitung null:

$$\begin{aligned} & f'(x) = 8x^3 - 6x = 0 \\ \Rightarrow \quad & x \cdot (4x^2 - 3) = 0 \\ \Rightarrow \quad & x = 0 \quad \text{und} \quad 4x^2 - 3 = 0 \\ \Rightarrow \quad & x = 0 \quad \text{und} \quad x = \pm\frac{\sqrt{3}}{2} \\ \Rightarrow \quad & x_1 = -\frac{\sqrt{3}}{2} \approx -0,87 \quad \text{und} \quad x_2 = 0 \quad \text{und} \quad x_3 = \frac{\sqrt{3}}{2} \approx 0,87 \end{aligned}$$

Es gibt also die vier Monotonie-Intervalle $I_1 = (-\infty; -0,87)$, $I_2 = (-0,87; 0)$, $I_3 = (0; 0,87)$ und $I_4 = (0,87; \infty)$. Die Art der Monotonie bestimmen wir durch Einsetzen jeweils eines beliebigen x-Wertes der Intervalle in die erste Ableitung:

$$\begin{aligned} f'(-1) &= -2 < 0 &\Rightarrow\ & \text{Streng monoton fallend in } x \in (-\infty; -0,87) \\ f'(-1/2) &= 2 \quad > 0 &\Rightarrow\ & \text{Streng monoton steigend in } x \in (-0,87; 0) \\ f'(1/2) &= -2 < 0 &\Rightarrow\ & \text{Streng monoton fallend in } x \in (0; 0,87) \\ f'(1) &= 2 \quad > 0 &\Rightarrow\ & \text{Streng monoton steigend in } x \in (0,87; \infty) \end{aligned}$$

5. *y-Achsenabschnitt:* Die Funktion schneidet die y-Achse bei $x = 0$:

$$f(0) = 2 \cdot 0^4 - 3 \cdot 0^2 + 1 = 1$$

Der Schnittpunkt mit der y-Achse ist daher $P_y(0; 1)$.

6. *Nullstellen:* Die Funktion schneidet die x-Achse bei $f(x) = 2x^4 - 3x^2 + 1 = 0$. Durch Einsetzen (»Ausprobieren«) natürlicher Zahlen finden wir eine Nullstelle $x_1 = 1$ mit $f(1) = 0$. Somit ist $(x - x_1) = (x - 1)$ ein Faktor von $f(x)$,

$$f(x) = f_1(x) \cdot (x - 1),$$

und wir bestimmen $f_1(x)$ mittels Polynomdivision $f_1(x) = f(x)/(x - 1)$:

$$\begin{array}{l} (\;2x^4 \qquad\;\; - 3x^2 \qquad + 1\,)\,/\,(x - 1) = 2x^3 + 2x^2 - x - 1 \\ \underline{-2x^4 + 2x^3} \\ \qquad\;\; 2x^3 - 3x^2 \\ \qquad\; \underline{-2x^3 + 2x^2} \\ \qquad\qquad\quad -x^2 \\ \qquad\qquad\quad \underline{x^2 - x} \\ \qquad\qquad\qquad -x + 1 \\ \qquad\qquad\qquad \underline{\;\;x - 1} \\ \qquad\qquad\qquad\qquad 0 \end{array}$$

Durch Einsetzen natürlicher Zahlen finden wir die weitere Nullstelle $x_2 = -1$ mit $f_1(-1) = 0$. Somit ist $(x - x_2) = (x + 1)$ ein Faktor von $f_1(x)$,

$$f_1(x) = f_2(x) \cdot (x + 1),$$

und wir bestimmen $f_2(x)$ mittels Polynomdivision $f_2(x) = f_1(x)/(x + 1)$:

$$\begin{array}{l} (\;2x^3 + 2x^2 - x - 1\,)\,/\,(x + 1) = 2x^2 - 1 \\ \underline{-2x^3 - 2x^2} \\ \qquad\qquad\; -x - 1 \\ \qquad\qquad\; \underline{\;\;x + 1} \\ \qquad\qquad\qquad 0 \end{array}$$

Die Nullstellen des Restes $f_2(x)$ ergeben sich durch einfache Umformung:

$$2x^2 - 1 = 0 \quad \Rightarrow \quad x_3 = -\frac{1}{\sqrt{2}} \approx -0,71 \quad \text{und} \quad x_4 = \frac{1}{\sqrt{2}} \approx 0,71$$

Insgesamt ergibt sich folgende Faktorisierung:

$$f(x) = (x-1)\cdot(x+1)\cdot\left(x+\frac{1}{\sqrt{2}}\right)\cdot\left(x-\frac{1}{\sqrt{2}}\right)$$

Die Funktion besitzt also die vier Nullstellen $P_{N,1}(-1;0)$, $P_{N,2}(-0.71;0)$, $P_{N,3}(0.71;0)$ und $P_{N,4}(1;0)$.

7. *Extrempunkte:* Wir suchen zunächst mit der notwendigen Bedingung $f'(x) = 0$ Kandidaten für Extremstellen. Wir haben dies bereits bei der Bestimmung der Monotonie-Intervalle getan und die drei Lösungen $x_1 = -\sqrt{3}/2$, $x_2 = 0$ und $x_3 = \sqrt{3}/2$ für $f'(x) = 0$ erhalten. Wir untersuchen die Kandidaten nun mit Hilfe der hinreichenden Bedingung, wobei der erste Teil bereits in der notwendigen Bedingung enthalten war:

$$\begin{aligned} f''(x_1) &= 12 > 0 \quad \Rightarrow \quad \text{Minimum bei } x_1 \\ f''(x_2) &= -6 < 0 \quad \Rightarrow \quad \text{Maximum bei } x_2 \\ f''(x_3) &= 12 > 0 \quad \Rightarrow \quad \text{Minimum bei } x_3 \end{aligned}$$

Die zugehörigen Funktionswerte erhalten wir über die Funktionsgleichung, wobei wir von der geraden Symmetrie $f(x) = f(-x)$ Gebrauch machen:

$$\begin{aligned} f(x_1) &= f(x_3) = -\frac{1}{8} = -0,125 \\ f(x_2) &= 1 \end{aligned}$$

Die Funktion $f(x)$ hat also ein Minimum bei $P_{E,1}(-0,87;-0,125)$, ein Maximum bei $P_{E,2}(0;1)$ und ein Minimum bei $P_{E,3}(0,87;-0,125)$.

8. *Wendepunkte:* Wir suchen zunächst mit der notwendigen Bedingung $f''(x) = 0$ Kandidaten für Wendestellen:

$$f''(x) = 24x^2 - 6 = 0 \quad \Rightarrow \quad x_1 = -\frac{1}{2} \quad \text{und} \quad x_2 = \frac{1}{2}$$

Wir untersuchen die Kandidaten nun mit Hilfe der hinreichenden Bedingung, wobei der erste Teil bereits in der notwendigen Bedingung enthalten war:

$$\begin{aligned} f'''(x_1) &= -24 \neq 0 \quad \Rightarrow \quad \text{Wendestelle bei } x_1 \\ f'''(x_2) &= 24 \quad \neq 0 \quad \Rightarrow \quad \text{Wendestelle bei } x_2 \end{aligned}$$

Die zugehörigen Funktionswerte erhalten wir über die Funktionsgleichung, wobei wir von der geraden Symmetrie $f(x) = f(-x)$ Gebrauch machen:

$$f(x_1) = f(x_2) = \frac{3}{8} = 0,375$$

Die Funktion hat also die beiden Wendepunkte $P_{W,1}(-0,5;0,375)$ und $P_{W,2}(0,5;0,375)$.

9. *Grenzwerte:* Wir führen die Grenzübergänge $x \to -\infty$ und $x \to \infty$ durch:

$$\begin{aligned}\lim_{x\to-\infty} f(x) &= \lim_{x\to-\infty} 2x^4 = 2 \cdot \lim_{x\to-\infty} x^4 \to \infty \\ \lim_{x\to\infty} f(x) &= \lim_{x\to\infty} 2x^4 = 2 \cdot \lim_{x\to\infty} x^4 \to \infty\end{aligned}$$

10. *Bildbereich:* Aus den Extrempunkten und den Grenzwerten für $x \to \pm\infty$ folgt der Bildbereich $\mathbb{B} = \{f(x) \in \mathbb{R} | f(x) \geq -0,13\}$.

11. *Graph:* Abbildung 7.4 zeigt den Graphen von $f(x)$.

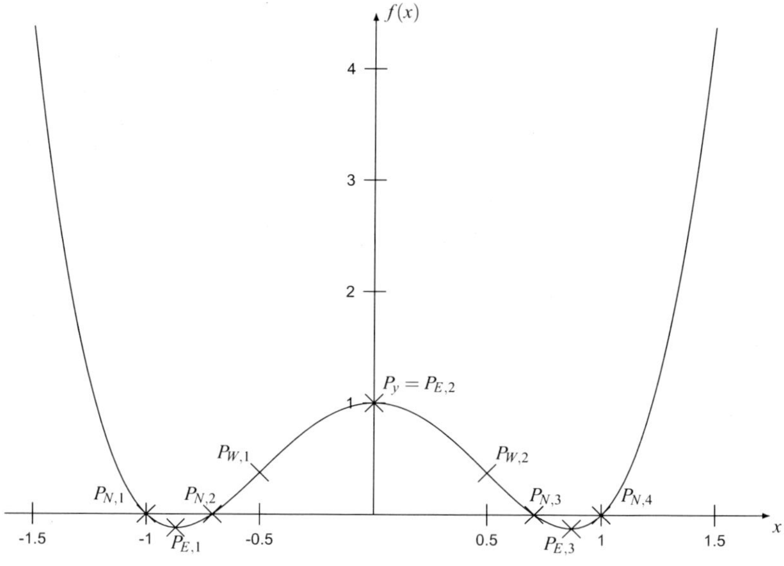

Abbildung 7.4: $f(x) = 2x^4 - 3x^2 + 1$ (zu Lösung 20)

Lösung 21 (Aufgabe 21 auf Seite 113). Gegeben ist die Funktion

$$f(x) = x^4 + 2x^3 - 3x^2 - 8x - 4.$$

1. *Ableitungen:* Wir bilden zunächst die erste bis dritte Ableitung von $f(x)$:

$$\begin{aligned}f'(x) &= 4x^3 + 6x^2 - 6x - 8 \\ f''(x) &= 12x^2 + 12x - 6 \\ f'''(x) &= 24x + 12\end{aligned}$$

2. *Definitionsbereich:* Der Funktionswert ist für jede reelle Zahl definiert. Daher ist der Definitionsbereich $\mathbb{D} = \mathbb{R}$.

3. *Symmetrie:* Wir testen zuerst auf gerade Symmetrie $f(x) = f(-x)$:

$$f(-x) = (-x)^4 + 2 \cdot (-x)^3 - 3 \cdot (-x)^2 - 8 \cdot (-x) - 4 = x^4 - 2x^3 - 3x^2 + 8x - 4 \neq f(x)$$

Die Funktion weist keine gerade Symmetrie auf. Wir testen daher auf ungerade Symmetrie:

$$-f(-x) = -\left(x^4 - 2x^3 - 3x^2 + 8x - 4\right) = -x^4 + 2x^3 + 3x^2 - 8x + 4 \neq f(x)$$

Die Funktion weist keine ungerade Symmetrie auf.

4. *Monotonie:* An Übergängen zwischen Monotonie-Intervallen ist die erste Ableitung null:

$$f'(x) = 4x^3 + 6x^2 - 6x - 8 = 0 \quad \Rightarrow \quad 2x^3 + 3x^2 - 3x - 4 = 0$$

Durch Einsetzen (»Ausprobieren«) natürlicher Zahlen finden wir eine Nullstelle $x_1 = -1$ mit $f'(-1) = 0$. Somit ist $(x - x_1) = (x + 1)$ ein Faktor von $f'(x)$,

$$f'(x) = f_1'(x) \cdot (x + 1),$$

und $f_1'(x)$ bestimmen wir mittels Polynomdivision $f_1'(x) = f'(x)/(x + 1)$:

$$\begin{array}{l}
\left(\;4x^3 + 6x^2 - 6x - 8\right) / \left(x + 1\right) = 4x^2 + 2x - 8 \\
\underline{-\,4x^3 - 4x^2} \\
\qquad\quad 2x^2 - 6x \\
\qquad\; \underline{-\,2x^2 - 2x} \\
\qquad\qquad\quad -\,8x - 8 \\
\qquad\qquad\quad \underline{\;\;\;8x + 8} \\
\qquad\qquad\qquad\qquad 0
\end{array}$$

Die Nullstellen von $f_1'(x)$ ergeben sich mit Hilfe der pq-Formel:

$$\begin{aligned}
f_1'(x) = 4x^2 + 2x - 8 = 0 \quad &\Rightarrow \quad x^2 + \frac{1}{2}x - 2 = 0 \\
&\Rightarrow \quad x_{2,3} = -\frac{1}{4} \pm \sqrt{\left(\frac{1}{4}\right)^2 + 2} = -\frac{1}{4} \pm \frac{\sqrt{33}}{4} \\
&\Rightarrow \quad x_2 \approx -1,69 \quad \text{und} \quad x_3 \approx 1,19
\end{aligned}$$

Es gibt also die vier Monotonie-Intervalle $I_1 = (-\infty; -1,69)$, $I_2 = (-1,69; -1)$, $I_3 = (-1; 1,19)$ und $I_4 = (1,19; \infty)$. Die Art der Monotonie bestimmen wir durch Einsetzen jeweils eines beliebigen x-Wertes der Intervalle in die erste Ableitung:

$$\begin{aligned}
f'(-2) = -4 < 0 \quad &\Rightarrow \quad \text{Streng monoton fallend in } x \in (-\infty; -1,69) \\
f'(-3/2) = 1 \;\; > 0 \quad &\Rightarrow \quad \text{Streng monoton steigend in } x \in (-1,69; -1) \\
f'(0) = -8 < 0 \quad &\Rightarrow \quad \text{Streng monoton fallend in } x \in (-1; 1,19) \\
f'(2) = 36 \;\; > 0 \quad &\Rightarrow \quad \text{Streng monoton steigend in } x \in (1,19; \infty)
\end{aligned}$$

5. *y-Achsenabschnitt:* Die Funktion schneidet die y-Achse bei $x = 0$:

$$f(0) = 0^4 + 2 \cdot 0^3 - 3 \cdot 0^2 - 8 \cdot 0 - 4 = -4$$

Der Schnittpunkt mit der y-Achse ist daher $P_y(0; -4)$.

6. *Nullstellen:* Die Funktion schneidet die x-Achse bei $f(x) = x^4 + 2x^3 - 3x^2 - 8x - 4 = 0$. Durch Einsetzen (»Ausprobieren«) natürlicher Zahlen finden wir eine Nullstelle $x_1 = 2$ mit $f(2) = 0$. Somit ist $(x - x_1) = (x - 2)$ ein Faktor von $f(x)$,

$$f(x) = f_1(x) \cdot (x - 2),$$

und wir bestimmen $f_1(x)$ mittels Polynomdivision $f_1(x) = f(x)/(x - 2)$:

$$\begin{array}{l}
(\ x^4 + 2x^3 - 3x^2 - 8x - 4) \,/\, (x - 2) = x^3 + 4x^2 + 5x + 2 \\
\underline{-x^4 + 2x^3} \\
\qquad 4x^3 - 3x^2 \\
\qquad \underline{-4x^3 + 8x^2} \\
\qquad\qquad 5x^2 - 8x \\
\qquad\qquad \underline{-5x^2 + 10x} \\
\qquad\qquad\qquad 2x - 4 \\
\qquad\qquad\qquad \underline{-2x + 4} \\
\qquad\qquad\qquad\qquad 0
\end{array}$$

Durch Einsetzen natürlicher Zahlen finden wir die weitere Nullstelle $x_2 = -2$ mit $f_1(-2) = 0$. Somit ist $(x - x_2) = (x + 2)$ ein Faktor von $f_1(x)$,

$$f_1(x) = f_2(x) \cdot (x + 2),$$

und wir bestimmen $f_2(x)$ mittels Polynomdivision $f_2(x) = f_1(x)/(x + 2)$:

$$\begin{array}{l}
(\ x^3 + 4x^2 + 5x + 2) \,/\, (x + 2) = x^2 + 2x + 1 \\
\underline{-x^3 - 2x^2} \\
\qquad 2x^2 + 5x \\
\qquad \underline{-2x^2 - 4x} \\
\qquad\qquad x + 2 \\
\qquad\qquad \underline{-x - 2} \\
\qquad\qquad\qquad 0
\end{array}$$

Der Rest $f_2(x)$ lässt sich über die pq-Formel lösen oder mit der 1. binomischen Formel umformen. Insgesamt ergibt sich folgende Faktorisierung:

$$f(x) = (x - 2) \cdot (x + 2) \cdot (x + 1)^2$$

Die Funktion besitzt also eine Nullstelle bei $P_{N,1}(-2; 0)$, eine doppelte Nullstelle (d. h. einen Berührpunkt mit der x-Achse) bei $P_{N,2}(-1; 0)$ und eine Nullstelle bei $P_{N,3}(2; 0)$.

7. *Extrempunkte:* Wir suchen zunächst mit der notwendigen Bedingung $f'(x) = 0$ Kandidaten für Extremstellen. Wir haben dies bereits bei der Bestimmung der Monotonie-Intervalle getan und die drei Lösungen $x_1 = -(1+\sqrt{33})/4$, $x_2 = -1$ und $x_3 = (-1+\sqrt{33})/4$ für $f'(x) = 0$ erhalten. Wir untersuchen die Kandidaten nun mit Hilfe der hinreichenden Bedingung, wobei der erste Teil bereits in der notwendigen Bedingung enthalten war:

$$\begin{array}{lll} f''(x_1) \approx 7,88 \ \ > 0 & \Rightarrow & \text{Minimum bei } x_1 \\ f''(x_2) = -6 \quad\ < 0 & \Rightarrow & \text{Maximum bei } x_2 \\ f''(x_3) \approx 25,12 > 0 & \Rightarrow & \text{Minimum bei } x_3 \end{array}$$

Die zugehörigen Funktionswerte erhalten wir über die Funktionsgleichung:

$$\begin{array}{lll} f(x_1) & \approx & -0,54 \\ f(x_2) & = & 0 \\ f(x_3) & \approx & -12,39 \end{array}$$

Die Funktion $f(x)$ hat also ein Minimum bei $P_{E,1}(-1,69;-0,54)$, ein Maximum bei $P_{E,2}(-1;0)$ und ein Minimum bei $P_{E,3}(1,19;-12,39)$.

8. *Wendepunkte:* Wir suchen zunächst mit der notwendigen Bedingung $f''(x) = 0$ Kandidaten für Wendestellen:

$$\begin{array}{lll} f''(x) = 12x^2 + 12x - 6 = 0 & \Rightarrow & x^2 + x - \frac{1}{2} = 0 \\ & \Rightarrow & x_{1,2} = -\frac{1}{2} \pm \sqrt{\left(\frac{1}{2}\right)^2 + \frac{1}{2}} = -\frac{1}{2} \pm \frac{\sqrt{3}}{2} \\ & \Rightarrow & x_1 \approx -1,37 \quad \text{und} \quad x_2 \approx 0,37 \end{array}$$

Wir untersuchen die Kandidaten nun mit Hilfe der hinreichenden Bedingung, wobei der erste Teil bereits in der notwendigen Bedingung enthalten war:

$$\begin{array}{lll} f'''(x_1) \approx -20,79 \neq 0 & \Rightarrow & \text{Wendestelle bei } x_1 \\ f'''(x_2) \approx 20,79 \quad \neq 0 & \Rightarrow & \text{Wendestelle bei } x_2 \end{array}$$

Die zugehörigen Funktionswerte erhalten wir über die Funktionsgleichung:

$$\begin{array}{lll} f(x_1) & \approx & -0,29 \\ f(x_2) & \approx & -7,21 \end{array}$$

Die Funktion hat also die beiden Wendepunkte $P_{W,1}(-1,37;-0,29)$ und $P_{W,2}(0,37;-7,21)$.

9. *Grenzwerte:* Wir führen die Grenzübergänge $x \to -\infty$ und $x \to \infty$ durch:

$$\begin{array}{lll} \lim\limits_{x \to -\infty} f(x) & = & \lim\limits_{x \to -\infty} x^4 \to \infty \\ \lim\limits_{x \to \infty} f(x) & = & \lim\limits_{x \to \infty} x^4 \to \infty \end{array}$$

10. *Bildbereich:* Aus den Extrempunkten und den Grenzwerten für $x \to \pm\infty$ folgt der Bildbereich $\mathbb{B} = \{f(x) \in \mathbb{R} | f(x) \geq -12,39\}$.

11. *Graph:* Abbildung 7.5 zeigt den Graphen von $f(x)$.

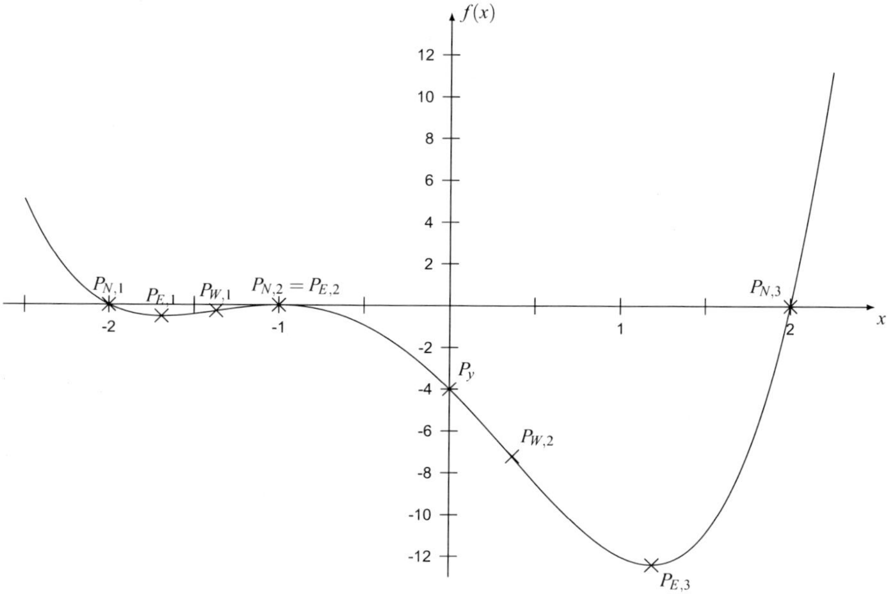

Abbildung 7.5: $f(x) = x^4 + 2x^3 - 3x^2 - 8x - 4$ (zu Lösung 21)

Lösung 22 (Aufgabe 22 auf Seite 114). Gegeben ist die Funktion

$$f(x) = x^4 - \frac{5}{2}x^2 + 4.$$

1. *Ableitungen:* Wir bilden zunächst die erste bis dritte Ableitung von $f(x)$:

$$\begin{aligned} f'(x) &= 4x^3 - 5x \\ f''(x) &= 12x^2 - 5 \\ f'''(x) &= 24x \end{aligned}$$

2. *Definitionsbereich:* Der Funktionswert ist für jede reelle Zahl definiert. Daher ist der Definitionsbereich $\mathbb{D} = \mathbb{R}$.

3. *Symmetrie:* Wir testen zuerst auf gerade Symmetrie $f(x) = f(-x)$:

$$f(-x) = (-x)^4 - \frac{5}{2} \cdot (-x)^2 + 4 = x^4 - \frac{5}{2}x^2 + 4 = f(x)$$

Die Funktion weist gerade Symmetrie auf.

4. *Monotonie:* An Übergängen zwischen Monotonie-Intervallen ist die erste Ableitung null:

$$\begin{aligned} & f'(x) = 4x^3 - 5x = 0 \\ \Rightarrow\quad & x \cdot \left(4x^2 - 5\right) = 0 \\ \Rightarrow\quad & x = 0 \quad \text{und} \quad x^2 = \frac{5}{4} \\ \Rightarrow\quad & x_1 = -\frac{\sqrt{5}}{2} \approx -1,12 \quad \text{und} \quad x_2 = 0 \quad \text{und} \quad x_3 = \frac{\sqrt{5}}{2} \approx 1,12 \end{aligned}$$

Es gibt also die vier Monotonie-Intervalle $I_1 = (-\infty; -1,12)$, $I_2 = (-1,12; 0)$, $I_3 = (0; 1,12)$ und $I_4 = (1,12; \infty)$. Die Art der Monotonie bestimmen wir durch Einsetzen jeweils eines beliebigen x-Wertes der Intervalle in die erste Ableitung:

$$\begin{aligned} f'(-2) &= -22 < 0 &\Rightarrow\quad & \text{Streng monoton fallend in } x \in (-\infty; -1,12) \\ f'(-1) &= 1 \quad > 0 &\Rightarrow\quad & \text{Streng monoton steigend in } x \in (-1,12; 0) \\ f'(1) &= -1 \quad < 0 &\Rightarrow\quad & \text{Streng monoton fallend in } x \in (0; 1,12) \\ f'(2) &= 22 \quad > 0 &\Rightarrow\quad & \text{Streng monoton steigend in } x \in (1,12; \infty) \end{aligned}$$

5. *y-Achsenabschnitt:* Die Funktion schneidet die y-Achse bei $x = 0$:

$$f(0) = 0^4 - \frac{5}{2} \cdot 0^2 + 4 = 4$$

Der Schnittpunkt mit der y-Achse ist daher $P_y(0; 4)$.

6. *Nullstellen:* Die Funktion schneidet die x-Achse bei $f(x) = x^4 - \frac{5}{2}x^2 + 4 = 0$. Da der Grad des Polynoms $f(x)$ größer als 2 ist, können wir keine geschlossene Lösungsformel wie beispielsweise die pq-Formel anwenden. Auch durch Einsetzen (»Ausprobieren«) natürlicher Zahlen lässt sich keine Nullstelle finden. Allerdings besteht $f(x)$ nur aus Monomen x^{2k} mit geraden Exponenten $2k$. Wir können daher einen Lösungsansatz anwenden, den man als *Substitution* (»Ersetzung«) bezeichnet. Hierbei ersetzen wir x^2 zunächst durch die neu definierte Variable

$$z = x^2.$$

Damit lässt sich $f(x)$ wie folgt als Funktion von z schreiben:

$$f(x) = x^4 - \frac{5}{2}x^2 + 4 \quad \Rightarrow \quad f(z) = z^2 - \frac{5}{2}z + 4$$

Die Nullstellen von $f(z)$ lassen sich mit der pq-Formel bestimmen:

$$f(z) = z^2 - \frac{5}{2}z + 4 = 0 \quad \Rightarrow \quad z_{1,2} = \frac{5}{4} \pm \sqrt{\left(\frac{5}{4}\right)^2 - 4}$$
$$\Rightarrow \quad z_{1,2} = \frac{5}{4} \pm \sqrt{-2,44}$$

Die Wurzel aus negativen Zahlen ist nicht definiert, weshalb es keine Lösung für $f(z) = 0$ gibt. Die Nullstellen von $f(x)$ erhalten wir prinzipiell aus allen Nullstellen z_i von $f(z)$, indem wir die Substitution rückgängig machen:

$$x^2 = z_i \quad \Rightarrow \quad x = \pm\sqrt{z_i}$$

Da aber $f(z)$ keine Nullstellen besitzt, hat auch $f(x)$ keine Nullstellen.

7. *Extrempunkte:* Wir suchen zunächst mit der notwendigen Bedingung $f'(x) = 0$ Kandidaten für Extremstellen. Wir haben dies bereits bei der Bestimmung der Monotonie-Intervalle getan und die drei Lösungen $x_1 = -\sqrt{5}/2$, $x_2 = 0$ und $x_3 = \sqrt{5}/2$ für $f'(x) = 0$ erhalten. Wir untersuchen die Kandidaten nun mit Hilfe der hinreichenden Bedingung, wobei der erste Teil bereits in der notwendigen Bedingung enthalten war:

$$f''(x_1) = 10 > 0 \quad \Rightarrow \quad \text{Minimum bei } x_1$$
$$f''(x_2) = -5 < 0 \quad \Rightarrow \quad \text{Maximum bei } x_2$$
$$f''(x_3) = 10 > 0 \quad \Rightarrow \quad \text{Minimum bei } x_3$$

Die zugehörigen Funktionswerte erhalten wir über die Funktionsgleichung, wobei wir die gerade Symmetrie $f(x) = f(-x)$ ausnutzen:

$$f(x_1) \approx 2,44$$
$$f(x_2) = 4$$
$$f(x_3) = f(x_1) \approx 2,44$$

Die Funktion $f(x)$ hat also ein Minimum bei $P_{E,1}(-1,12; 2,44)$, ein Maximum bei $P_{E,2}(0;4)$ und ein Minimum bei $P_{E,3}(1,12; 2,44)$.

8. *Wendepunkte:* Wir suchen zunächst mit der notwendigen Bedingung $f''(x) = 0$ Kandidaten für Wendestellen:

$$f''(x) = 12x^2 - 5 = 0 \quad \Rightarrow \quad x_{1,2} = \pm\sqrt{\frac{5}{12}}$$
$$\Rightarrow \quad x_1 \approx -0,65 \quad \text{und} \quad x_2 \approx 0,65$$

Wir untersuchen die Kandidaten nun mit Hilfe der hinreichenden Bedingung, wobei der erste Teil bereits in der notwendigen Bedingung enthalten war:

$$f'''(x_1) = -24 \cdot \sqrt{\frac{5}{12}} \neq 0 \quad \Rightarrow \quad \text{Wendestelle bei } x_1$$
$$f'''(x_2) = 24 \cdot \sqrt{\frac{5}{12}} \neq 0 \quad \Rightarrow \quad \text{Wendestelle bei } x_2$$

Die zugehörigen Funktionswerte erhalten wir über die Funktionsgleichung, wobei wir die gerade Symmetrie $f(x) = f(-x)$ ausnutzen:

$$f(x_1) = f(x_2) \approx 3,13$$

Die Funktion hat also die beiden Wendepunkte $P_{W,1}(-0,65;3,13)$ und $P_{W,2}(0,65;3,13)$.

9. *Grenzwerte:* Wir führen die Grenzübergänge $x \to -\infty$ und $x \to \infty$ durch:

$$\lim_{x\to-\infty} f(x) = \lim_{x\to-\infty} x^4 \to \infty$$
$$\lim_{x\to\infty} f(x) = \lim_{x\to\infty} x^4 \to \infty$$

10. *Bildbereich:* Aus den Extrempunkten und den Grenzwerten für $x \to \pm\infty$ folgt der Bildbereich $\mathbb{B} = \{f(x) \in \mathbb{R} | f(x) \geq 2,44\}$.

11. *Graph:* Abbildung 7.6 zeigt den Graphen von $f(x)$.

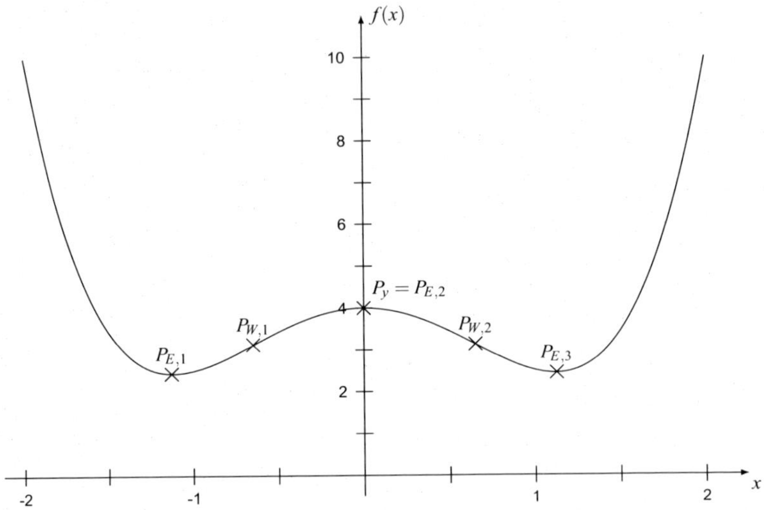

Abbildung 7.6: $f(x) = x^4 - \frac{5}{2}x^2 + 4$ (zu Lösung 22)

Lösung 23 (Aufgabe 23 auf Seite 114). Gegeben ist die Funktion

$$f(x) = -3x^5 + 20x^3.$$

1. *Ableitungen:* Wir bilden zunächst die erste bis dritte Ableitung von $f(x)$:

$$\begin{aligned} f'(x) &= -15x^4 + 60x^2 \\ f''(x) &= -60x^3 + 120x \\ f'''(x) &= -180x^2 + 120 \end{aligned}$$

2. *Definitionsbereich:* Der Funktionswert ist für jede reelle Zahl definiert. Daher ist der Definitionsbereich $\mathbb{D} = \mathbb{R}$.

3. *Symmetrie:* Wir testen zuerst auf gerade Symmetrie $f(x) = f(-x)$:

$$f(-x) = -3 \cdot (-x)^5 + 20 \cdot (-x)^3 = 3x^5 - 20x^3 \neq f(x)$$

Die Funktion weist keine gerade Symmetrie auf. Wir testen daher auf ungerade Symmetrie:

$$-f(-x) = -\left(3x^5 - 20x^3\right) = -3x^5 + 20x^3 = f(x)$$

Die Funktion weist ungerade Symmetrie auf.

4. *Monotonie:* An Übergängen zwischen Monotonie-Intervallen ist die erste Ableitung null:

$$\begin{aligned} f'(x) = -15x^4 + 60x^2 = 0 \quad &\Rightarrow \quad x^2 \cdot (-x^2 + 4) = 0 \\ &\Rightarrow \quad x^2 = 0 \quad \text{und} \quad x^2 = 4 \\ &\Rightarrow \quad x_1 = -2 \quad \text{und} \quad x_2 = 0 \quad \text{und} \quad x_3 = 2 \end{aligned}$$

Es gibt also die vier Monotonie-Intervalle $I_1 = (-\infty; -2)$, $I_2 = (-2; 0)$, $I_3 = (0; 2)$ und $I_4 = (2; \infty)$. Die Art der Monotonie bestimmen wir durch Einsetzen jeweils eines beliebigen x-Wertes der Intervalle in die erste Ableitung:

$$\begin{aligned} f'(-3) = -675 < 0 \quad &\Rightarrow \quad \text{Streng monoton fallend in } x \in (-\infty; -2) \\ f'(-1) = 45 \quad > 0 \quad &\Rightarrow \quad \text{Streng monoton steigend in } x \in (-2; 0) \\ f'(1) = 45 \quad > 0 \quad &\Rightarrow \quad \text{Streng monoton steigend in } x \in (0; 2) \\ f'(3) = -675 < 0 \quad &\Rightarrow \quad \text{Streng monoton fallend in } x \in (2; \infty) \end{aligned}$$

5. *y-Achsenabschnitt:* Die Funktion schneidet die y-Achse bei $x = 0$:

$$f(0) = -3 \cdot 0^5 + 20 \cdot 0^3 = 0$$

Der Schnittpunkt mit der y-Achse ist daher $P_y(0; 0)$.

6. *Nullstellen.* Die Funktion schneidet die x-Achse bei $f(x) = 0$:

$$\begin{aligned} f(x) = -3x^5 + 20x^3 = 0 \quad &\Rightarrow \quad x^3 \cdot (-3x^2 + 20) = 0 \\ &\Rightarrow \quad x^3 = 0 \quad \text{und} \quad x = \pm\sqrt{\frac{20}{3}} \approx \pm 2,58 \end{aligned}$$

Die Funktion besitzt also eine Nullstelle bei $P_{N,1}(-2,58; 0)$, eine dreifache Nullstelle bei $P_{N,2}(0; 0)$ und eine Nullstelle bei $P_{N,3}(2,58; 0)$.

7. *Extrempunkte:* Wir suchen zunächst mit der notwendigen Bedingung $f'(x) = 0$ Kandidaten für Extremstellen. Wir haben dies bereits bei der Bestimmung der Monotonie-Intervalle getan und die drei Lösungen $x_1 = -2$, $x_2 = 0$ und $x_3 = 2$ für $f'(x) = 0$ erhalten. Wir untersuchen die Kandidaten nun mit Hilfe der hinreichenden Bedingung, wobei der erste Teil bereits in der notwendigen Bedingung enthalten war:

$$\begin{array}{lll} f''(x_1) = 240 > 0 & \Rightarrow & \text{Minimum bei } x_1 \\ f''(x_2) = 0 & \Rightarrow & \text{Sattelpunkt bei } x_2 \\ f''(x_3) = -240 < 0 & \Rightarrow & \text{Maximum bei } x_3 \end{array}$$

Die zugehörigen Funktionswerte erhalten wir über die Funktionsgleichung, wobei wir von der ungeraden Symmetrie $f(x) = -f(-x)$ Gebrauch machen:

$$\begin{aligned} f(x_1) &= -64 \\ f(x_2) &= 0 \\ f(x_3) &= -f(x_1) = 64 \end{aligned}$$

Die Funktion $f(x)$ hat also ein Minimum bei $P_{E,1}(-2;-64)$, einen Sattelpunkt bei $P_S(0;0)$ und ein Maximum bei $P_{E,2}(2;64)$.

8. *Wendepunkte:* Wir suchen zunächst mit der notwendigen Bedingung $f''(x) = 0$ Kandidaten für Wendestellen:

$$\begin{array}{lll} f''(x) = -60x^3 + 120x = 0 & \Rightarrow & x \cdot (-x^2 + 2) = 0 \\ & \Rightarrow & x = 0 \quad \text{und} \quad x = \pm\sqrt{2} \\ & \Rightarrow & x_1 = -\sqrt{2} \quad \text{und} \quad x_2 = 0 \quad \text{und} \quad x_3 = \sqrt{2} \end{array}$$

Wir untersuchen die Kandidaten nun mit Hilfe der hinreichenden Bedingung, wobei der erste Teil bereits in der notwendigen Bedingung enthalten war:

$$\begin{array}{lll} f'''(x_1) = -240 \neq 0 & \Rightarrow & \text{Wendestelle bei } x_1 \\ f'''(x_2) = 120 \quad \neq 0 & \Rightarrow & \text{Wendestelle bei } x_2 \\ f'''(x_3) = -240 \neq 0 & \Rightarrow & \text{Wendestelle bei } x_3 \end{array}$$

Die zugehörigen Funktionswerte erhalten wir über die Funktionsgleichung, wobei wir von der ungeraden Symmetrie $f(x) = -f(-x)$ Gebrauch machen:

$$\begin{aligned} f(x_1) &= -39,60 \\ f(x_2) &= 0 \\ f(x_3) &= -f(x_1) = 39,60 \end{aligned}$$

Die Funktion $f(x)$ hat also die drei Wendepunkte $P_{W,1}(-1,41;-39,60)$, $P_{W,2}(0;0)$ sowie $P_{W,3}(1,41;39,60)$.

9. *Grenzwerte:* Wir führen die Grenzübergänge $x \to -\infty$ und $x \to \infty$ durch:

$$\begin{aligned}\lim_{x\to-\infty} f(x) &= \lim_{x\to-\infty} -3x^5 = -3 \cdot \lim_{x\to-\infty} x^5 \to \infty \\ \lim_{x\to\infty} f(x) &= \lim_{x\to\infty} -3x^5 = -3 \cdot \lim_{x\to\infty} x^5 \to -\infty\end{aligned}$$

10. *Bildbereich:* Aus den Extrempunkten und den Grenzwerten für $x \to \pm\infty$ folgt der Bildbereich $\mathbb{B} = \mathbb{R}$.

11. *Graph:* Abbildung 7.7 zeigt den Graphen von $f(x)$.

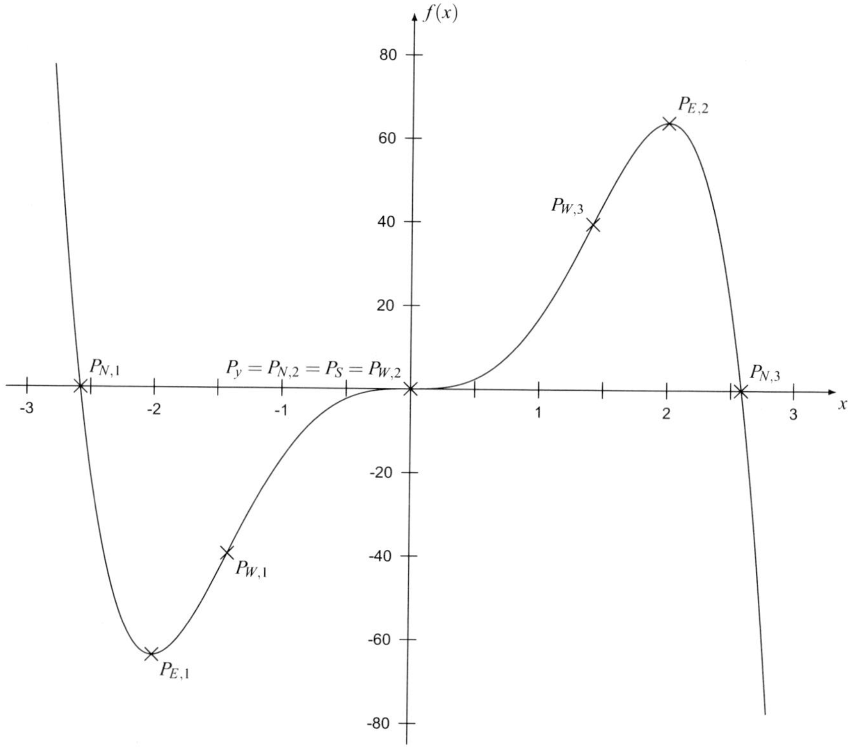

Abbildung 7.7: $f(x) = -3x^5 + 20x^3$ (zu Lösung 23)

Lösung 24 (Aufgabe 24 auf Seite 114). Gegeben ist die gebrochen rationale Funktion

$$f(x) = \frac{x^3 + x^2 - x - 1}{x^2 - 2x + 1} = \frac{p(x)}{q(x)}$$

mit dem Zählerpolynom $p(x) = x^3 + x^2 - x - 1$ und dem Nennerpolynom $q(x) = x^2 - 2x + 1$. Um zu prüfen, ob es gemeinsame Faktoren der Polynome gibt, die sich kürzen lassen, führen wir eine Faktorisierung beider Polynome durch.

- *Faktorisierung von $p(x)$:* Durch Einsetzen (»Ausprobieren«) natürlicher Zahlen finden wir eine Nullstelle $x_{p,1} = 1$ mit $p(1) = 0$. Somit ist $(x - x_{p,1}) = (x - 1)$ ein Faktor von $p(x)$,

  $$p(x) = p_1(x) \cdot (x - 1),$$

  und wir bestimmen $p_1(x)$ mittels Polynomdivision $p_1(x) = p(x)/(x - 1)$:

  $$\begin{array}{l} \left(\;x^3 + x^2 - x - 1\right) / \left(x - 1\right) = x^2 + 2x + 1 \\ \underline{-x^3 + x^2} \\ \qquad 2x^2 - x \\ \qquad \underline{-2x^2 + 2x} \\ \qquad\qquad x - 1 \\ \qquad\qquad \underline{-x + 1} \\ \qquad\qquad\quad 0 \end{array}$$

  Der Rest $p_1(x) = 0$ lässt sich über die pq-Formel lösen oder mit der 1. binomischen Formel umformen. Insgesamt ergibt sich folgende Faktorisierung:

  $$p(x) = (x - 1) \cdot (x + 1)^2$$

- *Faktorisierung von $q(x)$:* Die Gleichung $q(x) = 0$ lässt sich über die pq-Formel lösen oder mit der 2. binomischen Formel umformen. Insgesamt ergibt sich folgende Faktorisierung:

  $$q(x) = (x - 1)^2$$

Zähler- und Nennerpolynom besitzen also den gemeinsamen Faktor $(x - 1)$, der gekürzt werden kann:

$$f(x) = \frac{(x - 1) \cdot (x + 1)^2}{(x - 1)^2} = \frac{(x + 1)^2}{x - 1} = \frac{x^2 + 2x + 1}{x - 1}$$

Wir können die Kurvendiskussion mit der gekürzten Darstellung von $f(x)$ durchführen. Dabei ist allerdings zu beachten, dass $f(x)$ an allen Nullstellen des *ungekürzten* Nennenpolynoms $q(x)$ nicht definiert ist, da die Division durch Null undefiniert ist. Bei der gegebenen Funktion ist dies jedoch irrelevant, da die gekürzte Nullstelle $x_{q,1} = 1$ auch nach dem Kürzen noch im Nenner vorhanden ist.

1. *Ableitungen:* Wir bilden zunächst die erste bis dritte Ableitung von $f(x)$:

$$\begin{aligned}
f'(x) &= \frac{2(x+1)\cdot(x-1)-(x+1)^2\cdot 1}{(x-1)^2} \\
&= \frac{x^2-2x-3}{(x-1)^2} \\
f''(x) &= \frac{(2x-2)\cdot(x-1)^2-(x^2-2x-3)\cdot 2(x-1)}{(x-1)^4} \\
&= \frac{(2x-2)\cdot(x-1)-(x^2-2x-3)\cdot 2}{(x-1)^3} \\
&= \frac{8}{(x-1)^3} \\
f'''(x) &= \left(8(x-1)^{-3}\right)' = -24(x-1)^{-4} = -\frac{24}{(x-1)^4}
\end{aligned}$$

2. *Definitionsbereich:* Der Funktionswert ist für alle Nullstellen des ungekürzten Nennerpolynoms undefiniert. Aus der Faktorisierung $q(x) = (x-1)^2$ ist ersichtlich, dass $q(x)$ die doppelte Nullstelle $x_{q,1} = 1$ besitzt. Daher ist der Definitionsbereich

$$\mathbb{D} = \{x \in \mathbb{R} | x \neq 1\} = \mathbb{R}\backslash\{1\}.$$

3. *Symmetrie:* Wir testen zuerst auf gerade Symmetrie $f(x) = f(-x)$:

$$f(-x) = \frac{(-x)^2+2\cdot(-x)+1}{(-x)-1} = \frac{x^2-2x+1}{-x-1} \neq f(x)$$

Die Funktion weist keine gerade Symmetrie auf. Wir testen daher auf ungerade Symmetrie:

$$-f(-x) = -\left(\frac{x^2-2x+1}{-x-1}\right) = \frac{-x^2+2x-1}{-x-1} \neq f(x)$$

Die Funktion weist keine ungerade Symmetrie auf.

4. *Monotonie:* An Übergängen zwischen Monotonie-Intervallen ist die erste Ableitung null:

$$\begin{aligned}
f'(x) = \frac{x^2-2x-3}{(x-1)^2} = 0 \quad &\Rightarrow \quad x^2-2x-3=0 \\
&\Rightarrow \quad x_{1,2} = 1 \pm \sqrt{(-1)^2+3} = 1 \pm 2 \\
&\Rightarrow \quad x_1 = -1 \quad \text{und} \quad x_2 = 3
\end{aligned}$$

Es gibt also die drei Monotonie-Intervalle $I_1 = (-\infty; -1)$, $I_2 = (-1; 3)$ und $I_3 = (3; \infty)$. Die Art der Monotonie bestimmen wir durch Einsetzen jeweils eines beliebigen x-Wertes der Intervalle in die erste Ableitung:

$$\begin{aligned}
f'(-2) = 0{,}56 > 0 \quad &\Rightarrow \quad \text{Streng monoton steigend in } x \in (-\infty; -1) \\
f'(0) = -3 \quad < 0 \quad &\Rightarrow \quad \text{Streng monoton fallend in } x \in (-1; 3) \\
f'(4) = 0{,}56 > 0 \quad &\Rightarrow \quad \text{Streng monoton steigend in } x \in (3; \infty)
\end{aligned}$$

5. *y-Achsenabschnitt:* Die Funktion schneidet die y-Achse bei $x = 0$:

$$f(0) = \frac{0^2 + 2 \cdot 0 + 1}{0 - 1} = -1$$

Der Schnittpunkt mit der y-Achse ist daher $P_y(0; -1)$.

6. *Nullstellen:* Die Funktion schneidet die x-Achse bei $f(x) = 0$:

$$\begin{aligned} f(x) = \frac{(x+1)^2}{x-1} = 0 \quad &\Rightarrow \quad (x+1)^2 = 0 \\ &\Rightarrow \quad x_{1,2} = -1 \end{aligned}$$

Die Funktion besitzt also eine doppelte Nullstelle bei $P_N(-1; 0)$.

7. *Extrempunkte:* Wir suchen zunächst mit der notwendigen Bedingung $f'(x) = 0$ Kandidaten für Extremstellen. Wir haben dies bereits bei der Bestimmung der Monotonie-Intervalle getan und die Lösungen $x_1 = -1$ und $x_2 = 3$ für $f'(x) = 0$ erhalten. Wir untersuchen die Kandidaten nun mit Hilfe der hinreichenden Bedingung, wobei der erste Teil bereits in der notwendigen Bedingung enthalten war:

$$\begin{aligned} f''(x_1) = -1 < 0 \quad &\Rightarrow \quad \text{Maximum bei } x_1 \\ f''(x_2) = 1 \quad > 0 \quad &\Rightarrow \quad \text{Minimum bei } x_2 \end{aligned}$$

Die zugehörigen Funktionswerte erhalten wir über die Funktionsgleichung:

$$\begin{aligned} f(x_1) &= 0 \\ f(x_2) &= 8 \end{aligned}$$

Die Funktion $f(x)$ hat also ein Maximum bei $P_{E,1}(-1; 0)$ und ein Minimum bei $P_{E,2}(3; 8)$.

8. *Wendepunkte:* Wir suchen zunächst mit der notwendigen Bedingung $f''(x) = 0$ Kandidaten für Wendestellen:

$$f''(x) = \frac{8}{(x-1)^3} = 0 \quad \Rightarrow \quad 8 = 0$$

Die Gleichung führt zu einem Widerspruch und hat daher keine Lösung. Die Funktion hat also keine Wendepunkte.

9. *Grenzwerte:* Wir erweitern $f(x)$ zunächst derart, dass alle x-Werte im Nenner bei den Grenzübergängen $x \to \pm\infty$ zu null werden:

$$f(x) = \frac{x^2 + 2x + 1}{x - 1} \cdot \frac{\frac{1}{x}}{\frac{1}{x}} = \frac{x + 2 + \frac{1}{x}}{1 - \frac{1}{x}}$$

Für betragsmäßig sehr große x-Werte nähert sich $f(x)$ also der Asymptote

$$g(x) = \frac{x+2}{1} = x + 2.$$

Wir führen zudem die Grenzübergänge $x \to -\infty$ und $x \to \infty$ durch:

$$\begin{aligned} \lim_{x \to -\infty} f(x) &= \lim_{x \to -\infty} x \to -\infty \\ \lim_{x \to \infty} f(x) &= \lim_{x \to \infty} x \to \infty \end{aligned}$$

Zuletzt betrachten wir das Verhalten an der Lücke $x_0 = 1$ im Definitionsbereich. Hierzu lassen wir x zunächst von links gegen $x_0 = 1$ streben und betrachten dabei das Vorzeichen des Nenners. Dieses ist stets negativ, da bei einer Annäherung von links immer $x < 1$ gilt:

$$\lim_{x \to x_0^-} f(x) = \lim_{x \to 1^-} \frac{x^2 + 2x + 1}{x - 1} = \lim_{x \to 1^-} \frac{4}{x - 1} \to -\infty$$

Entsprechend gilt stets $x > 1$, wenn x von rechts gegen $x_0 = 1$ strebt:

$$\lim_{x \to x_0^+} f(x) = \lim_{x \to 1^+} \frac{x^2 + 2x + 1}{x - 1} = \lim_{x \to 1^+} \frac{4}{x - 1} \to \infty$$

10. *Bildbereich:* Aus den Extrempunkten, den Grenzwerten für $x \to \pm\infty$ und der Lücke im Definitionsbereich folgt der Bildbereich $\mathbb{B} = \{f(x) \in \mathbb{R} | f(x) \leq 0 \text{ oder } f(x) \geq 8\}$.
11. *Graph:* Abbildung 7.8 zeigt den Graphen von $f(x)$ sowie die Asymptote $g(x)$.

Lösung 25 (Aufgabe 25 auf Seite 114). Gegeben ist die gebrochen rationale Funktion

$$f(x) = \frac{x^4 - 5x^3 + 8x^2 - 4x}{x^2 - 3x + 2} = \frac{p(x)}{q(x)}$$

mit dem Zählerpolynom $p(x) = x^4 - 5x^3 + 8x^2 - 4x$ und dem Nennerpolynom $q(x) = x^2 - 3x + 2$. Um zu prüfen, ob es gemeinsame Faktoren der Polynome gibt, die sich kürzen lassen, führen wir eine Faktorisierung beider Polynome durch.

► *Faktorisierung von $p(x)$:* Jeder Term in $p(x)$ enthält den Faktor $x = (x - 0)$. Daher ist $x_{p,1} = 0$ eine Nullstelle von $p(x)$:

$$p(x) = x \cdot \underbrace{(x^3 - 5x^2 + 8x - 4)}_{p_1(x)}$$

Durch Einsetzen (»Ausprobieren«) natürlicher Zahlen in $p_1(x)$ finden wir die weitere Nullstelle $x_{p,2} = 1$ mit $p_1(1) = 0$. Somit ist $(x - x_{p,2}) = (x - 1)$ ein Faktor von $p_1(x)$,

$$p_1(x) = p_2(x) \cdot (x - 1),$$

und wir bestimmen $p_2(x)$ mittels Polynomdivision $p_2(x) = p_1(x)/(x - 1)$:

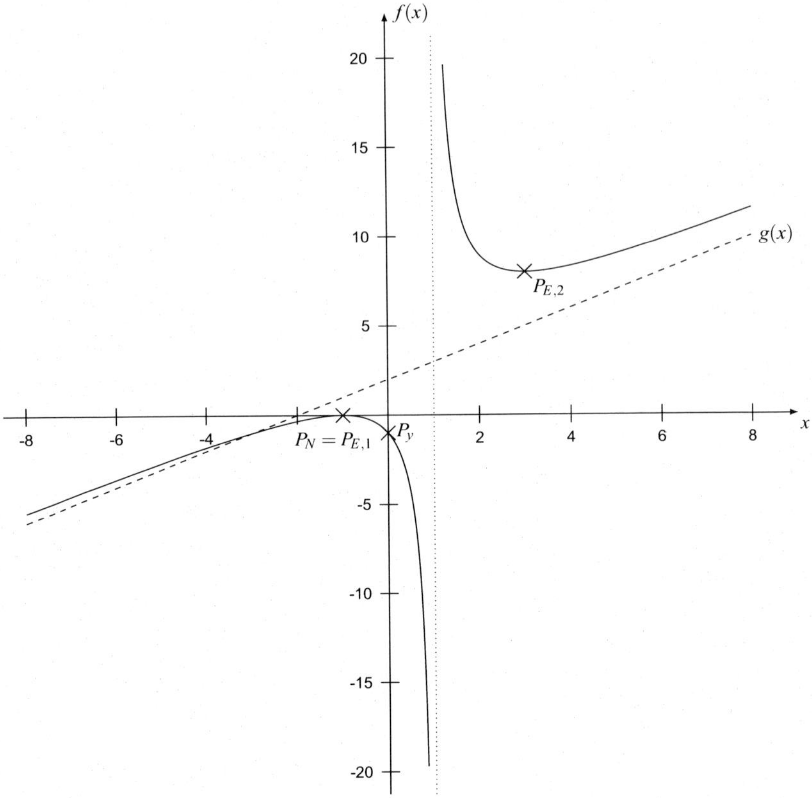

Abbildung 7.8: $f(x) = \frac{x^3+x^2-x-1}{x^2-2x+1}$ und Asymptote $g(x) = x+2$ (zu Lösung 24)

$$
\begin{array}{l}
\left(x^3 - 5x^2 + 8x - 4 \right) / \left(x - 1 \right) = x^2 - 4x + 4 \\
\underline{-x^3 + x^2} \\
\qquad -4x^2 + 8x \\
\qquad \underline{4x^2 - 4x} \\
\qquad\qquad 4x - 4 \\
\qquad\qquad \underline{-4x + 4} \\
\qquad\qquad\qquad 0
\end{array}
$$

Der Rest $p_2(x) = 0$ lässt sich über die pq-Formel lösen oder mit der 2. binomischen Formel umformen. Insgesamt ergibt sich folgende Faktorisierung:

$$p(x) = x \cdot (x-1) \cdot (x-2)^2$$

► *Faktorisierung von $q(x)$:* Die Gleichung $q(x)=0$ lässt sich über die pq-Formel lösen:

$$q(x)=x^2-3x+2=0 \quad \Rightarrow \quad x_{q,1,2}=\frac{3}{2}\pm\sqrt{\left(-\frac{3}{2}\right)^2-2}=\frac{3}{2}\pm\frac{1}{2}$$

$$\Rightarrow \quad x_{q,1}=1 \quad \text{und} \quad x_{q,2}=2$$

Insgesamt ergibt sich folgende Faktorisierung:

$$q(x)=(x-1)\cdot(x-2)$$

Das Nennerpolynom ist also ein Faktor des Zählerpolynoms. Es kann daher gekürzt werden:

$$f(x)=\frac{x\cdot(x-1)\cdot(x-2)^2}{(x-1)\cdot(x-2)}=x\cdot(x-2)=x^2-2x$$

Wir können die Kurvendiskussion mit der gekürzten Darstellung von $f(x)$ durchführen. Dabei ist allerdings zu beachten, dass $f(x)$ an allen Nullstellen des *ungekürzten* Nennenpolynoms $q(x)$ nicht definiert ist, da die Division durch Null undefiniert ist.

1. *Ableitungen:* Wir bilden zunächst die erste bis dritte Ableitung von $f(x)$:

$$\begin{aligned} f'(x) &= 2x-2 \\ f''(x) &= 2 \\ f'''(x) &= 0 \end{aligned}$$

2. *Definitionsbereich:* Der Funktionswert ist für alle Nullstellen des ungekürzten Nennerpolynoms undefiniert. Aus der Faktorisierung $q(x)=(x-1)\cdot(x-2)$ ist ersichtlich, dass $q(x)$ die Nullstellen $x_{q,1}=1$ und $x_{q,2}=2$ besitzt. Daher ist der Definitionsbereich

$$\mathbb{D}=\{x\in\mathbb{R}|x\neq 1 \text{ und } x\neq 2\}=\mathbb{R}\backslash\{1;2\}.$$

3. *Symmetrie:* Wir testen zuerst auf gerade Symmetrie $f(x)=f(-x)$:

$$f(-x)=(-x)^2-2\cdot(-x)=x^2+2x\neq f(x)$$

Die Funktion weist keine gerade Symmetrie auf. Wir testen daher auf ungerade Symmetrie:

$$-f(-x)=-\left(x^2+2x\right)=-x^2-2x\neq f(x)$$

Die Funktion weist keine ungerade Symmetrie auf.

4. *Monotonie:* An Übergängen zwischen Monotonie-Intervallen ist die erste Ableitung null:

$$f'(x)=2x-2=0 \quad \Rightarrow \quad x_1=1$$

Es gibt also die Monotonie-Intervalle $I_1=(-\infty;1)$ und $I_2=(1;\infty)$. Die Art der Monotonie bestimmen wir durch Einsetzen jeweils eines beliebigen x-Wertes der Intervalle in die erste Ableitung:

$$\begin{aligned} f'(0)&=-2<0 &&\Rightarrow \text{Streng monoton fallend in } x\in(-\infty;1) \\ f'(2)&=2 \quad >0 &&\Rightarrow \text{Streng monoton steigend in } x\in(1;\infty) \end{aligned}$$

5. *y-Achsenabschnitt:* Die Funktion schneidet die y-Achse bei $x = 0$:

$$f(0) = 0^2 - 2 \cdot 0 = 0$$

Der Schnittpunkt mit der y-Achse ist daher $P_y(0;0)$.

6. *Nullstellen:* Die Funktion schneidet die x-Achse bei $f(x) = 0$:

$$f(x) = x \cdot (x-2) = 0 \quad \Rightarrow \quad x_1 = 0 \quad \text{und} \quad x_2 = 2$$

Es ist allerdings zu beachten, dass $x_2 = 2$ nicht im Definitionsbereich $\mathbb{D}$ von $f(x)$ liegt. Die Funktion besitzt daher lediglich die Nullstelle $P_{N,1}(0;0)$ und *keine* Nullstelle $P_{N,2}(2;0)$.

7. *Extrempunkte:* Wir suchen zunächst mit der notwendigen Bedingung $f'(x) = 0$ Kandidaten für Extremstellen. Wir haben dies bereits bei der Bestimmung der Monotonie-Intervalle getan und als einzige Lösung $x_1 = 1$ für $f'(x) = 0$ erhalten. Wir untersuchen den Kandidaten nun mit Hilfe der hinreichenden Bedingung, wobei der erste Teil bereits in der notwendigen Bedingung enthalten war:

$$f''(x_1) = 2 > 0 \quad \Rightarrow \quad \text{Minimum bei } x_1$$

Den zugehörigen Funktionswert erhalten wir über die Funktionsgleichung:

$$f(x_1) = -1$$

Es ist allerdings zu beachten, dass $x_1 = 1$ nicht im Definitionsbereich $\mathbb{D}$ von $f(x)$ liegt. Die Funktion besitzt daher streng genommen kein Minimum bei $P_E(1;-1)$, sondern zwei Minima $P_{E,1}(1^-;-1^+)$ und $P_{E,2}(1^+;-1^+)$ unendlich dicht links und rechts von P_E.

8. *Wendepunkte:* Wir suchen zunächst mit der notwendigen Bedingung $f''(x) = 0$ Kandidaten für Wendestellen:

$$f''(x) = 2 = 0$$

Die Gleichung führt zu einem Widerspruch und hat daher keine Lösung. Die Funktion hat also keine Wendepunkte.

9. *Grenzwerte:* Wir führen die Grenzübergänge $x \to -\infty$ und $x \to \infty$ durch:

$$\begin{aligned} \lim_{x \to -\infty} f(x) &= \lim_{x \to -\infty} x^2 \to \infty \\ \lim_{x \to \infty} f(x) &= \lim_{x \to \infty} x \to \infty \end{aligned}$$

Zudem betrachten wir das Verhalten an den Lücken $x_0 = 1$ und $x_1 = 2$ im Definitionsbereich. Hierzu lassen wir x zunächst von links und anschließend von rechts gegen x_0 bzw.

x_1 streben:

$$\lim_{x \to x_0^-} f(x) = \lim_{x \to 1^-} x^2 - 2x \to -1$$
$$\lim_{x \to x_0^+} f(x) = \lim_{x \to 1^+} x^2 - 2x \to -1$$
$$\lim_{x \to x_1^-} f(x) = \lim_{x \to 2^-} x^2 - 2x \to -0$$
$$\lim_{x \to x_1^+} f(x) = \lim_{x \to 2^+} x^2 - 2x \to +0$$

10. *Bildbereich:* Bei der Bestimmung des Bildbereiches müssen wir neben den Grenzwerten für $x \to \pm\infty$ und dem Minimum insbesondere die Lücken im Definitionsbereich beachten. So wird wegen der Lücke bei $P_{D,1}(1;-1)$ der Funktionswert $f(x) = -1$ nicht angenommen. Der Funktionswert $f(x) = 0$ wird aber trotz der Lücke $P_{D,2}(2;0)$ an der Nullstelle $P_N(0;0)$ angenommen. Der Bildbereich ist daher $\mathbb{B} = \{f(x) \in \mathbb{R} | f(x) > -1\}$.

11. *Graph:* Abbildung 7.9 zeigt den Graphen von $f(x)$.

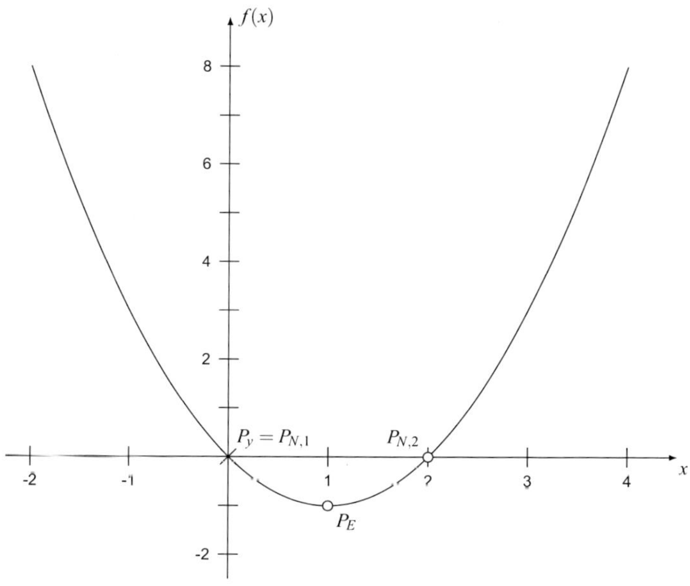

Abbildung 7.9: $f(x) = \frac{x^4-5x^3+8x^2-4x}{x^2-3x+2}$ (zu Lösung 25)

Lösung 26 (Aufgabe 26 auf Seite 114)**.** Gegeben ist die Funktion

$$f(x) = e^x + e^{-x}.$$

1. *Ableitungen:* Wir bilden zunächst die erste bis dritte Ableitung von $f(x)$:

$$\begin{aligned} f'(x) &= e^x - e^{-x} \\ f''(x) &= e^x + e^{-x} \\ f'''(x) &= e^x - e^{-x} \end{aligned}$$

2. *Definitionsbereich:* Die Exponentialfunktion kann für jede reelle Zahl gebildet werden. Daher ist der Definitionsbereich $\mathbb{D} = \mathbb{R}$.

3. *Symmetrie:* Wir testen zuerst auf gerade Symmetrie $f(x) = f(-x)$:

$$f(-x) = e^{-x} + e^{-(-x)} = e^{-x} + e^x = e^x + e^{-x} = f(x)$$

Die Funktion weist gerade Symmetrie auf.

4. *Monotonie:* An Übergängen zwischen Monotonie-Intervallen ist die erste Ableitung null:

$$\begin{aligned} f'(x) = e^x - e^{-x} = 0 \quad &\Rightarrow \quad e^x = e^{-x} \\ &\Rightarrow \quad \ln(e^x) = \ln\left(e^{-x}\right) \\ &\Rightarrow \quad x = -x \\ &\Rightarrow \quad 2x = 0 \\ &\Rightarrow \quad x = 0 \end{aligned}$$

Es gibt also die beiden Monotonie-Intervalle $I_1 = (-\infty; 0)$ und $I_2 = (0; \infty)$. Die Art der Monotonie bestimmen wir durch Einsetzen jeweils eines x-Wertes jedes Intervalls in die erste Ableitung:

$$\begin{aligned} f'(-1) = e^{-1} - e^1 \approx -2,35 < 0 \quad &\Rightarrow \quad \text{Streng monoton fallend in } x \in (-\infty; 0) \\ f'(1) = e^1 - e^{-1} \approx 2,35 \quad > 0 \quad &\Rightarrow \quad \text{Streng monoton steigend in } x \in (0; \infty) \end{aligned}$$

5. *y-Achsenabschnitt:* Die Funktion schneidet die y-Achse bei $x = 0$:

$$f(0) = e^0 + e^{-0} = 1 + 1 = 2$$

Der Schnittpunkt mit der y-Achse ist daher $P_y(0; 2)$.

6. *Nullstellen:* Die Funktion schneidet die x-Achse bei $f(x) = 0$:

$$f(x) = e^x + e^{-x} = 0 \quad \Rightarrow \quad e^x = -e^{-x}$$
$$\Rightarrow \quad \ln(e^x) = \ln(\underbrace{-e^{-x}}_{<0})$$

Der Ausdruck auf der rechten Seite ist aufgrund des Logarithmus' einer negativen Zahl nicht definiert. Daher hat $f(x)$ keine Nullstellen.

7. *Extrempunkte:* Wir suchen zunächst mit der notwendigen Bedingung $f'(x) = 0$ Kandidaten für Extremstellen. Wir haben dies bereits bei der Bestimmung der Monotonie-Intervalle getan. Als Ergebnis haben wir folgenden x-Wert erhalten:

$$f'(x) = 0 \quad \Rightarrow \quad x = 0$$

Wir untersuchen den Kandidaten nun mit Hilfe der hinreichenden Bedingung, wobei der erste Teil bereits in der notwendigen Bedingung enthalten war:

$$f''(0) = e^0 + e^{-0} = 1 + 1 = 2 > 0 \quad \Rightarrow \quad \text{Minimum bei } x = 0$$

Den zugehörigen Funktionswert erhalten wir über die Funktionsgleichung:

$$f(0) = e^0 + e^{-0} = 1 + 1 = 2$$

Die Funktion hat also ein Minimum bei $P_E(0;2)$.

8. *Wendepunkte:* Wir suchen zunächst mit der notwendigen Bedingung $f''(x) = 0$ Kandidaten für Wendestellen:

$$f''(x) = e^x + e^{-x} = 0 \quad \Rightarrow \quad e^x = -e^{-x}$$
$$\Rightarrow \quad \ln(e^x) = \ln(\underbrace{-e^{-x}}_{<0})$$

Die notwendige Bedingung führt zu einem nicht definierten Term. Sie hat daher keine Lösung und $f(x)$ keine Wendepunkte.

9. *Grenzwerte:* Wir führen die Grenzübergänge $x \to -\infty$ und $x \to \infty$ durch:

$$\lim_{x\to-\infty} f(x) = \lim_{x\to-\infty} \underbrace{e^x}_{\to 0} + \underbrace{e^{-x}}_{\to\infty} \to \infty$$
$$\lim_{x\to\infty} f(x) = \lim_{x\to\infty} \underbrace{e^x}_{\to\infty} + \underbrace{e^{-x}}_{\to 0} \to \infty$$

10. *Bildbereich:* Aus dem Minimum bei $P_E(0;2)$ und den Grenzwerten für $x \to \pm\infty$ folgt der Bildbereich $\mathbb{B} = \{f(x) \in \mathbb{R} | f(x) \geq 2\}$.

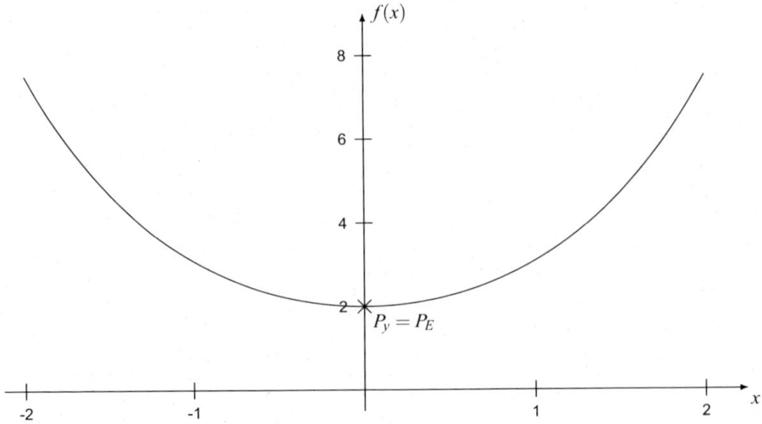

Abbildung 7.10: $f(x) = e^x + e^{-x}$ (zu Lösung 26)

11. *Graph:* Abbildung 7.10 zeigt den Graphen von $f(x)$.

Lösung 27 (Aufgabe 27 auf Seite 114). Gegeben ist die Funktion

$$f(x) = e^x - e^{-x}.$$

1. *Ableitungen:* Wir bilden zunächst die erste bis dritte Ableitung von $f(x)$:

$$\begin{aligned} f'(x) &= e^x + e^{-x} \\ f''(x) &= e^x - e^{-x} \\ f'''(x) &= e^x + e^{-x} \end{aligned}$$

2. *Definitionsbereich:* Die Exponentialfunktion kann für jede reelle Zahl gebildet werden. Daher ist der Definitionsbereich $\mathbb{D} = \mathbb{R}$.

3. *Symmetrie:* Wir testen zuerst auf gerade Symmetrie $f(x) = f(-x)$:

$$f(-x) = e^{-x} - e^{-(-x)} = e^{-x} - e^x = -e^x + e^{-x} \neq f(x)$$

Die Funktion weist keine gerade Symmetrie auf. Wir testen daher auf ungerade Symmetrie:

$$-f(-x) = -\left(-e^x + e^{-x}\right) = e^x - e^{-x} = f(x)$$

Die Funktion weist ungerade Symmetrie auf.

4. *Monotonie:* An Übergängen zwischen Monotonie-Intervallen ist die erste Ableitung null:

$$\begin{aligned} f'(x) = e^x + e^{-x} = 0 \quad &\Rightarrow \quad e^x = -e^{-x} \\ &\Rightarrow \quad \ln(e^x) = \ln(\underbrace{-e^{-x}}_{<0}) \end{aligned}$$

   Der Ausdruck ist nicht definiert, weshalb es nur das Monotonie-Intervall $x \in (-\infty; \infty)$ gibt. Die Art der Monotonie bestimmen wir durch Einsetzen eines beliebigen x-Wertes des Intervalls in die erste Ableitung:

$$f'(0) = e^0 + e^{-0} = 1 + 1 = 2 > 0 \quad \Rightarrow \quad \text{Streng monoton steigend in } x \in (-\infty; \infty)$$

5. *y-Achsenabschnitt:* Die Funktion schneidet die y-Achse bei $x = 0$:

$$f(0) = e^0 - e^{-0} = 1 - 1 = 0$$

   Der Schnittpunkt mit der y-Achse ist daher $P_y(0; 0)$.

6. *Nullstellen:* Die Funktion schneidet die x-Achse bei $f(x) = 0$:

$$\begin{aligned} f(x) = e^x - e^{-x} = 0 \quad &\Rightarrow \quad e^x = e^{-x} \\ &\Rightarrow \quad \ln(e^x) = \ln\left(e^{-x}\right) \\ &\Rightarrow \quad x = -x \\ &\Rightarrow \quad 2x = 0 \\ &\Rightarrow \quad x = 0 \end{aligned}$$

   Die Funktion besitzt lediglich eine Nullstelle bei $P_N(0; 0)$.

7. *Extrempunkte:* Wir suchen zunächst mit der notwendigen Bedingung $f'(x) = 0$ Kandidaten für Extremstellen. Wir haben dies bereits bei der Bestimmung der Monotonie-Intervalle getan und keine Lösung für $f'(x) = 0$ erhalten. Daher besitzt $f(x)$ keine Extrem- oder Sattelpunkte.

8. *Wendepunkte:* Wir suchen zunächst mit der notwendigen Bedingung $f''(x) = 0$ Kandidaten für Wendestellen:

$$\begin{aligned} f''(x) = e^x - e^{-x} = 0 \quad &\Rightarrow \quad e^x = e^{-x} \\ &\Rightarrow \quad \ln(e^x) = \ln\left(e^{-x}\right) \\ &\Rightarrow \quad x = -x \\ &\Rightarrow \quad 2x = 0 \\ &\Rightarrow \quad x = 0 \end{aligned}$$

   Wir untersuchen den Kandidaten nun mit Hilfe der hinreichenden Bedingung, wobei der erste Teil bereits in der notwendigen Bedingung enthalten war:

$$f'''(0) = e^0 + e^{-0} = 1 + 1 = 2 \neq 0 \quad \Rightarrow \quad \text{Wendestelle bei } x = 0$$

Den zugehörigen Funktionswert erhalten wir über die Funktionsgleichung:

$$f(0) = e^0 - e^{-0} = 1 - 1 = 0$$

Die Funktion hat also einen Wendepunkt bei $P_W(0;0)$.

9. *Grenzwerte:* Wir führen die Grenzübergänge $x \to -\infty$ und $x \to \infty$ durch:

$$\lim_{x\to-\infty} f(x) = \lim_{x\to-\infty} \underbrace{e^x}_{\to 0} - \underbrace{e^{-x}}_{\to\infty} \to -\infty$$

$$\lim_{x\to\infty} f(x) = \lim_{x\to\infty} \underbrace{e^x}_{\to\infty} - \underbrace{e^{-x}}_{\to 0} \to \infty$$

10. *Bildbereich:* Aus den Grenzwerten für $x \to \pm\infty$ folgt der Bildbereich $\mathbb{B} = \mathbb{R}$.

11. *Graph:* Abbildung 7.11 zeigt den Graphen von $f(x)$.

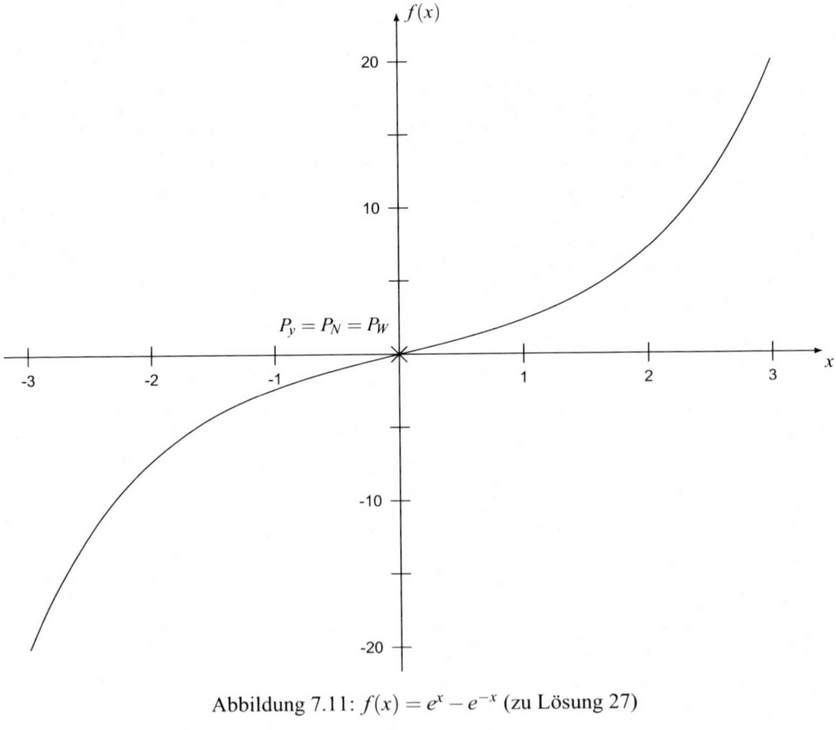

Abbildung 7.11: $f(x) = e^x - e^{-x}$ (zu Lösung 27)

Anhang A

Einführung in *Maxima*

Maxima ist ein sogenanntes *Computer Algebra System*. Mit dieser Art von Programmen können Sie Funktionen nicht nur – wie mit einem Taschenrechner – für bestimmte Zahlen auswerten (z. B. den Zahlenwert von $f(x)$ für ein bestimmtes x berechnen). Vielmehr können Sie mit der Funktion *symbolisch*, d. h. mit den Formelzeichen, rechnen. Sie können also beispielsweise die erste Ableitung $f'(x)$ als Funktion bestimmen oder eine Gleichung $f(x) = 0$ nach der Variablen x auflösen. Insbesondere können Sie auch für eine Funktion die wesentlichen Schritte der Kurvendiskussion am Computer durchführen. Und das Beste: Sowohl *Maxima* als auch die zugehörige graphische Benutzeroberfläche *wxMaxima* sind frei erhältlich. Sie können also alles dies machen, ohne dafür ein Programm kaufen zu müssen.

Übrigens habe auch ich reichlich Gebrauch von *Maxima* gemacht: Ich habe fast alle Beispiele und Lösungen zu den Übungsaufgaben in diesem Buch mit *Maxima* kontrolliert, um Ihnen ein möglichst fehlerfreies Werk bieten zu können.

In den folgenden Abschnitten gebe ich Ihnen eine kurze Einführung in *Maxima*. Da es sich um ein äußerst komplexes Programm mit vielen Möglichkeiten handelt, werde ich mich auf einige Grundlagen beschränken, die Sie benötigen, um eine Kurvendiskussion durchzuführen. Einiges von dem, was ich Ihnen zeige, ginge auch eleganter. *Maxima*-Experten mögen mir dies verzeihen, da es sich hier um einen Anhang zur Kurvendiskussion und nicht um ein Buch über *Maxima* handelt.

A.1 Erste Schritte

Der erste Schritt liegt auf der Hand: Sie benötigen die Software.

A.1.1 Benötigte Software und Programmfenster

Laden Sie sich hierzu im Internet unter der Adresse *http://wxmaxima.sourceforge.net/* das komplette Programm-Paket mit *Maxima* und *wxMaxima* herunter und installieren Sie es auf Ihrem Computer.

Nach Start des Programms *wxMaxima* über das Startmenü oder ein entsprechendes Symbol auf Ihrem Desktop öffnet sich ein Fenster ähnlich dem in Abbildung A.1. Das Fenster besteht aus

- einer Menüleiste,
- einigen Symbolen und
- einem zunächst leeren, weißen Bereich.

Einige, wenige Menüeinträge werden wir uns im Verlauf dieses Kapitels noch anschauen. Die meisten Menüs können Sie jedoch sehr gut selbständig erkunden, sobald Sie mit den Grundlagen des Programms etwas vertrauter sind. Der leere, weiße Bereich ist sowohl für Ihre Eingaben als auch für die Ausgaben des Programms vorgesehen.

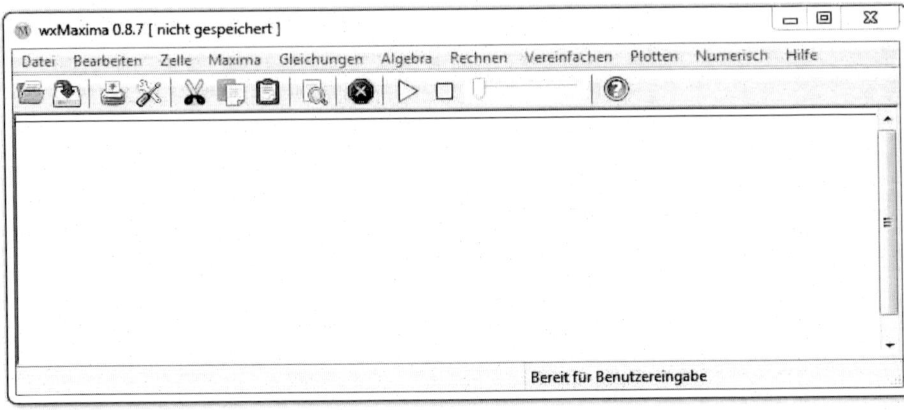

Abbildung A.1: Fenster von *wxMaxima* nach Programmstart

A.1.2 Ein einfaches Beispiel

Lassen Sie uns nun einfach mal eine Eingabe machen. Als erstes wollen wir den Ausdruck $(x+2)^2$ derart umformen, dass die Klammer und der Exponent wegfallen. Nach der ersten binomischen Formel ist das Ergebnis $(x+2)^2 = x^2+4x+4$. Aber wie können wir den Ausdruck in *wxMaxima* eingeben? Wählen Sie hierzu einfach mit der Maus das Programmfenster an und tippen Sie den Ausdruck über die Tastatur ein. Ihre Tastatureingabe erscheint in dem zuvor leeren Bereich. Zudem sehen Sie links Ihrer Eingabe eine Art öffnende Klammer. Beachten Sie weiterhin, dass der Exponent durch ein vorangestelltes kleines »Dach« gekennzeichnet wird:

```
--> (x+2)^2
```

Nachdem wir den Ausdruck eingegeben haben, müssen wir *wxMaxima* noch dazu bewegen, etwas damit zu machen. Hierzu ist wichtig zu wissen, dass ein derartiger, geklammerter Eingabeblock *Zelle* genannt wird. Schauen Sie daher einmal in das Menü mit dem Namen »*Zelle*«. Dort finden Sie Einträge zur Auswertung, insbesondere »*Zelle(n) auswerten*« und »*Alle Zellen auswerten*«. Letzteren Menüpunkt können Sie auch über die Tastenkombination *Strg-R* aufrufen. Nach Auswahl eines der Menüpunkte oder Eingabe der Tastenkombination verändert sich der Inhalt des Programmfensters wie folgt:

```
(%i1) (x+2)^2;
(%o1) (x+2)^2
```

Was ist geschehen? Zunächst einmal wurde die Eingabezeile verändert. Vor der Zeile sehen Sie nun *(%i1)*, wobei das *i* für *Input*, also für Eingabe, steht. Die Zahl nummeriert einfach die Eingaben durch. Die nächste Eingabe würde daher den Zusatz *(%i2)*, die übernächste Eingabe *(%i3)* erhalten und so weiter. Außerdem ist am Ende der Eingabezeile eine Semikolon hinzugefügt worden. Das Semikolon signalisiert *Maxima* das Ende einer Eingabezeile. Sie sollten es daher in der Regel am Ende jeder Eingabe schreiben.

Die Ausgaben werden ähnlich gekennzeichnet wie die Eingaben. So beginnt die zweite Zeile mit *(%o1)*, wobei das *o* für *Output*, also für Ausgabe, steht, und die Ausgaben wiederum aufsteigend nummeriert werden. *Maxima* hat jedoch die Ausgabe gegenüber der Eingabe nicht wesentlich verändert. Der Ausdruck ist etwas lesbarer geworden, indem der Exponent 2 etwas oberhalb der schließenden Klammer platziert ist und nicht die Schreibweise mit dem »Dach« verwendet wurde. Eine mathematische Umformung hat jedoch nicht stattgefunden. Wieso auch? Schließlich ist der Ausdruck doch so, wie er ist, schön kompakt.

Wollen wir die Klammer auflösen, so müssen wir dies *Maxima* auch mitteilen. Dies geschieht über den Befehl *expand*. Sie könnten hierzu Ihre Eingabe in `expand((x+2)^2);` ändern. Alternativ können Sie den Ausdruck wie im folgenden Beispiel gezeigt auch als weitere Eingabezeile hinzufügen. Nach Auswertung z. B. über die Tastenkombination *Strg-R* ergeben sich folgende Ausgaben:

```
(%i2) (x+2)^2;
      expand((x+2)^2);
(%o2) (x+2)^2
(%o3) x^2+4 x+4
```

Wir erhalten zu den beiden Eingabezeilen also zwei Ausgaben, die mit *(%o2)* bzw. *(%o3)* gekennzeichnet sind. Während wir die erste Ausgabezeile bereits vom vorherigen Beispiel kennen, ist die Klammer im Ausdruck $(x+2)^2$ in der zweiten Ausgabe tatsächlich korrekt aufgelöst worden.

A.1.3 Batchdateien

Wir haben bisher betrachtet, wie Sie prinzipiell Ausdrücke in *wxMaxima* eingeben und diese in Ausgaben umwandeln lassen. Wie Sie sich vermutlich vorstellen können, sind für eine Kurvendiskussion aber sehr viele Ein- und Ausgaben notwendig. Sie müssen beispielsweise die Funktion definieren, die erste bis dritte Ableitung bestimmen, die Nullstellen der Funktion und ihrer ersten beiden Ableitungen berechnen und vieles mehr. Es wäre recht mühselig, hierfür für jede zu untersuchende Funktion jeweils eine neue Zeile im Programmfenster einzugeben. Und nach Beenden des Programms müssten Sie im schlimmsten Fall nach jedem neuen Programmstart nochmal alles neu eingeben.

Dies ist zum Glück nicht notwendig. *wxMaxima* bietet die Möglichkeit, mehrere Eingaben, die in einer sogenannten *Batchdatei* gespeichert sind, nacheinander auszuführen. Eine Batchdatei ist eine ganz normale Textdatei, in der die Eingaben genauso stehen, wie Sie sie auch im Programmfenster eingeben würden. Als einzige Besonderheit ist zu beachten, dass die Dateien die Dateiendung **.mac* haben müssen.

Lassen Sie uns das an einem Beispiel betrachten. Hierfür erzeugen wir zunächst eine Batchdatei:

1. Wählen Sie im Windows-Explorer ein Verzeichnis (z. B. *D:*).
2. Drücken Sie die rechte Maustaste und wählen Sie »*Neu / Textdokument*« zum Erzeugen einer neuen Textdatei. Geben Sie der Datei den Namen *Maxima.mac*.
3. Öffnen Sie die Datei in einem Texteditor (z. B. dem im Windows-Zubehör enthaltenen *Editor*).
4. Geben Sie nachfolgende Zeilen ein und speichern Sie die Datei:

```
(x+2)^2;
expand((x+2)^2);
```

Anschließend lassen wir die Datei von *wxMaxima* ausführen. Wählen Sie hierzu den Menüpunkt »*Datei / Batch-Datei laden*« oder alternativ die Tastenkombination *Strg-B*. Es öffnet sich ein Dialogfenster, in dem Sie die Datei (in unserem Beispiel *D:\Maxima.mac*) auswählen können. Die in der Batchdatei enthaltenen Eingabezeilen werden nacheinander ausgeführt, wobei im Programmfenster nach jeder Eingabezeile die zugehörige Ausgabe folgt:

```
(%i4) batch("D:/Maxima.mac")$
read and interpret file: #pD:/Maxima.mac
(%i5) (2 + x)^2
(%o5) (x + 2)^2
(%i6) expand((2 + x)^2)
(%o6) x^2 + 4 x + 4
```

A.2 Grundlagen

Sie haben bisher einiges über die Bedienung von *wxMaxima* gelernt, allerdings ist mathematisch noch »nicht viel passiert«. Bevor wir uns im nächsten Abschnitt an einem ausführlichen Beispiel die Schritte der Kurvendiskussion anschauen, betrachten wir in diesem Abschnitt einige Grundlagen der mathematischen Berechnungen mit *Maxima*. Am besten probieren die vorgestellten Funktionen und Befehle an einigen Beispielen in *Maxima* aus.

A.2.1 Grundrechenarten und Potenzen

Für die Grundrechenarten werden die in den meisten Programmiersprachen üblichen Symbole +, -, * und / verwendet. Mit den beiden Operanden x und 2 erhalten wir daher für die Addition, Subtraktion, Multiplikation und Division die Ausdrücke `x + 2`, `x - 2`, `x * 2` und `x / 2`. Der Exponent einer Potenz wird zudem wie bereits betrachtet mit einem »Dach« gekennzeichnet, also zum Beispiel `x^2` für den Ausdruck x^2.

Tabelle A.1: Häufig benötigte Befehle in *Maxima*

Befehl	Erläuterung
diff(*f(x), x*);	Ableitung $f'(x)$ der Funktion $f(x)$ nach x
diff(*f(x), x, n*);	n-te Ableitung $f^{(n)}(x)$ der Funktion $f(x)$ nach x
disp("*Text*")$	Ausgabe eines Textes
expand(*Ausdruck*)$	Vereinfachung eines Ausdruckes
fullratsimp(*Ausdruck*);	Vereinfachung eines Ausdruckes
integrate(*f(x), x*);	Integral $\int f(x)dx$ der Funktion $f(x)$ nach x
kill(all);	Löschen des Speichers
Ausdruck, numer;	Ausgabe eines Ausdrucks als Gleitkommazahl
solve(*Gleichung, x*);	Lösen einer Gleichung nach x
wxplot2d([*f(x)*], [*x,a,b*])$	Ausgabe des Graphen im Bereich $x \in [a,b]$

Beispiel A.1. *Die Funktion $f(x) = 3x^2 + 2x - 3$ lässt sich in Maxima mit der Eingabezeile* `3*x^2 + 2*x - 3;` *darstellen.* □

Häufige Fehler Zwei Fehler sind besonders häufig zu beobachten:

- *Multiplikation*: Der Stern ist bei *jeder* Multiplikation zwischen die Operanden zu schreiben. Während beispielsweise $3x$ ein korrekter mathematischer Ausdruck ist, muss es in *Maxima* `3 * x` lauten. Der Ausdruck `3x` würde hingegen zu einem Fehler bei der Ausführung führen.

- *Exponenten*: Vergessen Sie nicht, Exponenten, die aus mehreren Termen bestehen, in Klammern zu setzen. So müssen Sie z. B. für x^{a+b} in *Maxima* `x^(a + b)` schreiben. Der Ausdruck `x^a + b` entspricht hingegen $x^a + b$.

A.2.2 Häufig benötigte Befehle

Mit den Grundrechenarten und Potenzen lassen sich bereits beliebige Polynome *darstellen*. Nun wollen wir etwas mit diesen Funktionen *anstellen*. Werfen Sie hierzu einen Blick in Tabelle A.1, die einige häufig benötigte Befehle enthält.

Einer der wichtigsten Schritte in einer Kurvendiskussion ist die Ableitung einer Funktion. Zum Bilden der Ableitung steht in *Maxima* der Befehl *diff* zur Verfügung. Lassen Sie uns die Verwendung kurz an einem Beispiel betrachten.

Beispiel A.2. *Gegeben sei die Funktion $f(x) = 3x^2 + 2x - 3$. Die erste Ableitung $f'(x) = 6x + 2$ lässt sich in Maxima über* `diff(3*x^2 + 2*x - 3, x);` *bilden. Zur Berechnung der zweiten Ableitung $f''(x) = 6$ verwenden wir die Eingabe* `diff(3*x^2 + 2*x - 3, x, 2);`*. Probieren Sie es einfach aus.* □

Tabelle A.2: Häufig benötigte Funktionen in *Maxima*

Funktion	Erläuterung
cos(x)	Kosinus $\cos(x)$
exp(x)	Exponentialfunktion $\exp(x) = e^x$
log(x)	Logarithmus $\ln(x)$ zur Basis e
sin(x)	Sinus $\sin(x)$
sqrt(x)	Wurzel $\sqrt{x}$

Weiterhin entnehmen Sie Tabelle A.1 beispielsweise den Befehl *solve* zum Lösen einer Gleichung nach einer bestimmten Variablen. Wir werden dies in der Kurvendiskussion unter anderem zur Bestimmung der Nullstellen, d. h. zum Lösen der Gleichung $f(x) = 0$, benötigen.

A.2.3 Häufig benötigte Funktionen

Tabelle A.2 enthält einige häufig benötigte Funktionen. Es ist zu beachten, dass die Argumente stets in Klammern zu setzen sind, es also beispielsweise `cos(2)` anstatt `cos 2` heißen muss.

Als weitere Besonderheit gibt es ausschließlich den natürlichen Logarithmus $\ln(x) = \log_e(x)$ und keinen Logarithmus $\log_a(x)$ zu einer anderen Basis $a \neq e$. Dies stellt aber praktisch kein Problem dar. Wird ein Logarithmus zu einer beliebigen Basis a benötigt, so können wir diesen gemäß Gleichung (2.23) auf Seite 24 über

$$\log_a(x) = \frac{\ln(x)}{\ln(a)} \tag{A.1}$$

berechnen.

Beispiel A.3. *Der Logarithmus* $\log_{10}(3)$ *wird in Maxima über die Eingabezeile* `log(3)/log(10);` *dargestellt. Wenn Sie diesen Ausdruck in Maxima auswerten, werden Sie aber feststellen, dass nicht der Zahlenwert, sondern ein Bruch mit den beiden Logarithmen ausgegeben wird. Möchten Sie stattdessen die Zahlenwerte ausgegeben haben, so verwenden Sie den in Tabelle A.1 angegebenen Befehl numer:* `log(3)/log(10), numer;` □

A.2.4 Häufig benötigte Konstanten

Neben Funktionen stellt *Maxima* einige Konstanten zur Verfügung. Tabelle A.3 listet einige häufig benötigte oder anzutreffende Konstanten auf.

Die Eulersche Konstante e und der Kreiszahl π sollten Ihnen bekannt sein. Die imaginäre Zahl i ist Ihnen eventuell kein Begriff. Wie Sie Tabelle A.3 entnehmen, ist i als Wurzel der Zahl -1 definiert. Moment mal, hatten wir nicht in Abschnitt 2.3 auf Seite 18 gesagt, dass es keine

Tabelle A.3: Häufig benötigte Konstanten in *Maxima*

Konstante	Bedeutung	Zahlenwert
%e	Eulersche Konstante	$e = 2,718281828459045$
%i	Imaginäre Zahl	$i = \sqrt{-1}$
%pi	Kreiszahl	$\pi = 3,141592653589793$

Wurzeln aus negativen Zahlen gibt? Nun, für die Menge der reellen Zahlen $\mathbb{R}$, mit denen Sie typischer Weise rechnen, ist dies auch so. Es gibt darüber hinaus aber das Zahlensystem der sogenannten *komplexen Zahlen*, in dem Wurzeln negativer Zahlen definiert und damit erlaubt sind. Es würde den Rahmen dieses Buches sprengen, Ihnen die komplexen Zahlen zu erläutern. Im Zusammenhang mit der Kurvendiskussion ist für Sie jedoch Folgendes wichtig:

Merke Es gibt Ausgaben bzw. Ergebnisse, in denen die imaginäre Zahl i (in *Maxima* mit *%i* gekennzeichnet) vorkommt. Diese können Sie ignorieren, da sie keine Ergebnisse in der Menge der reellen Zahlen $\mathbb{R}$ darstellen.

Beispiel A.4. *Gesucht sind die Nullstellen x_N der Funktion $f(x) = x^2 + 1$. Durch Umformung von $x_N^2 + 1 = 0$ erhalten wir $x_N = \pm\sqrt{-1}$. Aufgrund die Wurzel einer negativen Zahl gibt es in den reellen Zahlen kein Ergebnis und damit auch keine Nullstelle. Die Eingabe* `solve(x^2 + 1 = 0, x);` *führt in Maxima hingegen zu den »Lösungen« x = -%i und x = %i. Beide Lösungen können ignoriert werden, da sie die imaginäre Zahl i enthalten.* □

A.3 Kurvendiskussion

Lassen Sie uns nun in *Maxima* die wesentlichen Schritte der Kurvendiskussion an einem konkreten Beispiel ausführen. Wir verwenden hierfür die Funktion $f(x) = 2x^4 - 3x^2 + 1$ aus Aufgabe 20 auf Seite 113. Die ausführliche Lösung dieser Aufgabe ist ab Seite 131 zu finden.

Im Folgenden werden wir die Eingaben zur Durchführung der Kurvendiskussion sowie die daraus erzeugten Ausgaben Schritt für Schritt besprechen. Es macht Sinn, dass Sie sich eine Batchdatei anlegen, die Sie entsprechend der Abschnitte nach und nach erweitern und ausführen. Abschließend wird die komplette Batchdatei zur besseren Übersicht nochmal zusammenhängend angegeben.

A.3.1 Funktion und Ableitungen

Bevor wir die Kurvendiskussion durchführen, wollen wir sichergehen, dass in *Maxima* keine »alten« Daten wie Funktionen oder Ausdrücke mehr im Speicher sind. Wir löschen daher alle bisherigen Eingaben und Ergebnisse über den Befehl *kill*:

```
kill(all);
```

Und nun kann es wirklich losgehen! Zunächst einmal müssen wir die Funktion f für den weiteren Gebrauch in der Batchdatei definieren. Wir machen dies durch eine Funktionszuweisung, die über einen Doppelpunkt gefolgt von einem Gleichheitszeichen geschieht:

```
f(x):= 2*x^4 - 3*x^2 + 1;
```

Wir können nun in unserer gesamten Batchdatei über `f(x)` auf die Funktion zugreifen. Als nächstes bilden wir die erste bis dritte Ableitung $f_1 = f'(x)$, $f_2 = f''(x)$ und $f_3 = f'''(x)$:

```
disp("Ableitungen:")$
f1: fullratsimp(diff(f(x), x));
f2: fullratsimp(diff(f1, x));
f3: fullratsimp(diff(f2, x));
```

Zur besseren Übersichtlichkeit wird über den *disp*-Befehl eine Überschrift ausgegeben. Hierdurch kann man sich in den Ausgaben längerer Batchdateien deutlich besser zurechtfinden. Anschließend werden die Ableitungen mit dem Befehl *diff* erzeugt. Dieser Befehl gibt Ausdrücke zurück, die wir uns – genauso wie $f(x)$ – für den weiteren Gebrauch merken wollen. In *Maxima* können wir hierzu allerdings keine Funktionszuweisung verwenden, sondern müssen die Ausdrücke jeweils über einen Doppelpunkt zuweisen. Im Prinzip hätten wir alle der angegebenen Ableitungen direkt aus $f(x)$ berechnen können. In diesem Beispiel berechnen wir jedoch $f''(x)$ als Ableitung von $f'(x)$ und $f'''(x)$ als Ableitung von $f''(x)$.

Der Befehl *fullratsimp* führt hierbei übrigens eine Vereinfachung des jeweils in den Klammern stehenden Ausdruckes durch. Er ist für diese Funktion streng genommen nicht notwendig. Ich habe ihn aber dennoch in die Batchdatei aufgenommen, da Sie ihn bei komplizierteren Funktionen mitunter benötigen.

Bei Ausführung der bisherigen Batchdatei werden erwartungsgemäß die Eingaben und die zugehörigen Ausgaben angezeigt:

(%i1) $\mathrm{f}(x):=1-3\,x^2+2\,x^4$

(%o1) $\mathrm{f}(x):=1-3\,x^2+2\,x^4$

(%i2) disp(*Ableitungen:*)

Ableitungen:

(%i3) *f1*: fullratsimp(diff(f(x),x))

(%o3) $8\,x^3-6\,x$

(%i4) *f2*: fullratsimp(diff(*f1*,x))

(%o4) $24\,x^2-6$

(%i5) *f3*: fullratsimp(diff(*f2*,x))

(%o5) $48\,x$

A.3.2 Achsenabschnitte

Als nächstes wollen wir die Achsenabschnitte, also den y-Achsenabschnitt und die Nullstellen, bestimmen. Der y-Achsenabschnitt ergibt sich durch Auswertung der Funktion $f(x)$ für $x = 0$:

```
disp("y-Achsenabschnitt:")$
f(0);
```

(%i6) disp(*y-Achsenabschnitt:*)
y-Achsenabschnitt:
(%i7) f(0)
(%o7) 1

Die Nullstellen x_N erhalten wir hingegen durch Lösen der Gleichung $f(x_N) = 0$:

```
disp("Nullstellen f(x) = 0:");
solve(f(x) = 0, x);
```

(%i8) disp(*Nullstellen f(x) = 0:*)
Nullstellen f(x) = 0:
(%o8) *done*
(%i9) solve(f(x) = 0, x)
(%o9) $[x = -\frac{1}{\sqrt{2}}, x = \frac{1}{\sqrt{2}}, x = -1, x = 1]$

Wie Sie sehen, wurden die vier Nullstellen $x_1 = -1/\sqrt{2}$, $x_2 = 1/\sqrt{2}$, $x_3 = -1$ und $x_4 = 1$ bestimmt. *Maxima* gibt diese Ergebnisse in eckigen Klammern und durch Kommata getrennt aus. Außerdem berechnet *Maxima* nicht die Zahlenwerte, sondern lässt die Wurzel $\sqrt{2}$ als Wurzel stehen. Die Ausgabe der Zahlenwerte erreichen wir über den Befehl *numer*:

```
disp("Nullstellen f(x) = 0:");
xn: solve(f(x) = 0, x);
xn, numer;
```

(%i8) disp(*Nullstellen f(x) = 0:*)
Nullstellen f(x) = 0:
(%o8) *done*
(%i9) *xn* : solve(f(x) = 0, x)
(%o9) $[x = -\frac{1}{\sqrt{2}}, x = \frac{1}{\sqrt{2}}, x = -1, x = 1]$
(%i10) ev(*xn* , *numer*)
(%o10) [x = -0.70710678118655, x = 0.70710678118655, x = -1, x = 1]

A.3.3 Extrempunkte

Auch zur Bestimmung der Extrempunkte ist zunächst eine Gleichung zu lösen: $f'(x_E) = 0$. Da wir auch die Funktionswerte der Punkte ermitteln wollen, setzen wir die gefundenen x-Werte in die Funktion $f(x)$ ein. Für *Maxima* spielt es dabei keine Rolle, ob ein oder mehrere x bestimmt wurden:

```
disp("Extrempunkte f'(x) = 0:");
xe: solve(f1 = 0, x);
f(xe);
```

(%i10) disp(*Extrempunkte f'(x) = 0:*)

Extrempunkte f'(x) = 0:

(%o10) *done*

(%i11) *xe* : solve(*f1* = 0 , *x*)

(%o11) $[x=-\frac{\sqrt{3}}{2}, x=\frac{\sqrt{3}}{2}, x=0]$

(%i12) f(*xe*)

(%o12) $[2\,x^4-3\,x^2+1=-\frac{1}{8}, 2\,x^4-3\,x^2+1=-\frac{1}{8}, 2\,x^4-3\,x^2+1=1]$

Falls erforderlich, können die Zahlenwerte erneut über den Befehl *numer* ausgegeben werden. Eventuell soll auch die Auswertung der zweiten Ableitung $f''(x_E)$ stattfinden, um zu jedem Punkt zu ermitteln, ob es sich um ein Minimum, ein Maximum oder einen Sattelpunkt handelt. In diesem Fall ist eine Funktion *f2(x)* zu definieren und das Ergebnis *xe* der entsprechenden x-Werte einzusetzen.

A.3.4 Wendepunkte

Für die Bestimmung der Wendepunkte gilt sinngemäß das im vorherigen Abschnitt über die Extrempunkte Gesagte: Es muss eine Gleichung gelöst und die zugehörigen Funktionswerte bestimmt werden:

```
disp("Wendepunkte f''(x) = 0:");
xw: solve(f2 = 0, x);
f(xw);
```

(%i13) disp(*Wendepunkte f''(x) = 0:*)

Wendepunkte f''(x) = 0:

(%o13) *done*

(%i14) *xw* : solve(*f2* = 0 , *x*)

(%o14) $[x=-\frac{1}{2}, x=\frac{1}{2}]$

(%i15) f(*xw*)

(%o15) $[2\,x^4-3\,x^2+1=\frac{3}{8}, 2\,x^4-3\,x^2+1=\frac{3}{8}]$

Falls erforderlich, ist die Ausgabe der zugehörigen Funktionswerte mittels des *numer*-Befehls oder die Überprüfung der hinreichenden Bedingung $f'''(x) \neq 0$ über die Definition und Auswertung der Funktion *f3(x)* durchzuführen.

A.3.5 Graph

Abschließend wollen wir den Graphen ausgeben. Hierfür existiert der Befehl *wxplot2d*, dem neben der Funktionsgleichung übergeben wird, über welche Variable und in welchem Wertebereich zu zeichnen ist:

```
wxplot2d([f(x)], [x,-1.5,1.5])$
```

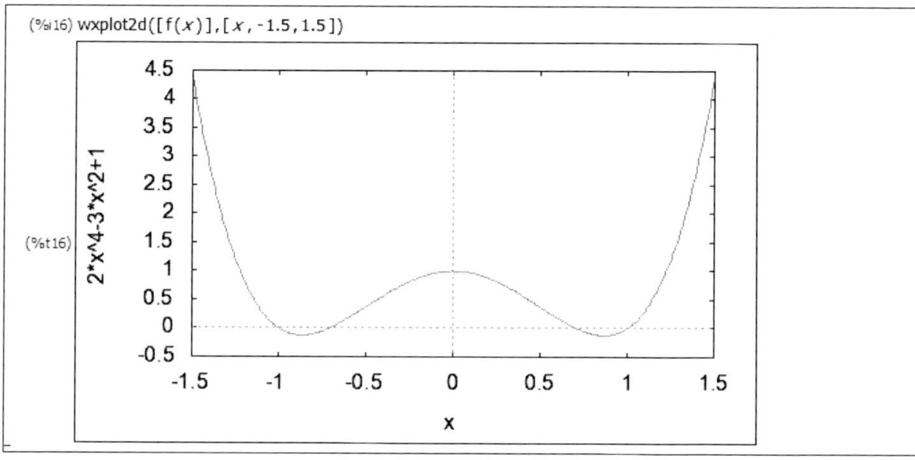

A.3.6 Zusammenfassung und Batchdatei

In diesem Abschnitt haben Sie die grundlegenden Schritte einer Kurvendiskussion mit *Maxima* kennengelernt. Natürlich handelt es sich bei der vorgestellten Batchdatei nicht um ein »universell einsetzbares Programm«, dem Sie lediglich irgendeine Funktion übergeben und das dann eine vollständige Kurvendiskussion für Sie erzeugt:

- Sie müssen gegebenenfalls *numer*-Befehle hinzufügen, um Zahlenwerte zu erhalten.
- Sie können den Wertebereich des Befehls *wxplot2d* sinnvoller Weise erst nach einem ersten Durchlauf der Batchdatei festlegen, da Sie erst dann die Lage der Nullstellen, Extrempunkte und Wendestellen kennen.
- Zur Überprüfung der hinreichenden Bedingungen für Extrempunkte und Wendepunkte sind Erweiterungen notwendig.

- Wir haben bisher z. B. keine Symmetrie, Monotonie oder asymptotisches Verhalten betrachtet.
- Bei komplizierteren Funktionen (z. B. ganzrationale Funktionen) sind gegebenenfalls weitere Anpassungen notwendig.

Vielmehr habe ich versucht, Ihnen die Grundlagen und notwendigen Befehle von *Maxima* näherzubringen, sodass Sie nun in der Lage sein sollten, für eine gegebenen Funktion gegebenenfalls die für eine Kurvendiskussion notwendigen Anpassungen selber vorzunehmen.

Nachfolgend finden Sie noch einmal zur besseren Übersicht die vollständige Batchdatei zur Kurvendiskussion.

```
kill(all);

f(x):= 2*x^4 - 3*x^2 + 1;

disp("Ableitungen:")$
f1: fullratsimp(diff(f(x), x));
f2: fullratsimp(diff(f1, x));
f3: fullratsimp(diff(f2, x));

disp("y-Achsenabschnitt:")$
f(0);

disp("Nullstellen f(x) = 0:");
solve(f(x) = 0, x);

disp("Extrempunkte f'(x) = 0:");
xe: solve(f1 = 0, x);
f(xe);

disp("Wendepunkte f''(x) = 0:");
xw: solve(f2 = 0, x);
f(xw);

wxplot2d([f(x)], [x,-1.5,1.5])$
```

Index